跟著大師學塔羅逆位牌

翻轉塔羅解牌視野・
逆位最佳解牌指南

Mary K. Greer

THE COMPLETE BOOK OF
TAROT REVERSALS

瑪莉・K・格瑞爾——著

推薦短語

本書的英文版是陪伴我初學塔羅時，每日抽牌的案頭書，給我幫助很大，牌卡解說相當完整豐富，呈現逆位牌多面向的解讀，雖然書名是塔羅逆位牌，但是，正位的解說也絲毫不馬虎，很適合做為隨身參考書。

——巫婆的鍋子粉專版主／Jade

此書作者在書中提及的經歷，讓我有相當深的共鳴，我與塔羅牌的緣分有許多跟她在生命故事有類似的遭遇；許多學習塔羅牌的朋友都害怕逆位解，但你會從這本書發現，逆位是一個禮物，它將會是開啟你走向新天地的鑰匙。

——資深塔羅牌實務工作者／于玥

本書對逆位牌提供的多元觀點，帶領讀者從塔羅占卜中探究生命中的矛盾、對立、衝突等的狀態，讓學習塔羅，成為探索生命的內在旅程。

——輔仁大學宗教系博士研究、斜槓塔羅 Podcast 主持人／王乙甯逆位牌過去常被蒙上宿命論的色彩，是全然負面、帶來疾病與厄運的象徵。然而本書提供了貼近心靈的嶄新詮釋，揭示逆位牌翻轉慣常視角的藝術。透過生動豐富的敘事，以及榮格心理學的觀點，鼓勵讀者跨出思考侷限；在深刻內省之中，將痛苦化為覺知。

——塔羅藝術工作者／玄亨

深深喜歡這本書，因為以榮格觀點為主軸。喜歡榮格的朋友，就算你不是塔羅師，也會喜歡此書。就像魔術師，榮格稱為——永恆的青春。書中不只講逆牌，也講正牌。抽到逆牌，也要像魔術師一樣，用另類觀點，去學習讓各種力量能夠保持和諧。

——塔羅研究教學家／吳安蘭

現代塔羅發展的拓荒時期帶領者——瑪莉．格瑞爾大師，以許多名著為塔羅各方面奠定基礎，本書更在逆位的主題上發揮到淋漓盡致，統合新舊觀點賦予完整的理論，帶出多元的操作方法和豐富的解析變化，用切身的體悟演示塔羅的深刻內涵。

——塔羅暢銷名著作者／林樂卿 Farris Lin（星宿老師）

許多人會將塔羅牌視為未卜先知的工具，然而我認為塔羅牌的意義絕對不只如此，乍看不好的牌組，若能窺見端倪，也有機會扭轉局勢。知名塔羅牌老師 Mary K. Greer 以此書說明抽到逆位牌也是和潛意識對話的機會，當我們試圖「正視」逆位牌，便能重新校正身、心、靈，看見死局中的機會點。

——作家／高瑞希（奶媽 Naima）

「逆位」就像是從吊人牌的視角，超越過往經驗，顛覆習性與表象，重新理解這張牌的教導與意義。過程也許痛苦受挫，但逆境背後總蘊藏著生命的禮物。跳脫好壞的二元對立，撕掉逆位牌的「不祥」標籤，本書協助我們從逆位牌中覺察自我的限制，打開豐富的世界觀，同時，領受塔羅占卜背後的美好祝福。

——Alisa 的豐饒角：用塔羅寫日記／孫正欣

「逆位」是一種啟蒙狀態，它要求我們離開常態、重構認知。身為一個逐漸資深（！）的塔羅牌老師，逆位牌對我而言一直是在教學中需要特別關注的主題，也是一種獨特的思考練習。本書把「逆位牌」上升為一種方法論，實是具有一種誠懇而廣闊的心意在其中。

很期待本書面世，期待見到它的全貌，給予我們新的洞見！

——塔羅牌老師、FB「阿梅．心的家」經營者／黃詠梅

獻給

莎琳·麥克唐納（Sharyn McDonald）

以及

芭芭拉·萊普（Barbara Rapp）

推薦序——醫者視野與大師之路

逆位牌是塔羅學習者在解牌之路最重要的關卡之一，而《跟著大師學塔羅逆位牌》則是這個領域的經典。

自黃金黎明協會整理前輩神祕家理論，奠定了塔羅學研究的基礎之後，塔羅牌的奧祕隨著偉特博士與克勞利本人的著作而逐漸為人熟悉。然而，前輩神祕家雖然以卡巴拉理論賦予了塔羅牌宇宙學的架構，但在實占上，逆位牌的解讀卻是所有欲一窺塔羅堂奧的人最感頭疼的題目（另一個頭疼的題目則是宮廷牌）。但這個題目卻甚少得到重視。

本書作者瑪麗・K・格瑞爾是當代的塔羅大師，年輕一輩的讀者或許不知道，她早期的作品基本上是跟塔羅史有關的（特別是黃金黎明協會中的女性神祕家），在她的研究裡，逆位牌最早出現在1783年法國神祕家伊特拉的作品中。但有趣的是，逆位牌義雖然自此有了雛形，卻一直未能單獨發展。

就以大家熟悉的偉特為例吧！他本人在書寫逆位牌義時，就僅是以註記的形式作為書中的補充。而另一位知名的神祕家克勞利，他所發想的托特塔羅牌則根本不使用逆位。如果把塔羅牌作為一種修行或魔法儀式的道具，逆位牌的使用時機自然不多。但是，塔羅牌卻是一項古老而有效的占卜工具，因此在實務上，逆位牌義的解讀其實對占卜者來說非常重要。但長久以來，它的推演原則一直未能出現系統化的理論。

然而，隨著時間過去，我們在漫長的塔羅史中開始看見幾個有趣的發展。首先，隨著女性受教育人數的普及，神祕家的性別已大量地從男性轉成女性。現如今，塔羅界的大師中，女性的人數已經遠多於男性，這或許說明女性的心靈更貼近塔羅的運作。其次，塔羅書籍從通論轉向專論。這種分科精細化的現象帶動了這門古老技藝的高度成長，這本《跟著大師學塔羅逆位牌》就是一個很好的例子。第三，塔羅學與心理學知識的高度結合。跨學科的對話不僅發生在塔羅學，也發生在整個神祕學領域。可以這麼說，不瞭解心理學（尤其是榮格心理學與人本心理學）的學習者，就會與整個時代潮流脫勾。

而各位讀者手中的這本書，就完全體現了這個趨勢。

初學者可能會想，逆位牌不就是相反的意思嗎？事實上這是很常見的誤解，逆位的解讀方式絕非簡單的牌義反轉，否則你就會看見太陽牌的逆位是晚上，寶劍九的逆位是一夜好眠這樣的荒謬說法。特別是考量到塔羅牌上的元素之後，要是有人告訴你權杖牌組的逆位會變成水元素，錢幣牌組的逆位會變成風元素，你恐怕也會覺得很懷疑。為什麼呢？因為如果水元素是此時應該出現的牌，命運之神何不讓你直接抽出聖杯牌組，還得繞個彎改用權杖逆位來表示呢？

正因如此，雖然相反義也可能是逆位牌的意義之一，但它卻是眾多可能性中最小的一個。因此，在解讀逆位的時候，最常用的傳統方式反而是延遲與減弱。另外，藉由心理學知識的輔助，當代占卜師也大量採用了投射、壓抑、黑暗面、未覺察到的相關情結來解讀逆位的牌義，因此大大增加了逆位的解釋原則。但在我的經驗裡，這一方面可能讓學習者覺得因能切合個人的成長議題而感到興奮，另一方面則可能讓學習者覺得倍感困擾。

如果你有這樣的困擾，或許應該想想，自己更期待成為什麼風格的命理工作者。是一個能預判吉凶禍福、鐵口直斷的占卜者（cartomancer），還是一名可以協助問卜者自我整理的解牌者（card reader）呢？這兩個用語的差異，決定了你的位置。當然了，在實務工作中，任何一個命理工作者都會同時扮演這兩種角色。因此它真正牽涉的，其實是關於命運的哲學問題。

隨著資訊的快速流通以及教育水準的普遍增加，比起十八世紀，人類已經大幅獲得了前所未有的可能性。「命運」（也就是天生的限制）固然還存在，但「自由」（也就是後天的覺察與努力）卻越來越多地掌握在當事人手裡。作為一門促進他人成長的職業（而不是一個妄想能窺測天機的自大狂），哪怕你已洞悉了求卜者命運的走向，也應自覺地站在解牌者的位置，在陪著當事人探索完個人的動機、條件的限制，以及資源的有無之後，再將選擇權交還給本人。

而要做到這件事，就必須仰賴你對逆位牌的深刻瞭解。

作為塔羅逆位牌最權威性的代表著作，作者為我們整理出十二種逆位牌的解讀法，但若能仔細體會，你會發現作者真正看重的是逆位牌作為矯正、藥方（remedy）或處方（recipe）的能力。易言之，逆位牌就是你的心藥，就是你未充分覺知到的陰影。如我常說的，我們的陰影中深藏著黃金。正是書中這個獨到的觀點，使占卜者才真正具備了一份類似於醫者的視野。

因此，下次再遇到逆位牌時請不用緊張，命運之神已經為當事人錯誤的生活態度開出了解方，只待你翻開這本書，靜下心來沉思與面對。

作為一門古老的職業，塔羅牌曾經陪伴我們度過好幾個世紀。在我的解牌過程中，我也屢屢被塔羅牌精準的預測能力給折服，它是一門永不消失的技藝，心靈宇宙的模型。這本書是重翻上市的經典，譯者流暢的文字更讓閱讀本書成為了愉快的享受，我深切期許書中內容能讓所有讀者共同走向大師之路！

愛智者書窩版主、心理學作家／鐘穎

推薦序　芭芭拉．摩爾

與每一位資深的塔羅愛好者一樣，我對於市面上許多塔羅書籍非常熟悉，也充滿感謝。這些書籍探討了塔羅的各式主題，從基本牌義解析，到使用塔羅牌作為一種療癒工具來進行冥想，範圍相當廣泛。但是到目前為止，還沒有一本書針對塔羅逆位牌做全面性的研究。由於不同占卜師對塔羅解牌的掌握度各有不同，有些占卜師能用逆位牌來增加解牌的深度，有些則是含糊其辭、瞎解一局牌陣，有的則是介於這兩者之間。很多占卜師甚至完全不使用逆位牌來占卜；有些則已經開發出自己的一套逆位牌解讀法。無論你個人如何看待和使用逆位牌，我相信諸君一定能從本書含藏的智慧和洞見得到益處。在這本書裡，瑪莉．K．格瑞爾分析了許多種處理逆位牌的方法，深入探究每一張牌的含義，並描述了「女英雄之旅」——代表著從愚人牌開始的大阿爾克那逆位牌旅程。

我想不出有誰比瑪莉．格瑞爾更有資格寫這本書。對很多人來說，瑪莉是不需要多言介紹的人物。《跟著大師學塔羅》（Tarot for Your Self）早已是塔羅牌界最受歡迎且經常被推薦閱讀的書籍之一。她在全美各地開辦工作坊，也曾與瑞秋．波拉克（Rachel Pollack）在紐約萊茵貝克鎮的歐米茄學院（Omega Institute）共同舉辦過為期一週的精彩塔羅課程。瑪莉不僅是一位學者、態度嚴謹的研究者、極富創意的思想家，同時也是一位傑出的老師和真正熱愛塔羅的人。她的作品內容紮實且豐富成熟、面面俱到。書中內容皆以研究為基礎，並經過實戰經驗測試。很少人能像她這樣讓塔羅如此生動有趣、活靈活現——一如你在她的序言中所見。

儘管瑪莉撰寫的這本《跟著大師學塔羅逆位牌》已足夠讓人興奮，但這只是鹿林月亮出版公司（Llewellyn）的塔羅專題系列新書的第一本而已。我們開闢這個系列是為了滿足中上程度和資深塔羅占卜師的需求，讓他們能學習到更多更新的塔羅解牌與應用方法。有時某些針對塔羅初學而出版的新書，通常只會有一個章節或部分資訊是全新的。也就是說，中上程度／資深塔羅占卜師花了錢買這些書，卻只能獲得一小部分新資訊。因此，這個新系列的書籍將會省略掉關於塔羅的基礎資訊，比如：什麼是塔羅牌、塔羅的歷史、什麼是牌陣、如何洗牌、如何收藏和淨化你的牌卡等等，而是將每一本書的重點鎖定在一個非常明確的主題。即將出版的書籍主題包括：將塔羅應用在魔法、自我探索，以及解夢上。此一全新的塔羅系列專書，預計每年發行三本。每一本新書都會有瑪莉・格瑞爾大師專文作序（當然，本書除外）。關於這本書的封面，瑪莉認為吊人牌最為合適。因為吊人牌正是塔羅逆位牌根本含義的縮影。正如瑪莉在本書提到的，這張牌的含義就是「完全臣服於對立的觀點，翻轉你的意識，逆轉你的想像。」我想起電影《春風化雨》（Dead Society）當中的一個場景。演員羅賓・威廉斯飾演的這位老師，要他的學生們站在課桌上，從不同的視角來看這間教室。這就是逆位牌可以做的事。有時候，這正是我們需要的。有了瑪莉・格瑞爾大師作為我們的嚮導，我們就可以滿懷自信和興奮，大膽去探索經常讓我們困惑不已的逆位牌世界。瑪莉，謝謝你給了我們一張可以站在上面重新看世界的桌子。

芭芭拉・摩爾（Barbara Moore）
二〇〇一年十月序

致謝

我要感謝鹿林月亮出版公司的企劃編輯芭芭拉・摩爾（Barbara Moore），感謝她對於提升塔羅書籍品質的卓越貢獻，感謝鹿林月亮出版公司願意出版更多進階行家的塔羅書。我也要特別感謝芭芭拉，在我面臨到人生逆位情境時，對我有諸多體諒。康妮・希爾（Connie Hill）是一位充滿智慧的天使，每當我需要她時，她總是在我身邊幫助我。

感謝艾德・布林（Ed Buryn）和莎琳・麥克唐諾（Sharyn McDonald），他們在閱讀本書初稿之後，對內容增添了許多寶貴的意見和修正，我甚至無法指出他們個別的功勞所在。不過，若書上有任何錯漏，皆非他們的責任。

感謝瑞秋・波拉克（Rachel Pollack），多年來我與她共同教學，她一直是我靈感的來源；還有上過我課程和工作坊的學生，因為為數眾多，我無法一一唱名；還有我的諮商個案，他們對於塔羅的洞見經常讓我自嘆不如，時時心懷謙卑。還要特別感謝「象徵符號課程」中的夥伴：莎琳・麥克唐諾、達瓦・菲茨莫里斯（Dawa Fitzmaurice）、克里斯・歐文（Chris Irving）、維爾・科貝（Vail Kobbé）、夏洛特・博林格（Charlotte Bollinger）、維吉尼雅・韋斯特伯里（Virginia Westbury），尤其是傑克・邁耶（Jack Meyer）和大衛・海特（David Haight），他們的系列演講「神話隱喻」（Myth as Metaphor），總是讓課程迸出新的火花。感謝愛希斯神殿團契的女祭司們的鼓勵和支持。

我還要感謝一群幫忙建立塔羅學習團體的人，包括：薩拉莎（Thalassa）、芭芭拉・萊普（Barbara Rapp）、珍奈特・貝瑞斯（Janet Berres）、蓋瑞・羅斯（Gary Ross）、安・夏特（Anne Shotter）、瓦德・安博史東（Wald Amberstone）、露絲・布勞薩（Ruth Ann Brauser）、約翰・吉爾貝特（John Gilbert）、克里斯托・賽吉（Crystal Sage），以及每一位參加過塔羅牌聚會的朋友。特別要感謝克莉絲汀・佩恩托勒（Christine Payne-Towler），她對歐洲塔羅傳統的關注和興趣開拓了我的視野；感謝布萊恩・威廉斯（Brian Williams）引領我穿越義大利文藝復興塔羅的奇妙世界。另外還要感謝唐娜・賀內林（Donna Hanelin）、芬恩・莫西耶（Fern Mercier）、杰拉丁・阿馬羅（Geraldine Amaral）、阿內爾・安藤（Arnell Ando）、亞利姍卓與肯・簡內提伉儷（Alexandra and Ken Genetti）、詹姆斯・威爾斯（James Wells，他經常從多倫多打電話來為逆位牌提供建言）、尼娜・李・布拉登（Nina Lee Braden，是我在逆位困境期間的好姐妹）、梅蘭妮・奧萊里奇（Melanie Oelerich）、利亞・薩穆爾（Leah Samul）、朵琳・維特庫斯克（Doreen Vitkuske）、以及詹姆斯・里克爾夫（James Ricklef，又名夜鷹）。

感謝網路上的塔羅社群，尤其是在雅虎網站上的 TarotL 與 Comparative Tarot 兩個社群有非常精彩的討論，因為很多人不吝與我分享他們對塔羅的見解，包括：海蘭德（Tea Hilander）、瓦萊麗（Valerie Sim-Behi）、黛安（Diane Wilkes）、麥可（Michele Jackson）、伊莉莎白（Elizabeth Hazel）、伊娃（Eva Yaa Asantewaa）、dt 國王（dtking）、小湯姆（Tom Tadfor Little）、鮑伯（Bob O'Neill）、詹姆斯・利瓦克（James Revak，他為我們精彩解說了伊特拉的牌義解釋如何影響了馬瑟斯和偉特），以及我在注釋當中提到的每一個人。要感謝的人可能超過百位，我怕我會有所遺漏，因此只能在此一併對諸位表達我簡短的謝意。

最後，我想要向先前出版過塔羅書籍與套牌的作者與創作人致上敬謝之意。對於這群塔羅占卜傳統的開路先鋒，我們的感激之情難以言喻。

目錄

序言

關於本書

本書對於逆位牌義的解析，涵蓋了多種不同理論和傳統作為解牌基礎；除了採用「傳統」塔羅牌義，也融攝了結合數字、元素以及圖像原理和隱喻為主的現代解牌取向，目的當然是希望能夠提供大家更完整的解牌背景知識。牌義解析的用意是為了激發出你自己對於塔羅牌的直覺想法。當你在檢驗這些牌義時，請特別留意哪一種解釋取向最適合你；因為這有一部分跟你自己的世界觀、解牌風格、占卜目的，以及問題種類有關。

如果你占卜的目的純粹是為了算命和預測未來，那你可能會覺得標示為「傳統牌義」的解釋以及一些相關資料內容就夠了。傳統牌義幾乎沒有什麼意義上的模糊空間，除非這張牌與其他牌產生了關聯性的解釋，這部分的解牌技巧則必須靠觀察、直覺和經驗來獲得。而如果你做塔羅占卜是為了檢視你對某件事情的個人動機、釐清自己的目標和期望，或是幫問題找尋新的解決方案，那你可能會發現，牽涉到逆位牌的現代牌義會更適合你。

傳統牌義對於逆位牌的解釋通常會談到疾病。這是有道理的，因為出現逆位牌就是在告訴你某些事情需要調整了，而壓力就是我們身體對於外部調整與變化的一種回應。現在醫生相信，所有疾病皆源於壓力。壓力反應愈大，對身體可能產生的危害就愈大。壓力會影響我們身體連鎖系統中最脆弱的那個環節。而逆位牌就是在為你指出目前你最主要的「脆弱環節」所在。迪恩．施洛克（Dean Shrock）在《醫生的囑咐：來去釣魚》（Doctor's Orders: Go Fishing）這本書中就提到：「人類歷史上最不受時代和文化限制、也最貼近日常的健康照護法就是薩滿巫術。」薩滿巫術信仰認為，「疾病是正向積極的傳訊者，它是在告訴你，你需要在精神上重新找到平衡。」[1]

這本書對於每一張逆位牌的解釋，都包含了薩滿巫術和魔法的觀點在內。塔羅占卜是非常棒的一種回饋機制，它可以在你身體失衡出現問題之前（不管這個問題是因肉體本身或因壓力導致），就先接收到警示訊息。它還可以精準指出導致你能量失衡的根源，讓你有機會去處理你的潛在心理模式，比如批判、憤怒、怨恨、內疚、恐懼等等，然後從這些模式的束縛中掙脫出來。

✦ 健康方面的建議

在這本書中，所有跟健康和疾病有關的資訊都不能拿來當作醫療上的預測。請不要在占卜當中做任何疾病的預言或提供任何醫療建議，無論占卜對象是你自己還是別人，除非你是合格的醫療人員。如果問卜者擔心自己的健康，請建議他們去看合格的醫生。

書中提及健康和身體狀況的所有資訊，純粹皆屬隱喻性質。那是一種隱喻類比，意思是說，我們的心理慣性和思維模式可能會沉澱成各式各樣的壓力，這些壓力如果長時間都不去紓解，可能就會導致生病。這並不是在暗示某個人有書上提及的任何身體毛病。比如「腦內風暴」（brainstorm）可以意指激發靈感點子，也可能意指大腦皮層中神經元運作失常。從隱喻的角度來說，這個詞是代表一連串的可能性。

✦ 說說我的故事

我一開始撰寫這本書的目的，是為了糾正一個「錯謬」觀念，很多人認為逆位牌就是正位牌含義的相反，而且通常把逆位牌看成是不好的牌。雖然我在占卜解牌時，主要是讓問卜者去面對和處理他們所提出來的問題，但我同時也會把重點擺在釐清目標以及主動創造你想要的人生。從這個角度來看，問題就是代表受到束縛的能量，而且這個束縛是可以被解開的。如此一來，我們就能探取問題背後隱藏的智慧與可能性。我先前應該要知道、卻沒有意識到的那些事情，就像一條積滿髒物的水管，當你第一次把水打開，裡面各種髒東西一定會被水沖出來，然後慢慢的，這條管子的水才能逐漸變乾淨。

就跟每一位寫過塔羅書籍、教導或研究過每週占卜，或曾經繪製過塔羅套牌的人一樣，你會發現你的人生和塔羅牌之間有著離奇不可思議的同步性。佛瑞妲·哈利斯夫人（Frieda Harris）接受委託繪製托特牌時，剛好是在二戰期間，當她畫到標題為「勝利／Victory」（權杖六）的這張牌時，盟軍大獲全勝；畫到「挫敗／Defeat」（寶劍五）這張牌時，盟軍遭遇慘敗。雖然以常理來說，這有點荒謬，但哈利斯夫人依然覺得塔羅牌和當時發生的事件互有關聯。我也曾在自己的人生中真實經歷過每一張逆位牌的狀態。

以下只簡要舉幾個例子，讓你知道，當你進入到心靈或靈魂的幽冥境界時，可能會碰到什麼事。逆位牌絕對不是什麼邪惡的壞牌，但它們有時確實代表逆境，是為了讓我們知道自己擁有什麼樣的能耐，讓我們知道自己該指望什麼事情、以及什麼事情對我們才是真正重要的，而且也是為了要考驗我們的德性和品格。當我們與逆境戰鬥，我們就能學會以誠信正直和決心來回應它，而不逃避每一次逆境的功課。

在我述說自己的遭遇之前，我想特別說明一件事，我的人生一直都算相當幸運，幾乎沒遇過什麼人身傷害、或是有家人生病的情況，而且幾乎每一次工作都能在截稿期限前圓滿完成。

我人生中第一次延遲交稿，是因為我買的一部新電腦居然花了一個多月時間才到貨。

有一位房客連續跟我租屋三年，但是當我開始寫書，才剛動筆寫逆位宮廷牌，四個月內我就換了四位房客。寫到寶劍牌期間，我還遇到一個跟詐騙集團有關的風波。寫到錢幣一逆位時，原本當時計畫要前往義大利進行一趟塔羅之旅，沒想到在出發前四天，我的腳踝就嚴重扭傷。[2]寫到錢幣十逆位，銀行搞丟了我的兩張支票，原本那是要用來支付房屋稅的。

寫到女祭司逆位時，我正在閱讀克莉絲汀娜・摩根（Christiana Morgan）的傳記，她的內在靈視畫作（從接受卡爾・榮格的心理分析之後開始創作），成了榮格四年教學研討會的基本探討內容。傳記作者經常形容摩根是「逆位的女祭司」，例如：「（她）作為鏡像的阿尼瑪——也就是用來映射、圓滿，以及創造男人的那名內在女性……精神伴侶……消失在她的角色裡；而愛著自己內在女性映射者的這個男人，覺得他有權擁有這個映射者，認為那是他想像力資產的一部分。」[3]

在我寫書時，我閱讀的許多書籍、我舉辦和出席的課程與研討會，都完全對應到我當時正在撰寫的那張塔羅牌——而且與我所寫的內容字字句句相互呼應；例如，我寫到「吊人牌」時，一場榮格研討會剛好討論到「犧牲」（sacrifice）這個主題。

辦完離婚那天，我正寫到死亡牌。寫到高塔牌時，我的一位朋友急性盲腸炎。那年整個冬季最熱的一天出現在一月，當時我正寫到太陽牌。當我開始著手編輯這本書，我就摔倒了，背部嚴重扭傷，甚至臥床無法起身，後來是不靠拐杖就無法自己行動。接下來是遇到暴風雪、停電、電子郵件故障，然後，當我為這本書的初稿進行最後編輯、瘋狂刪改內文章節時，我的繼女被診斷罹患乳腺癌，我只好將手上的工作暫時擱置。幸虧鹿林月亮出版公司主編芭芭拉・摩爾體諒我的情況，最後我才能夠依照自己的進度完成這份工作。

過程儘管困難重重，但這些充滿壓力的經驗讓我有機會與自己內心種種「素材」正面相會，我必須誠實地面對這些狀況，並盡力保持清明思緒，這樣我才能療癒自己，「讓各種力量保持和諧」。[4]

當然，過程中我也經歷到一些好事，包括朋友給予我的支持肯定，超過我以往所知。我之前接受靈氣I級和II級培訓也及時派上用場。還有，就在這本書撰寫到一半時，洛杉磯塔羅牌研討會（LATS）策畫人芭芭拉・萊普（Barbara Rapp）頒獎給我，表揚我對塔羅界的貢獻。獎盃剛好是伊登・葛雷（Eden Gray）根據「萊德偉特史密斯塔羅」（以下簡稱 RWS 或偉特牌）的吊人牌創作的一座青銅雕塑。這是一件意義深遠的作品，也是葛雷女士唯一一件塔羅銅雕，芭芭拉當年在芝加哥舉行的第一屆國際塔羅牌大會時，向伊登・葛雷買下這件作品（當時葛雷也是去受獎）。這座雕塑在芭芭拉家裡擺了三年，她覺得應該是時候把它傳給別人。當時，我正寫到最能代表這本書的塔羅牌形象，也就是吊人牌。當天研討會一開始，我就受邀為在場所有人抽一張牌來代表這個日子——我抽到的正是吊人。

關於牌義解析的說明

現代牌義或是英語系塔羅牌義，基本上都是以受到「萊德偉特史密斯塔羅牌」（RWS）影響而創作出的視覺圖案元素，以及黃金黎明赫密斯派修會（Hermetic Order of the Golden Dawn）所使用的概念和關鍵字，來作為解牌基礎。一九〇九年問世的萊德偉特史密斯塔羅牌，是第一副將七十八張牌都繪上不同圖案的套牌，塔羅牌的圖案設計從此翻開新頁。使用其他套牌所做出的牌義解析可能極為不同，不過，作為全世界最受歡迎的一副英文套牌，它已經對塔羅牌的現代牌義解釋產生了深遠影響。

塔羅的古代牌義、或是我書上所謂的「傳統牌義」，都是以法國的伊特拉（Etteilla）在一七八三年所做的牌義解釋為基礎（詳見本書第1章「歷史」一節），後來的創作者又將伊特拉或馬賽塔羅的牌義做了一些更動。在當今義大利、西班牙和法國，可以看到各式各樣不同風格的塔羅套牌作品。其中有些套牌對於逆位牌的解釋似乎相當武斷，而且跟正位牌義可能搭不上任何關係。還有一些套牌，在試圖從傳統牌義轉換到現代牌義時，甚至把逆位和正位的牌義完全對調了。現代的解牌技巧比較傾向於針對正位牌義做一些修正，而不是使用毫無相關的概念。儘管如此，你還是可以從當代的許多英文牌義解析中看出，這些解釋都受到伊特拉的深刻影響，但同時又能讓你在解牌時產生新的領悟。

本書的傳統牌義解釋是取自以下作者：

伊特拉（Etteilla，大約一七八〇年代）以及帕布斯的重製版本（Papus, 1909）

麥克逵格・馬瑟斯（MacGregor Mathers, 1888）

聖哲曼（Saint-Germain, 1901）

厄德・皮卡德（Eudes Picard, 1909）

義大利聖甲蟲出版公司（Lo Scarabeo Publishers，當代）

葛蘭德・奧瑞恩特／偉特（Grand Orient／Waite, 1889）

亞瑟・愛德華・偉特（A. E. Waite, 1910）

M. C. 波因索／亞農（M. C. Poinsot／Anon, 1939）

亞歷山卓・貝倫吉（Alessandro Bellenghi, 1985）

瑪麗蘇・古勒（Maritxu Guler, 1976）

西班牙富尼耶出版公司（Fournier Publishers, 1992）

馬呂斯博士（Docteur Marius, 1975）

大伊特拉／B. P. 格里莫（Grand Etteilla／B. P. Grimaud, 1969）

請記得，本書當中給出的牌義解釋都只是建議性質。不同套牌的牌面圖案、一張牌在牌陣中與其他牌的關聯，或是每一個人對牌面圖案的直覺和聯想，都可能讓一張牌出現完全不同且更加適當的含義。

✦ 專用術語解說

為了方便參考查詢，以下就針對本書所使用的專有名詞術語先給予定義。文中有楷體字標示的詞彙，表示在此列表中有單獨的解釋條目。

阿尼瑪／阿尼姆斯（**Anima**／**Animus**）：心理學家榮格用來代表男性個體潛意識或心中隱藏的女性形象，以及女性個體潛意識中隱藏的男性形象。雖然它在男性和女性心靈中的運作方式不同，但其基本功能都是帶來啟發。

原型（**Archetype**）：人類心靈中從遠古留存下來的直覺本能模式，深深影響著我們的心理狀態。這些集體思維模式是與生俱來的，而且代代相傳。我們沒辦法看見原型本身，只能看到人們依循這些潛在模式而表現出的特定意象和行為，也可以在世界各地的神話、童話故事、人們的夢境、幻想、藝術作品中看到它們的身影。

對應關係（**Correspondences**）：祕術形上學和魔法的一項基本原則或「法則」，意思是，宇宙中一切具有相同或相近振動頻率的事物，彼此之間都存在著象徵譬喻和相似性的連結，而且，透過這種象徵連結，當一件事物受到影響，也會連帶影響其他事物。總結一句就是赫密斯學定理所說的：「如在其上，如在其下」(As Above, So Below)。

宮廷牌（**Court Cards**）：十六張「人物」牌，分為四個牌組，在牌義解釋上，通常指自己或他人，或這些人的角色、人格面具、以及次人格（潛隱人格，subpersonalities），或是一種行為樣式；但也可以指你所遇到的情況。宮廷牌的四個人物名稱有很多種，在英語系套牌中最常見的是：國王（King）、王后（Queen）、騎士（Knight）、侍者（Page）。

元素質性（**Elemental Dignities**）：一張牌的含義，會隨著它的鄰近牌之元素不同而產生變動。參見附錄 C。

元素（**Elements**）：宇宙的基本構成要素，西方祕術形上學認為宇宙是由火、水、風、土四大元素組成。塔羅牌組和元素之間的對應關係，會因不同套牌而有所差異，解牌者可選擇自行忽略牌卡創作者的意圖，或是自行修改創作者對於牌面特徵的描述內容。請參見附錄C。

元素對應（**Elemental Correspondences**）：本書所使用的元素與塔羅牌組對應關係如下：

權杖	**火**	欲望。活力能量。靈感。自我成長。衝動。
聖杯	**水**	情緒感受。關係。想像力。反照。
寶劍	**風**	思維。衝突。區別辨識。解決問題。
錢幣	**土**	物質顯化。安全感。價值。結果。

反向轉化／物極必反（**Enantiodromia**）：心理學家榮格用這個術語來表示一個人心理狀態的逆轉。意思是，事物會翻轉成它自己的相反樣貌，或者，看起來相反的兩極可能會發生相互翻轉的情況。這最早是古希臘哲學家赫拉克利特（Heraclitus）提出的概念，意謂朝相反方向運行。

伊特拉（**Etteilla**）：尚巴提斯特．阿里耶特（Jean-Baptiste Alliette, 1738–1791）的化名。他

是最早為紙牌撰寫占卜牌義書籍的人，這些書籍持續影響現代的牌義解釋，並創造了逆位牌的概念，更發明了「cartonomancie」一詞，意思就是「用紙牌占卜」。他還自己設計了一副塔羅牌。

黃金黎明（**Golden Dawn**）：黃金黎明赫密斯派修會是一八八八年在倫敦成立的組織，至今依然在運作。協會成員主要是修練西方魔法傳統中的儀式魔法。他們以塔羅牌、占星符號，以及希伯來字母的對應關係為基礎，自己發展出一套儀式和修練方法，其中的希伯來字母更影響了二十世紀最受歡迎的兩副塔羅牌——《萊德韋特史密斯塔羅牌》和《托特牌》的創作。這兩副牌的創作者偉特（Arthur Edward Waite）、史密斯夫人（Pamela Colman Smith），以及克勞利（Aleister Crowley），都是黃金黎明協會的成員。「黃金黎明傳統」指的就是以上提到的這些對應連結，它們跟列維所建立的法國塔羅傳統、以及淨光兄弟會（Brotherhood of Light）的「埃及塔羅」所使用的對應系統不同。

榮格／**榮格學派**（**Jung**／**Jungian**）：榮格（Carl Gustav Jung, 1875–1961），瑞士心理學家和精神分析學家。亦指榮格的心理學理論，榮格學派對人類心靈或精神靈魂的探索以及符號的詮釋具有重大影響。

列維（**Lévi**）：伊萊·列維（Éliphas Lévi, 1810-1875），本名阿方斯·路易斯·康斯坦

（Alphonse Louis Constant），是一位法國作家、魔法及祕術理論家。他所發展的對應關係解牌法，通常被稱為「法國學派塔羅」，大大影響了後來的法國祕術塔羅以及馬賽塔羅的使用者。

魔法／魔法方式（**Magic**／**Magical**）：傳統對於祕術（occult）的定義是這樣的：「魔法是使用少數已知的自然力量，來改變意識和物理環境的一門藝術與科學。」[5] 較為接近心理學的定義則是：「魔法……是宇宙世界的靈魂，它依據自身的法則創造出它自己。」[6] 以此觀點來看，魔法的世界（也就是祕術家所說的「內在層界」），就是原型心理模式擁有物質實體的界域，在那裡，我們可以感知宇宙靈魂的存在樣貌。

大阿爾克那（**Major Arcana**）：二十一張有編號和一張未編號的紙牌，牌面描繪的隱喻圖案，皆源自中世紀晚期和文藝復興時代早期，歐洲天主教盛行地區普遍熟知的圖像。以現代塔羅牌義的解釋來說，這二十二張大牌通常代表事件的發展原則和需要關注的主要課題。

馬賽塔羅（**Marseilles Tarot**）：法文寫做「Tarot de Marseille」。大多數使用「馬賽塔羅套牌」的占卜師，都是使用由列維所設計的占星和希伯來字母對應組合來解牌，而不是使用黃金黎明的對應系統。使用者通常需要把每張牌的基本含義背起來，因為小阿爾克那的數字牌上只有牌組符號（沒有故事圖案）。

小阿爾克那（**Minor Arcana**）：共有五十六張牌，分為四個牌組，每一組都包含十張編號一到十的數字牌以及四張宮廷牌。因此一共有四十張數字牌（英文也稱作 pip，點數牌），以及十六張宮廷牌。在現代牌義解釋中，小牌通常代表遇到的事件、情況或人物。

靈啟（**Numinous**）：榮格學派使用的專用術語，意指某樣事物或事件讓看到它或經驗到它的人產生一種深刻的情緒反應，對它感到敬畏、著迷，覺得神祕莫測。

祕術／**祕術形上學**（**Occult**／**Occult metaphysics**）：occult 這個字的意思就是「祕密的」或「隱藏的」，意指必須透過搜索追尋才能被發現和揭露的隱密知識。形上學是指超越有形物質的事物哲理。「密傳之學」（esoteric）這個詞也跟這個概念有關，意思是「與內部事物有關」。這幾個詞彙都是意指隱藏在我們心靈中的知識和智慧，可以透過檢視察看而被我們的意識所覺知，而且當你以魔法方式使用它，就可以讓事物產生變化。

投射（**Projection**）：心理學術語，意指在潛意識（unconscious，或譯為無意識）中將自己的某些特性（包括情緒感受、心態和欲望）歸咎於某人或某事物。同時，創造這個投射的人本身又否認或拒絕承認自己擁有這樣的狀況。

心靈（**Psyche**）：源自希臘語的「呼吸」，因而衍生為「靈魂」或「精神」之意。意指人類意識和潛意識的心智運作過程，也指人類渴望與上帝合一的部分。希臘神話中，愛與情欲之神愛洛斯（Eros）愛上了少女賽姬（psyche），就是象徵我們的靈魂從潛意識到明意識、再與神性合一的發展過程。而心理學（Psychology，心靈之學）就是研究人類心智心靈的一門學問。

引靈者／普緒科蓬波斯（Psychopomp／Psychopompos）：靈魂的嚮導，特別是指在冥界中為亡靈引路的嚮導。

永恆少年／永恆少女（Puer／Puella）：心理學家卡爾．榮格所提出的原型概念，代表「永遠年少青春」的一種心理模式。永恆少年是指，在情感上永遠不會成熟的男人，而永恆少女就是永遠不會成熟的女性。此原型雖然擁有青春期的頑皮活潑、美麗、魅力，以及誘惑力，卻無法以負責任的方式做出全部的承諾。

藥方（Remedy）：意指用來協助恢復健康的媒介，比如一種醫療藥劑、療方、藥物、丹藥、醫療行為，或是醫術。這個字的英文字根是 medi，意思就是「修正錯誤」或「修復」，就像解毒劑一樣，將錯誤予以糾正或抵銷，以矯正（裨補）先前發生的不良影響或失衡狀況。藥方的英文縮寫就是 Rx，剛好跟逆位牌的縮寫一樣。這種整頓（rectification，譯注：亦有蒸餾提萃之意）的本身就是一種煉金術的變化過程，當中必定涉及酒精溶液

（心靈）純度的調整（譯注：英文的 spirit ／心靈這個字本身也有酒精溶液的意思，比喻心靈的提煉）。

萊德偉特史密斯牌（**RWS**）：就是指 Rider-Waite-Smith 這副塔羅牌，是由英國倫敦萊德出版公司（William Rider and Co.）於一九〇九年首度出版，亞瑟．愛德華．偉特（Arthur Edward Waite）設計創作，潘蜜拉．柯爾曼．史密斯夫人（Pamela Colman Smith）執行繪製工作，也是有史以來第一副在每一張紙牌上都繪有不同圖案的塔羅套牌，至今已成為古典馬賽塔羅牌之外，最具影響力的現代塔羅牌之一。由於塔羅的「解牌者」習慣根據紙牌上的圖案來說故事，因此這副牌也更容易讓占卜者透過自由聯想和具有文化意涵的象徵圖像來解釋一張牌的含義，而非僅單單把每一張牌的含義背下來。由於這副牌的廣受歡迎，也影響了後來許多現代塔羅套牌的創作，經常被用來作為設計新牌的參考基礎。

逆位牌（**Rx**）：這個縮寫符號經常被塔羅占卜師用來表示逆位牌，占星師則用它來表示行星「逆行」。有時候你也會在藥房招牌看到它，因為它也可以代表治療疾病的藥方或藥物。最初這個縮寫是用英文草書來寫，把大寫 R 的最後一畫拉長，再反拉回來畫一筆短斜線，成為小寫的 x。根據《布魯爾慣用語和寓言詞典》（Brewer's Dictionary of Phrase and Fable）當中所述，「這個縮寫的最後那一筆就是木星（Jupiter）的符號♃，代表在它的特別保護之下所有的藥方都能被正確投放。從 R 這個字本身的含義（Recipe／處方，拉丁語的意思就是「服用」），以及它的草體書寫姿態，或許可以這樣來解釋：『在藥物守護神朱比特（Jupiter，譯注：與木星同字）的良好看顧之下，依指定劑量服用藥物』。」Recipe 這個字的意思就是：「可達到預期結果的一種處方或手段」。一般對於逆位牌的傳統或現代含義解釋，通常都暗示著生活中有一些壓力可能會導致疾病和不舒服，但它同時也讓我們看到，這樣的壓力背後存在著正面力量，我個人喜歡這樣去思考逆位牌：「不舒服本身即是藥方」。（請參見本章前面「健康方面的建議」一節。）

占卜／預言（**Scry, Scrying**）：Scry 這個字是源自「descry」，意思是「辨識出肉眼難以看見的事物」。[7]也就是指藉由出神凝視一樣物件，比如一張塔羅牌上的圖案、一枚小火焰、水面或油面上的倒影，來獲得靈視預言畫面。

老者（**Senex**）：榮格原型理論的其中一個原型，它包含了智慧老人，以及充滿壓抑憂傷的垂死老人，這兩個極端的人格原型。

陰影（**Shadow**）：榮格所使用的一個心理學術語，用來表示我們潛意識（無意識）自我的其中一個面向，它通常是被壓抑、被否認、不會表現於外的人格部分，並且無法被我們的明意識察覺。我們經常會將自己的陰影投射到別人身上，它可能是「光明的」、或我們渴望擁有的那些特質，也可能是「黑暗的」、或我們不喜歡的特質。

薩滿／薩滿巫術（**Shaman**／**Shamanic**）：這個字是來自通古斯語（Tungus），意思是「一個能夠讓人振奮、感動，或得到提升的人」。可以是男人或女人，當他接受到神的授意，會進入一種狂喜的出神狀態，與現實之外的靈界（也就是所謂的上層世界或下層世界）接觸，以此來獲得知識、保護力、療癒能量，以及／或是對自己和他人的支持力。[8]

牌組（**Suits**）：小阿爾克那分為四組：權杖（法杖、魔杖）、聖杯、寶劍、錢幣（圓盤、五角星）。一般來說，每一個牌組各自對應四個元素的其中一個。

同步性／**共時性**（**Synchronicity**）：心理學家卡爾・榮格和物理學家沃夫岡・鮑利（Wolfgang Pauli）所提出的一個「非因果法則」理論。根據這個理論，在某一時刻同時發生的所有事情，彼此間都存在著一種有意義的關聯。

塔羅奇（**Tarocchi**）：最早出現的一種塔羅紙牌遊戲，今日歐洲某些地方仍然有人在玩。跟橋牌有點類似，不同的地方在於塔羅奇全部都是將牌（Trump）花色。在義大利，塔羅奇一詞也用來代表紙牌本身（單數是Tarocco）。

神聖空間（**Temenos**）：一處神聖的場域、區域、場所，通常屬於封閉性質。在榮格學派當中，它是意指可以安心進行深度蛻變的地方。

傳統牌義／傳統逆位牌義（**Traditional／Traditional Rx**）：如本章前面內容所述，「傳統牌義」指的是，最早在十八世紀由塔羅占卜師伊特拉對每一張紙牌給出的解釋，再由法國、義大利，以及西班牙的各個塔羅學派的牌義解釋者進行牌義擴充，並出現在馬瑟斯和偉特的早期著作中。

將牌／勝利之牌（**Trumps／Triumphs**）：是大阿爾克那牌的另一種稱法，最早出現在義大利北部，人們用「I Trionfi／勝利之牌」這個詞來稱呼這幾張塔羅牌，暗示著它們在紙牌遊戲中的角色是永遠不敗的王牌花色，可以戰勝其他所有的牌，但也可能跟義大利詩人佩脫拉克（Petrarch）的詩集《凱旋》（Trionfi）有關。

注釋

1 迪恩・施洛克（Dean Shrock）《醫生的囑咐：來去釣魚》（Doctor's Orders: Go Fishing），第96頁。

2 《文藝復興塔羅牌》和《古伊特魯里亞塔羅牌》的創作者布萊恩・威廉斯（Brian Williams）在二〇〇〇年所帶領的義大利北部旅遊團，是對於塔羅牌圖像溯源的一趟朝聖之旅。

3 克萊爾・道格拉斯（Claire Douglas）的著作《黑暗解譯：榮格心理分析圈裡的蒙面女郎，克莉絲汀娜・摩根的一生》（Translate this Darkness: The Life of Christiana Morgan）。摩根和她的情人兼工作夥伴哈里・莫瑞（Harry Murray）是「主題統覺測驗」的共同開發者（Thematic Apperception Test，簡稱TAT，是一種使用圖像來進行性格評估的工具）。由多位知名的榮格學派分析師共同出席的每週研討會紀錄，後來也整理成兩冊書籍出版，書名是《內在靈視：1930—1934年研討會紀錄》，作者為卡爾・榮格，主編為克萊爾・道格拉斯。

4 感謝赫曼・赫塞（Hermann Hesse）《玻璃珠遊戲》（The Glass Bead Game）一書第311頁當中，主角珠戲大師約瑟夫・克涅奇所說的話。

5 此一簡要定義是引自英國小說家法蘭西斯・金（Francis King）與史蒂芬・斯金納（Stephen Skinner）合著的《高階魔法的技術》（Techniques of High Magic）第9頁，主要是以黃金黎明赫密斯派修會之成員所做的定義為基礎。

6 羅伯特・薩德羅（Robert Sardello）《以靈魂面對世界》（Facing the World with Soul），第20頁。

7 《美國傳統英語詞典》（American Heritage Dictionary of the English Lanugage）。

8 感謝本書編輯莎琳・麥克唐納告訴我這個定義的核心精神，並提供她在神話和薩滿巫術方面的知識作為參考。

第1章

截然不同的視角

A DIFFERENT POINT OF VIEW

「我該如何解讀牌陣中出現的那些上下顛倒的逆位牌？」[1]「為什麼那麼麻煩要管逆位牌？」為學生解答了這些問題超過三十年之後，讓我決定撰寫這本書。

有一段時間我忽略逆位牌的解釋，因為我不喜歡我在塔羅書籍上讀到的那些牌義。後來我發現，無論我用哪一套系統來解讀這些牌，它們一樣都說得通，只要我刻意留心讓這些牌符合該系統的解釋。是否要解讀逆位牌，是占卜師可以自己決定的，選擇要讓這些牌代表什麼意思，也是解牌者可以自己決定的。我會在第2章提供你多種牌義選項，讓你可以自由選擇最符合你世界觀的牌義解析。

許多塔羅占卜師都發現，逆位牌能夠增加解牌的深度、細膩度、廣度，並且激發更多想法，讓你在尋找明確答案時，看到多一倍的可能性。此外，逆位牌也鼓勵我們從一個截然不同、而且更全面綜合的角度來看事情。翻到太多逆位牌可能會讓你覺得要去處理「二手壞牌」，但我希望這本書能幫助各位扭轉這個局面。

事實上，逆位牌是看透事物「另一面」的方法。逆位牌能讓我們超越已知的界限。因為它能提供更多非立即明顯可見的可能性和見解，讓我們有機會走出邏輯之外，引導我們進入表層之下的領域，去看到事物潛藏的原因，在這個世界裡面，我們會看到所有事物都是相互關聯，而魔法就是在這裡發生的。翻到逆位牌就表示我們受到邀請，要我們超越表面可見之物，去看到內部具有更豐富意涵的一個世界。你可以試著把逆位牌看作是受了愚人牌或吊人牌影響，這樣會幫助你更容易解讀逆位牌。逆位牌能揭露出事物更為深奧或隱密的部分，也就是屬於薩滿巫術信仰的世界，或者說，那是一個跟所謂「現實世界」截然不同的夢境或內心世界。誠如一位睿智女士在一次網路討論中所說：「逆位牌讓我們有機會去靠近平常不易觸及的能量、感受、現實，以及潛在力量。」[2]

逆位牌擁有無比豐富的潛力，但人們卻經常以極為有限或簡化的方式來解讀它。你可以用好牌／壞牌，或其他二元概念來將每一張牌分類。但是，請不要被一個錯謬想法誤導，認為逆位牌就只是把那張牌的好壞屬性顛倒過來而已——雖然有時候確實是如此。如果將逆位牌都看作壞牌，那等於是在強調非理性的恐懼和懷疑，看不到我們精神和心靈中充滿創造性的禮物，沒必要這樣做。因為沒有一張牌是絕對的好或絕對的壞；每一張牌的含義範圍都非常廣，從問題到助力都有可能。比方說，太陽牌可以代表幸福和快樂，也可以代表曬傷和能量耗盡。如果逆位，那就表示傳統太陽正位含義的影響力被削弱而不是改變，因此它可能代表對於幸福感或倦怠感的否認。當然，太陽逆位也可能是在告訴你，要去尋找你自己內心的太陽和精神上的指路明燈，而不要單單認為太陽只是代表外在資源。

塔羅新手可以選擇只解讀正位牌，等到自己能夠完全掌握基本牌義後，再嘗試解讀逆位牌。但是有經驗的占卜老手也可能基於各種理由，只解讀正位牌。都沒問題。無論你的選擇是什麼，這本書都可以大大拓展你對塔羅牌義的了解。就算最後你依然選擇只解讀正位牌，你也會成為一位更有廣度的占卜師。

塔羅占卜的第一條規則是，**要徹底了解每張牌的基本含義，從這張牌作為助力到作為問題原因的各種可能解釋**。有幾副牌我到現在都只解正位牌——比如《威廉．布萊克塔羅牌》（William Blake Tarot）和《托特牌》——但我會把我對逆位牌潛在含義的了解也整合進去，讓每一張牌的牌義更為完整、全面。

✦ 同步性、原型、二元性、反向轉化

由於在塔羅占卜中出現的每一樣東西都有其意義，我開始意識到，上下顛倒的逆位牌可能會為解牌帶來不可忽視的細微差異。心理學家榮格與物理學家沃夫岡．鮑利共同提出一個非因果法則理論，稱為「同步性（共時性）」，該理論認為，在同一時刻發生的所有事件都具有意義上的關聯性（參見序言中的「專用術語解說」）。從這個角度來看，含義無處

不在，只要我們有時間或意願去思考所有的可能性。藉由布設一局塔羅牌陣，我們就設定了一種意圖，希望在問題與當下紙牌所給出答案之間找出有意義的關聯。逆位牌也有它自己想要傳遞的獨特訊息，而我們的其中一項工作就是，去思考它可能代表什麼意思。

我們可以將塔羅牌看做人類心靈中自遠古傳承至今的直覺本能模式之特殊表現形式，也就是精神分析師榮格所說的原型[3]。這些原始的意義模式（例如父親、母親、英雄／拯救者、掠奪者、陰影、智者、負傷的療癒者）影響著我們的心理狀態，而且不斷逼迫著我們，使我們深陷其中。榮格經常說原型是「雙極性的」，亦即，它帶有積極與消極、光明與黑暗、男性與女性、好與壞等雙重屬性。在這裡我們可以幫他加上塔羅的說法，那就是「正位和逆位」。不過，他也提醒我們，像這樣將原型裂解成截然相反、二元對立的形象，其實是心理發展還不夠成熟的表現。傑洛米・泰勒（Jeremy Taylor）在《人生迷宮》（The Living Labyrinth）一書中指出：「較令人振奮的事實是，我們無法單獨只擁有其中一面而無另一面，因為它們實際就是同一股能量的不同面貌。」泰勒指出，榮格學派一般認為，人類在潛意識（無意識）中「有一個共同傾向，因為恐懼之故，原本具有多重價值面向的原型力量於是產生『分裂』和『雙生』。」[4]當我們透過解讀逆位牌、試圖將一張牌的含義加以裂解，往往會把我們帶入恐懼和陰影棲居的潛意識領域，這個地方也是某些邊緣或受禁文化（比如薩滿巫術和魔法）介入運作的地帶。然而，正是藉著去認識這相反兩極之間存在的張力，我們才得以提升我們的感受敏銳度，增進我們的自我認識。

榮格借用了古希臘哲學家赫拉克利特提出的一個術語，叫做「反向轉化／物極必反」，用傑洛米．泰勒的話來說明就是：「一種可預測的傾向，原本看似相反的兩極，會在它們最極端對立的時刻發生翻轉，變成對方的狀態。」[5]當能量通道中的障礙物被移除、或是新的能量場被打開時，就會發生這種情況[6]，塔羅占卜解牌有時也可以達成這個結果。誠如榮格所下的結論：

> 我們亟需去欣賞與我們過去觀念相對立的價值，意識到我們過去深信不疑的信念當中存在的錯誤，認識到我們過去認定的事實當中的非事實，並深深去感受，到目前為止我們認為的愛當中，藏了多少敵對、甚至仇恨……重點不在於變成相反的一面，而是在保有過去舊價值的同時，也認識到其對立面的存在。[7]

逆位牌之所以這麼難解讀的一個原因是，它會將我們帶到一個最不舒服的地方——靈魂的界域——我們當中很多人只有透過不舒服（也就是離開舒適狀態），才會認識和接觸到這個地方[8]。不過，如果我們能夠學會在這個地帶優游前進，並欣賞其奧妙，我們會有極豐盛的收穫。我們不需要再透過疾病和困擾之事來告訴我們，而是能夠張開雙手去迎接這生命的附加物，去領會生命提供的一切經驗。從第 2 章開始，到讀完整本書，我們就會知道如何運用這些概念來處理逆位牌。

✦ 吊人：翻轉逆境的藝術

若說有哪一張牌可以作為逆位牌的縮影，那就是吊人牌了，它代表的正是「負傷的療癒者」(wounded healer)這個原型。在最早的義大利套牌中，這張牌描繪的是將叛徒倒吊起來，以羞辱作為懲罰。從某個層面來說，這個意象代表的就是我們自己內心的羞愧感，以及我們因為經歷過傷害而背叛了自己的潛在能力。

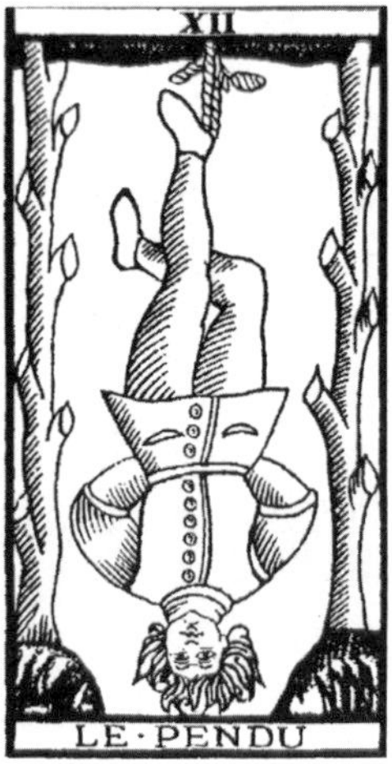

當我們能夠學習將苦難不幸與痛苦轉化為自我實現和理解，如萊德偉特史密斯牌中所畫的那個光環，我們就能翻轉我們對自己和人生的錯誤

想法與詮釋，破除外表假象，進入真實之境。我們會發現，原來我們可以反映我們的真實內心，我們學會去看穿外表假象，就像法國和義大利牌所繪的圖案，吊人的頭部在地上一樣；我們會從小我（ego）的人格模式轉而進入真我（self）。這將會徹底翻轉我們對自我的概念以及對生命的看法；就像把原本的人生價值觀翻轉了一百八十度那樣。

為了翻轉逆境，我們讓自己倒吊、從宇宙意識垂掛下來（也就是吊人牌上畫的那棵活樹，參見上一頁馬賽塔羅吊人牌），覺悟到一切外境都是宇宙大靈與個我靈魂的獨特相遇。於是，我們改變了對於苦痛來源的想法，也改變了我們對於受苦原因的認定。真實的「我」是不可能有錯的。每一次的逆境，都是我們收集智慧與領悟的機會，因為唯有真實經驗能治癒我們的無知。[9]

當內在成長與我們意識人格相互為敵時（以逆境的形式表現出來），意識人格的真我意志就不得不屈服於內在成長的過程，要不就是死去。當內在心理衝突變得過於激烈，我們的生命就會處於懸而未決的停滯狀態，變成像是「倒吊」一樣。生命無法繼續往前進。榮格學派治療師瑪麗—路薏絲·馮·法蘭茲（Marie-Louise von Franz）形容說，這種生命之流的阻斷和難以忍受的痛苦，就像「你的右腳想要往前踏出去，但是左腿卻拒絕，反過來也一樣。」[10] 而吊人牌的圖案上描繪的正是這個問題；吊人的其中一隻腳是自由的，而另一隻腳被綁住。原型治療師詹姆斯・希爾曼（James Hillman）指出，薩滿巫醫會用單腳跳舞，而這種不自然的扭曲或是「異乎尋常的站姿」就是代表超自然力量。這個跳舞的人「受到羈絆阻礙、相當英勇，而且無比神奇。」[11]

正如宗教史學家默西亞・埃里亞德（Mircea Eliade）曾經說過的話：「我們必須讓一輪生命死去，才能邁向另一輪生命……如此才可能參與神聖之境[12]。」正是這種尋常現實「信仰體系的暫停」將我們釋放，讓我們得以迎接靈魂的再次繁盛花開。

✦ 歷史

雖然塔羅牌似乎早在十五世紀初就出現在義大利北部，但是關於這些紙牌的心理學意義或占卜含義，塔羅研究學者目前找到的理論系統，都是在十八世紀之後才出現的。

一七七〇年，尚巴提斯特・阿里耶特以「伊特拉」這個化名，首次出版關於逆位牌占卜含義的書籍。他自己發明了「cartonomancie」一詞（意思是「用紙牌占卜」），並使用只有三十二張的遊戲紙牌「皮克牌」（piquet）來占卜。為了增加解牌的可能性，他把逆位牌的含義也加了進來。[13]在《伊特拉：用一副紙牌自娛的方法，作者無名氏先生》（Etteilla, ou Maniere de se récrér avec un jeu de cartes part M***）這本書當中，他列出了多種占卜算命法，包括一種他稱為「塔笏」（les Taraux）的東西，Taraux 這個字，就是早期 Tarot／塔羅的法語稱呼[14]。阿里耶特最初是一名種子和穀物商人，後來在巴黎和史特拉斯堡販賣印刷品和遊戲紙牌，最後變成一位「professeur d'algèbra」（代數大師），意思可能是「用數字占卜的算命師」。因為他說用紙牌算命是一種「代數娛樂」。[15]

西元一七八一年，法國共濟會成員格柏林（Antoine Court de Gébelin）在其百科鉅著《原始的世界》（Monde Primitif）第八冊中宣稱，塔羅牌當中留有埃及偉大奧祕知識的遺蹟。一七八一這年，不僅見證了祕術與占卜塔羅的誕生，還有其他原因使它成爲非常重要的年分。在這一年，美國獨立戰爭結束。三月三十一日，威廉．赫雪爾（William Herschel）發現了天王星，這是自史前巴比倫時代以來發現的第一顆恆星。俄羅斯帝國的凱薩琳大帝和神聖羅馬帝國皇帝約瑟夫二世瓜分了巴爾幹地區（成為後來兩次世界大戰的遠因）。康德出版了《純粹理性批判》（Critique of Pure Reason），吉朋發表了《羅馬帝國衰亡史》（History of the Decline and Fall of the Roman Empire）。莫札特正在編寫他的偉大音樂作品。這是一個巨大變革時代的結束，也是一個新時代的開端。

兩年後，伊特拉發表了塔羅占卜含義的書籍，其中包括他新發明的逆位牌含義。在這段時期，社會充斥著鬥毆事件、監獄塞滿了無力償還債務的人、流行病蔓延、大量嬰兒和孕產婦死亡、革命四起，不久之後就要進入使用斷頭台的年代。也難怪，人們會覺得受到可怕的預示警告之宰制，覺得受到未知命運的打擊威脅，生命突然遭遇變故時有所聞，人們因此開始認為逆位牌是一種「不祥之兆」，也就不足為奇了。不過，我們很快就會明白，逆位牌其實是可以「解救」正位牌中出現的困境。

十九世紀晚期，馬瑟斯在一八八八—一九〇〇年期間擔任黃金黎明赫密斯派修會的領導人，萊德偉特史密斯牌和克勞利的《托特牌》就是在此時期出現的。他教導了一種解牌系統，是透過觀察「元素質性」（Elemental Dignities，簡稱 EDs）來調整紙牌含義的方法。所謂元素質性／EDs，恰如其名，是依據四大元素和四個牌組之間的相生（相親）和相剋（相斥）來作為解牌的判斷基礎。近幾年來，這個解牌技術有復興之勢，愈來愈受大眾歡迎，無論是否使用逆位牌占卜，都會使用這個方法。現代的塔羅占卜師也針對馬瑟斯當年所提出的解說不斷予以完善和修正，在附錄C中有簡要說明。

時代已經改變，塔羅解牌也逐漸朝向為更趨近人類心理和靈性層面，強調人的成長潛力。但另一方面，逆位牌的含義卻依然過於負面和宿命論，至少目前在市面上看到的書籍內容是如此。人們對逆位牌的反應大多是恐懼和憂慮。我們確實可以進入內心的恐懼來取回我們的力量，但我們需要一種方法，保證我們在付出努力之後會得到回報。

每一位占卜師都有自己開發的逆位解牌方法，我也跟全美各地使用他們自己的逆位解牌法、而且方法與我相近的占卜師有過討論，但這種極大程度依靠直覺的解牌智慧，至今卻很少被訴諸文字或撰寫成書。從現在開始，逆位解牌的新時代就要降臨了。

✦ 準備工作

用洗牌得到逆位牌

占卜時，你可以透過洗牌、或把紙牌隨意摻混在一起，讓有些牌變成圖案上下顛倒，這樣就可以得到逆位牌。洗牌時，所有牌面都要朝下，不能看到正面圖案，只能看到牌背。然後用你喜歡的方式洗牌。你可以使用橋式撥洗法，把紙牌分成左右兩疊，將紙牌邊緣角角抬起，然後再慢慢放掉，讓左右兩疊牌交錯成為一落，或是使用過手洗牌法。你也可以將所有紙牌攤開在乾淨平坦的桌面上，然後像在水池中繞圈輕推，將所有紙牌徹底相混，記得偶爾要轉一下其中一些紙牌，這樣才能得到逆位牌。

抽牌

如何替一個牌陣抽牌，以下介紹三種方法：

- 從一堆散開的紙牌中隨意抽牌；
- 將整副牌在桌面上或手中攤成扇形，然後隨意抽牌；
- 洗完牌後，將整副牌整理成一落，切牌，再重新疊成一落，然後從上面一張開始拿牌。

最後一個抽牌方法是伊登．葛雷傳授的，是先由問卜者洗牌，然後用左手將牌向左切成三疊[16]。最後再由占卜師任意將這三疊牌重新疊成一落，然後從最上面一張開始拿牌，擺出牌陣。

你的手握牌的方向很重要，這樣當你在翻牌時，正位和逆位牌的方向才會跟問卜者洗牌時的方向一致。如果你是坐在問卜者同一側、或是幫自己占卜，就直接把牌由右向左平行翻開即可。如果你是坐在問卜者的對面，那就需要把整疊牌先轉一百八十度，讓它現在面向你的方向與問卜者洗牌時的方向相同。要不然，就是直接把洗好的牌從桌子對面移到自己面前（先不旋轉一百八十度），翻牌時才把每一張牌由上往下垂直翻開，擺出牌陣。

牌陣

牌陣（Spreads），也稱為「牌形」（layouts），就是在洗牌後將抽出的每一張牌依序擺放在特定位置上。而「解牌」（reading）就是將每一張紙牌的個別含義與它所在的陣位意義結合起來，來回答問卜者的問題。舉例來說，有一種最基本的三張牌牌陣，它有三個陣位，分別代表過去、現在、未來，當你在解釋每一張牌時，要根據該張牌所在的陣位，將該牌含義套入該陣位所代表的時態（過去、現在、未來），這樣才能回答問題。

塔羅牌陣有好幾百種可供你選擇，甚至你也可以自己發明牌陣。無論哪一種牌陣，都可以使用逆位牌。對於大多數占卜師來說，基本的三張牌牌陣，以及使用十到十二張牌的牌陣，是必備技能，不過，你可能也會想要多去了解近年來出現的其他數百種牌陣。牌陣中的每一個陣位所代表的議題（意義），是幫助你確認問卜者問題的關鍵要素，因此，你所選擇的牌陣，一定要具備跟該問題相關的陣位，所做的占卜才會準確。

幾乎每一本塔羅書籍都會介紹凱爾特十字牌陣（The Celtic Cross Spread），這是有原因的。跟所有好聽的故事一樣，它是從位於牌陣中心位置的衝突點展開的，這個衝突點是由兩張十字交叉擺放的牌所構成，代表的就是根本困境。這是主體當前生命的核心問題，只不過現在是用塔羅符號系統描繪出來。剩餘的牌是在探討問題的潛意識根源、過去發生的事、意識尚未覺知到的事或理想、以及未來可能情況；接下來右側的牌分別是代表真我、外部環境、期待和恐懼，以及最終結果牌。無論是處理一般性籠統問題或是某個特定的具體問題，都非常好用。本書第 4 章「為莎拉解牌」的範例，使用的就是最基本的凱爾特十字牌陣。

還有一些牌陣特別能夠透露一個人生命中特定領域的真實情況，比如此人的家庭狀況、健康狀況、人際關係、職業、創造力、金錢等等，有些則比較側重隨時間變遷所帶來的變化。還有一些牌陣是探討不同的選擇或替代方案，有些是呈現一件事情的各個發展階段，或是探究一個人內在心靈的不同面向，或是呈現一個人際互動的真實情況等等。本書第 3 章會詳細探討幾個牌陣，供你參考。

牌陣中出現多張逆位牌

有些塔羅占卜師會選擇不去解讀太多逆位牌的牌陣，因為他們認為這代表問卜者其實不想接受這次的占卜訊息，或是問卜者心情太過沮喪、不夠誠實，或是太過哀傷，而無法好好面對占卜內容。如果你將它做負面解釋，那可能存在一定的合理性，但事實卻未必如此。正如我在書中一再強調的，逆位牌並不僅僅代表負面壞事。你必須去判斷，哪一種情況可能會讓這個人覺得比較難過，是在看到抽出的牌之後又不解牌，還是解牌之後可能會加深他的恐懼。有一個解決方法就是，重佈另一個新的牌陣，問這個問題：「這個時候怎樣做對問卜者最有利[17]？」

不過，出現太多逆位牌也有可能是塔羅牌在告訴你，當下這個時間點問這個問題無濟於事，或者不會有什麼結果。這也是一個機會，你可以去幫助這個人看到，為什麼他們可能有必要自我成長。

牌陣中出現大量逆位牌，還有另一個處理方法就是，去判斷這些上下顛倒的牌是否有共同的主題。例如，如果主題是延遲或否認，那請先將這些牌轉成正位，並記住哪幾張原本是逆位，然後繼續解牌，試著去找出這些牌可能隱藏的正面潛力。原本就是正位的那少數幾張牌，代表的就是最有助力，而且最能夠施力的地方。正位牌也可以代表那些較為明顯和自然出現的特質或情況，或是能量正常流動的部分。這些牌可以提供一條出路或助力，對逆位牌的部分做出補救。

取得逆位牌的其他方法

有一種傳統塔羅占卜，是建議你先將整副牌都轉成正位。然後在洗牌前讓問卜者抽出其中三張牌，將它們轉成逆位，然後再開始洗牌和抽牌。如果這三張牌有任何一張牌出現在你的牌陣中，就表示那是「命運之手」所注定，這幾張牌的重要性會大於其他牌。

我自己將這個方法做了小小的改變，一樣先將整副牌轉成正位再洗牌、抽牌，然後佈設牌陣，進行解讀。接著，將此牌陣中每一張牌的陣位寫下來，再把這些牌拿起來洗牌，將其中任意三張牌轉成逆位。然後將每一張牌放回到原來牌陣中的位置，看看是哪三張牌變成逆位牌，就表示那是最困難或最令人難過的地方。由於你先前已經看過此牌陣的整體潛力，現在你只要去判斷哪些地方可能會「遇到顛簸」，或是阻礙你實現那個潛在結果。如果你想要，也可以不只將三張牌轉成逆位，而是將這個牌陣的牌徹底正逆相混，讓命運來決定最後有多少張牌會變成逆位牌。

請記得，如果你把整副牌都徹底正逆相混洗牌，「正常狀況」就是你有一半機率會抽到逆位牌。因此，這個牌陣的十張牌中如果出現六張、甚至七張逆位，依然算是正常！

從單張逆位牌（Rx）[18] 開始

當你想更了解你的困境、走出意識可理解的現實之外、進入神祕魔法力量的國度，或是檢視本書的牌義解釋時，你可以單單抽一張逆位牌。單張逆位牌可以回答以下這類問題：

- 現在什麼事情受到阻礙或延誤？
- 目前我沒有看到自己內在的哪些部分？
- 我現在哪個地方遇到困難？
- 我現在想要突破或翻轉的是什麼？
- 是什麼新的概念或想法在等我認同？
- 這件事情的神祕力量藏在哪裡？

取得逆位牌的方法是：先洗牌，同時要確定整副牌都有正逆位相混。切牌，然後重新把牌疊成一落。接著從最上面一張一張翻開，直到第一張逆位牌出現。請參考第2章的牌義解析來解釋這張牌。

如果想要獲得更多訊息，不妨留意一下，在第一張逆位牌出現之前，你一共翻了幾張牌。如果沒有超過兩張，表示這件事情的能量很強，而且目前相當積極活躍。如果超過五張，那表示這件事情仍深藏在你的潛意識，目前還看不到什麼跡象，或是可能性微乎其微。如果超過十張以上，那表示現在問這個問題沒什麼意義，你可以改天再問，或試著問不同的問題。

注釋

1 本章稍後會對牌陣做出定義。

2 感謝 DancingWorld@yahoogroups.com 網站的伊娃（Eva Yaa Asantewaa）。

3 參見榮格著作《人及其象徵》（Man and His Symbols），第 67－68 頁。若想更了解原型的概念，我推薦克莉斯汀・唐寧（Christine Downing）主編的《自我之鏡》（Mirrors of the Self）一書，以及羅伯特・約翰遜（Robert Johnson）的著作，他稱原型為「能量的心理基石」。

4 傑洛米・泰勒（Jeremy Taylor）《人生迷宮》（The Living Labyrinth），第 74 頁。

5 同上，第 73 頁。

6 瑪麗恩・伍德曼（Marion Woodman）與埃莉諾・迪克森（Elinor Dickson）合著《在火焰中舞蹈》（Dancing in the Flames），第 148 頁。

7 榮格著《無意識心理學》（On the Psychology of the Unconscious），第 117－119 頁。

8 詹姆斯・希爾曼（James Hillman）在《重現心象的心理學》（Re-Visioning Psychology）一書討論到「病理」（pathologies）作為通向靈魂或心靈之路所扮演的角色。

9 此段內容改寫自 BOTA（波塔）機構前執行長安・戴維斯（Ann Davies）出版的小冊《關於塔羅的啟發性思考》（Inspirational Thoughts on the Tarot），第 51－54 頁。BOTA 是神祕學校「內殿建造者」（Builders of the Adytum）的簡稱，創始人是保羅・福斯特・凱斯（Paul Foster Case）。

10 瑪麗—路薏絲・馮・法蘭茲（Marie-Louise von Franz），《童話中的陰影與邪惡》（Shadow and Evil in Fairy tales），第36-41頁。

11 詹姆斯・希爾曼主編，《永恆少年論》（The Puer Papers），第一〇二—一〇四頁。

12 我無法找到這句話的確切出處。

13 隆納・德克（Ronald Decker）等多人合著，《邪惡套牌》（Wicked Pack of Cards），第74頁。

14 同上，第83頁。

15 同上，第82頁。

16 伊登・葛雷（Eden Gray）曾在紐約市經營一家形上學書店。當時英文版塔羅書籍極少，她便自行編寫了多本簡明、實用的現代指南手冊來介紹萊德偉特史密斯牌，其中第一本《塔羅牌揭祕》（Tarot Revealed），於一九六〇年自費出版。

17 參見凱特琳・馬修斯（Caitlín Matthews）《凱爾特智慧塔羅》（Celtic Wisdom Tarot），第一二九頁。

18 有關Rx符號的有趣說明，請參見序言中的「專用術語解說」，Rx在本書代表「逆位牌」，占星學家用此符號代表「逆行」，醫藥界則用它來代表「處方」。

第2章

如何解讀逆位牌

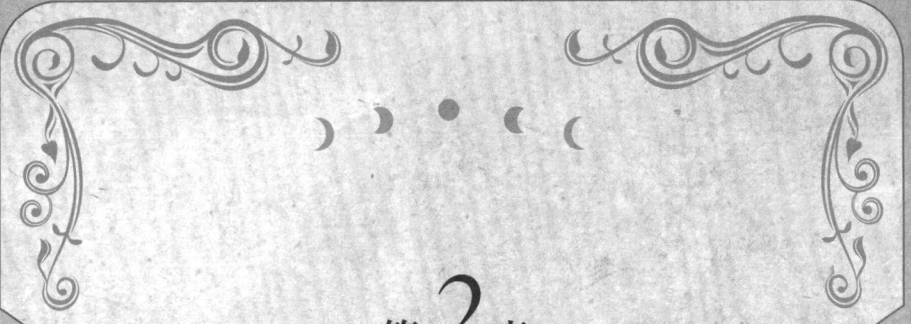

Using Reversals

在第1章，你已經學到如何用洗牌來取得逆位牌、如何使用牌陣、如何處理出現太多逆位牌的牌陣，以及如何從單張逆位牌陣開始練習解讀（第3章會介紹更多牌陣）。在這一章，你會學到解讀逆位牌的各種方法，以及學會判斷該使用哪一種技巧。你還會學到如何「補救／矯正」（rectify）一張牌，以及什麼時機可以用逆位含義來解釋正位牌。

一般來說，將逆位牌視為一種「警示」對解牌是有幫助的，那表示你應該在這些地方多加注意。它們發出信號，告訴你某些事情似乎沒有如常運作。正位牌通常代表我們可意識到的、外在的、自發形成的、正在進行中的，以及有機會達成的。逆位牌通常代表抉擇點，需要你多留意的地方。如果你要充分利用這些能量和機會，那麼你可能需要認真、有意識地處理它。就像你知道前方一輛車子可能要往右邊車道開了，你就必須保持警覺，並做出調整。或者，逆位牌的出現可能是在告訴你，在這些地方你要停止掙扎，讓自己放鬆，放下所有的期待。

✦ 十二種逆位牌解讀法

以下建議的幾種方法都說明了，一張牌呈現逆位，會讓這張牌的正位牌義產生什麼樣的變動。不妨把每一種情況都嘗試看看，直到你找出哪一種占卜問題使用哪一種解釋最合適。最後你就會知道，哪幾類解讀法最符合你個人的解牌風格和世界觀。

1. 阻礙或抗拒

表示這張牌原本呈現的能量可能受到阻礙、壓制、否認、拒絕，或是抗拒。這可能是恰當和健康的，也可能是恐懼的一種表現，依實際情況而定。比如說，聖杯八逆位（Rx），可以代表對於抗拒獨處、假期受阻，或是壓抑自己想要踏上內在旅程的渴望。從另一個角度來說，也因為逃跑的衝動受阻，或許你就能重新回到原來的環境，幫自己創造自我成長的機會。而審判牌逆位，可能代表抗拒付諸行動，或是以公義為由無視別人的評斷或批評。

2. 投射[1]

代表可能把自己拒絕承認的事情投射到別人身上。包括你喜歡或不喜歡的一些特質。皇帝牌逆位可能代表一個人將自己內在壓抑的侵略性投射到一個濫用職權、或是無法有效使用自己權力的人身上。或者，你可能將那些人擁有的優勢與命令權過度理想化了。

3. 事情受到延遲、遇到困難、做不到

代表可能出現猶豫、不確定、做不到，或是因為外在因素而有延遲的情形。如果牌陣當中出現多張逆位牌，代表整個情況如果要改變可能得花比預期更長的時間。它可能是在暗示你，要耐心等待，因為時機延遲可能是為了讓你有機會做更好的準備，來獲得更好的報償。出現任何一張一號牌逆位或是命運之輪逆位，代表一項新的事業或改變即將來臨，但是起頭會碰到困難；你可能需要去釐清自己的選擇、再多做一點努力，或是更明確做出承諾，來強化自己的內在動機——如果這件事情真的是你想要做的。這可能會是一條充滿阻礙和困難的崎嶇道路；能量的流動沒有那麼順暢或自然。有些逆位牌可能不適合轉成正位來解讀，比如聖杯三，因為那代表你的朋友可能只是暫時沒空。如果牌陣中剛好也出現隱士牌，那表示這是你回到自己內心好好思考的機會。我的一位個案不再跟他的酒友出去喝酒之後，我看到他的牌陣出現聖杯三逆位。這張牌出現逆位，一方面代表飲酒過度，同時也代表他不再和那群酒友往來了。

4. 內在的、無意識的、私密的

逆位牌也可能代表那個能量是屬於潛意識（無意識）的、內在深層的，或是私密的，而非明意識的、外顯的，或是公開的。例如，聖杯二逆位可能意指內在陰陽兩極特質，以及自我與內在男性或女性能量的關係。還有一件事要記得，如果這股能量真的是無意識的，問卜者自己可能還無法察覺到。

5. 新月或黑月（以及各種圓形塔羅牌）解牌法[2]

如果是使用圓形的塔羅牌卡，可以參考這個方法，因為這類塔羅牌可能出現的圖案方向有很多，會影響到一張牌的含義解釋。這些圓形套牌大多跟女性主義及女神有關，相當能夠呼應榮格學派人文主義占星家丹思・魯迪亞（Dane Rudhyar）所提出的月相週期理論。簡單來說，圓形牌圖案如果完全上下顛倒逆位，就代表這個能量屬於黑月或新月階段，也就是無意識的、本能的、隱藏的。這是內在構思和重新塑形的時刻。如果圓形牌的正位圖案頂點跑到左邊，象徵月亮漸盈或漸滿，代表正在成長、學習、發展、探索。牌面圖案呈現百分之百正位，代表滿月，象徵完全覺知的意識狀態、已經發展成形、明顯可見的情況。圖案往右邊傾斜，代表適合進行教導、貢獻己力、向外傳播的好時機。當圖案頂點跑到底部附近，代表釋放、以及該放下那些你已經沒有需要或應該改變的東西。如果圖案剛好轉到正左或正右，代表盈虧週期當中危機點出現了。

6. 突破、顛覆、拒絕、改變方向

代表問卜者可能正翻轉、掙脫、擺脫束縛、排斥、拒絕，或是離開牌面圖案所描繪的狀況。也可能顯示一件事情（事態情況）即將結束、消逝、鬆動，或改變發展方向。例如，寶劍八逆位代表束縛、礙眼之物、阻礙可能正在消失。權杖十逆位代表此人似乎正在逐漸卸下責任和重擔。

7. 非正位含義、或沒有正位含義；缺少

有的時候，你也可以用「非正位含義」或「沒有正位含義」來解釋逆位牌。或是直接把正位牌義加上否定意思即可。皇帝逆位可能意指「沒有表現陽剛特質或權威性格」。請注意，這不該是一種批判，也不能過於專斷，或態度過於負面。有一位才華洋溢的女士來尋求指引，希望知道大靈要她成為什麼樣的人、做什麼樣的事情。結果她抽到一整組牌陣都是大阿爾克那牌，而且全部都是逆位。後來我才發現，塔羅是在告訴她，不要將自己特

別界定為老師、藝術家或誰的情人，因為她真正的靈魂使命是超越這些標籤的，她不應該受到這些角色的限制。

8. 過度、過度補償或欠缺補償

逆位牌也可能代表正位牌含義的增強或削弱，或是正位狀況的極端發展和沉溺放縱：不是太少就是太多、發展不足或是過度發展、不夠成熟或是過度老成。從心理學的角度來說，它可能代表有過度補償或補償不足的情形，或是可能會在兩個極端之間戲劇性地快速跳換。問卜者通常可以明確知道自己是屬於哪個極端，因為那個極端情況會非常明顯——除非他自己否認（前述第一類情況）。

9. 誤用或誤導方向

無法達到預期效果、某樣事物被誤用，或是誤導到錯誤方向，一開始就走錯路了、時機不恰當，或是能量使用不當。比如，錢幣六逆位代表金錢或善行可能會被誤用。寶劍七逆位代表你可能方法策略錯誤，或是把你的忠心放在錯誤的人身上；或是你原先預設的「敵人」並非真正的敵人。

10. 帶有「再次、重新、回返」的意思：重新嘗試、撤回、重新檢視、重新思考

有時逆位牌也代表「重新、再一次」的意思，例如上述標題提到的那些情況[3]。一個字詞前面加上「重新、再次」（以英文來說就是 re- 開頭的字），表示一個動作重新回頭進行，或是動作被收回、呈現相反狀態、否定，或重新再做一次。在占星學中，這類詞彙通常用來形容行星的運行向後倒退，在這段期間，行星在黃道帶上的運行看起來像是倒退逆行，這時候我們就要重新檢視、重新思考、重新修正我們先前的行動。比如，魔術師逆位代表你可能想要收回某個意圖。權杖七逆位代表可能想要重新考慮是否有需要那麼堅持自己的立場來跟對方對抗。

11. 矯正：把疾病不適轉為藥方

逆位牌可以被視為疾病／disease（或者說，至少是會造成人生病的那些壓力），但同時也可以是一種藥方／remedy，正所謂「無法殺死你的，最終會治癒你」。根據《美國傳統英語詞典》的定義，「藥方／remedy」的意思就是「用來協助恢復健康的媒介」，它是透過「糾正」或「抵消」的作用來矯正（裨補）錯誤之處。而「整頓、改正」（rectification，譯

注：亦有蒸餾提萃之意）的本身就是一種煉金術的變化過程，藉由蒸餾和調整「酒精濃度／spirits」來進行萃取、提煉精華（譯注：英文的 spirit ／心靈這個字本身也有酒精溶液的意思，在這裡比喻心靈的提煉）。以電力學來說，rectify 這個字的意思是指將交流電轉成直流電。「藥方／remedy」這個字的英文字根 medi 的意思是「採取適當措施」，medi 同時也是「靜心冥想／meditate」的字根，這意味著療癒和冥想一直都有其關聯性。有時，藉由深入逆位狀態去尋找事情的根本原因，而非僅僅只看結果，同時去經歷所有的放肆和越界行為，我們反而能夠有所突破，進入相反方向的狀態。關於逆位牌代表健康與藥方等概念，請參閱序言的內容。關於如何補救逆位牌的方法，我們會在第57頁中談到。

12. 非傳統、薩滿巫術、魔法、幽默

如果正位牌描述的是傳統智慧，那麼逆位牌所呈現的就是非傳統的智慧。它是對正位牌牌義背後的所有假設提出質疑。它不是規規矩矩的，而是有點歪斜、有點瘋狂。每一張牌都有一個地方是你可以「將它看透和看穿」的。你必須看穿那「看似為真」的假面具。因此，一張逆位牌也可能有它詭詐的一面。它可能是在告訴你，你需要用一點幽默感，或是不要把事情看得太嚴肅。教皇逆位很明顯就是「土狼能量」，代表以你料想不到的形式出

現的智慧和靈性。

更特別的是，逆位牌也代表薩滿巫術或魔法的視角，它邀請你進入這張牌，展開愛麗絲夢遊仙境的奇幻旅程，然後把重要的訊息或領悟帶回來。它是在告訴你，要從不同於尋常世界的角度來看事情，而且通常我們認為的「隱喻」，其實才是真正活生生的現實，我們所謂的「現實」，不過是一場夢。這個觀點就是代表「密傳之學」，亦即祕密或隱密的教導。

✦ 其他解牌技巧

塔羅占卜師們總是不斷在創造新的逆位解牌技巧，因為他們個人對於現實上如何運作，想法觀念也不斷演進。以下這些解牌方法的發明者，在注釋中都有完整人名。

- 一張牌的逆位含義，有時會跟它在整副牌排序中前一張牌的正位含義相類似。新的能量之所以無法顯露，是因為對先前那張牌的狀況還有所依戀執著。也許你需要回去重新審視前一張牌要教給你的功課或經驗。因此，一張逆位牌的出現可以「把你扔回」或「讓你回復到」前一張牌的狀態[4]。例如，**權杖五逆位**可能是在反映**權杖四**

正位的狀態，**星星牌逆位**可能是在要求你重新去思考**高塔牌正位**的課題。**一號牌逆位**可以返回到**十號牌正位**，但是**愚人牌**和**侍者牌**呢？那就由你自己來定義嘍。

- 一張逆位牌的含義可以解釋成是這張牌的正位含義的「陰性面」或消極能量的展現（也就是相對於正位的「陽性面」或積極能量來說）。請留意這張牌的背景形狀（類似陰影的概念），然後問這幾個問題：如果正位牌當中的人物從牌裡面走出去，會有什麼樣的可能性從背景浮出來？如果你把積極（正位）能量從畫面中刪去，那剩下來的是什麼？如果我就是正位畫面中的這個人、正在做他做的這件事，有什麼事情是我沒有注意到的？這個解牌法主要是在檢視，當你略過正常角色或行動，可能產生什麼樣間接或隱微的後果[5]。同樣的，逆位牌也可能指出靈性的訊息，代表來自「鏡像反射、陰影、平行世界」的影響或訊息[6]。
- 逆位牌可能代表那些事情或那些人是你不能信靠的。也代表你可能缺乏資質天賦或技巧方法，以致把那些事情變成問題或弱點，或是一個可能發生錯誤的地方[7]。
- 有時，宮廷牌或大阿爾克那牌的逆位代表與圖面上人物相反性別的人[8]。

- 美國塔羅協會的約翰・吉爾貝特（John Gilbert）提供了兩種解讀方法。「逆位牌的出現，暗示著這些事情是……重大問題，需要用最負面的角度來讀這些牌。正位牌則要用最正面積極的角度來看待。大阿爾克那牌逆位是在警告你，你的靈性旅程走錯方向了，你太過涉入這一世的物質塵世中。因此你需要去檢視，你究竟要往哪裡去？以及你覺得為靈性成長做了什麼努力[9]。」
- 約翰・吉爾貝特提出的這個方法，是將正逆位牌分別對應到兩大類含義[10]。

	能量增強（Well-dignified）及正位	能量削弱（Ill-dignified）或逆位
錢幣	工作和事業	財務狀況
寶劍	想法點子	擔心和顧慮
聖杯	人際情感關係	原始情緒
權杖	直覺	意志力和決心
大牌	靈性道路	物質（非靈性）道路

判斷要使用哪一種逆位解牌法

一張逆位牌可能會同時有好幾個特性在發揮作用，使這張牌產生多種含義。比如，女皇牌的正位含義包括女性化方式、滋養培育、關心關照，而逆位牌（關鍵字以黑體標示）則是代表不以女性化的方式表現。如果我們深入探究，這可能是因為你正在突破家庭的養育模式，或是在抗拒你母親的影響力，因為你的母親在情感上對你很冷淡。但是，你可能會把你自己的行為視為一種自主力量的展現，而不認為自己缺乏自主權，特別是，假如你始終對於社會對女性的期待存著質疑，你想要去找到一條路，如何不用滿足別人的需要和期望就能夠展現自己的女性化能量。這樣，你就可以打破常規，去探索神聖女性能量的全部面貌。

但有時，太多的可能性反而徒增困擾。如果你的解牌主要著重於預測，或是傾向於處理需要明確答案的問題，那麼你可能就要選擇一個同樣重視精確答案的解牌法。但如果你比較關注的是靈性面和心理面的領悟洞察，那麼你可能會比較喜歡具有歧義性的答案，因為它可以讓你去探索原型的多面向特質。

若你本身是塔羅初學者，或當你需要讓解牌單純一點，那就從以下這幾個方法當中選一個來用就可以了：

- 將每一張牌的逆位含義背起來。這是我最不喜歡用的方法，因為我覺得要把牌義背下來很困難。而且，它一定會限制你對這張牌的直覺想像和解牌的廣度。但是，如果你是使用法國和義大利傳統解牌經常出現的武斷性解釋，那麼把牌義背起來就變得很必要，比如，**聖杯八逆位**代表「祖父」，但是**錢幣九正位**是「祖母」。
- 當你遇到逆位牌時，僅選擇二到四種解牌方法或關鍵字來解牌。你可以從上面的「十二種逆位牌解讀法」或附錄A的「逆位關鍵字」來選擇。或者試試看詹姆斯・里克爾夫（James Ricklef）的「5D解牌法」[11]：

1・Delay：延遲原始牌義的影響力。
2・Diminution：削弱原始牌義的影響力。
3・Direct opposite：與原始牌義相反。

4．Dark side：原始牌義的陰影面。

5．Direction change：改變事情發展方向。

- 查看牌陣中的其他牌是否出現相同的主題、符號、顏色或特定微細動作。例如，**寶劍十逆位**後面出現**權杖**一，可能表示你已經打破過去的循環模式（不再受到限制），邁向一個新的起點。**星星牌逆位**和**聖杯**三一起出現，可能代表這是一場多人集體進行的祭酒儀式，而非私人活動，而**星星牌逆位**和**權杖六逆位**一起出現，可能表示當你的成就沒有被別人注意到，你的自尊就發生動搖了。

- 翻到附錄A的「逆位關鍵字」列表，用以下介紹的占卜技巧，為每一張逆位牌選出最適合用來調整含義的詞彙。方法是：閉上眼睛，將這張表格任意旋轉到一個角度，然後伸出手指，在紙上畫圈，然後停下來，隨便指一個地方。就用最靠近你手指的那個關鍵字來調整這張正位牌的含義。

- 檢視逆位牌的圖案，是否有看出什麼新的圖案觸動到你。比如，有人認為**寶劍九逆位**當中，那九把平行的劍看起來就像一張通往地窖的梯子。**錢幣五逆位**的那面窗戶變成了一扇門。**寶劍三逆位**和**寶劍十逆位**當中的那幾把劍，看起來好像從那顆心臟和那個人的背掉出來了。

- 當你在考慮該用本書或其他書中建議的哪些逆位牌含義時，請將它們變成開放式問題（怎麼發生的？何時發生的？在哪裡發生的？發生了什麼事？等問題），讓問卜者來回答。
- 我最喜歡的方法是，讓問卜者自己從牌面圖案去描述這張牌（此階段先不解牌），包括牌面人物的心態、情緒感受或心情等等。然後運用你對正位含義的了解，聽聽看對方說的有沒有什麼反常的地方，也就是任何偏離正位牌含義的常態、不合乎常理的地方。例如，如果問卜者認為聖杯九正位當中的那個人很不快樂、心懷不滿，而且認為那些杯子裡面空空的、什麼也沒有，那就跟這張牌的傳統正位含義不吻合，他們其實是描述了自己內心的「不安」，而且認為自己的願望不可能實現。此外，如果你感覺問卜者的描述嚴重偏離「正常」的正位含義，那表示對方內心有非常深的痛苦、不想承認某些事情，或是對某件事情缺乏理解。若要知道更多訊息，你可以用「這些杯子空空的、什麼也沒有」當作主題，請問卜者編一個簡短的故事，然後問他們現在對這件事有什麼感受。

- 與問卜者一起討論幾種可能的解釋，並詢問哪一種解釋最符合他們的狀況。
- 使用刪去法，與問卜者一起討論哪些解釋不合適，看看最後留下來的是什麼解釋。
- 使出渾身解數，對牌陣中的每一張逆位牌分別使用不同的解讀法[12]。請記住，多重含義可以增加你解牌的深度。

✦「補救」逆位牌的方法

如果你或你的個案抽到一張逆位牌，但是希望它能帶有正位意義，是否有任何補救的辦法呢？當然有。塔羅占卜解牌就是要讓你去覺察，以你目前的心態和做出的選擇，可能會為你自己創造出什麼結果。它可以幫助你依據你在解牌中得到釐清和確認的內容，來做出新的、有意識的決定。雖然有些情況確實很難改變，但你現在做的每一個決定、你採取的每一個行動，都是在為你創造新的未來。既然正位和逆位圖像都是這張塔羅牌能量的一部分，那你就勢必會遇到各種可能情況，雖然有時候感覺就像在跨越柵欄障礙，或是在泥沼中前進，舉步艱難。在大多數情況下，你都得擴大你的想像力、竭盡努力才能達到你想要的改變。

- 儀表板估測法。想像這張牌的所有可能含義都顯示在一個半圓形儀表板上（類似瓦斯表那樣），儀表的左右兩端分別代表最有利的解釋和最不利的解釋。然後針對這兩種含義各舉一個可能發生的實例情況。想像一下你的前臂是這個儀表板上的那根指針，讓你的手臂在儀表板兩端之間擺動，最後停在你認為你目前所處的狀況位置上。描述一下這個位置的情況。接著，再次擺動你的手臂，讓它停在你希望的位置。然後把你認為這個位置所代表的牌義說出來。
- 能量啟動法。在解牌後的兩天內，實際上去表現，或是用象徵方式展現你想要的那種能量。比方說，假如你想要讓自己變得更調皮、更有玩心一點，那就去遊樂場玩一場。這個方法稱為模仿的魔法，你可以實際去模擬你想要創造出來的東西。
- 課題修補法。檢視一下這張逆位數字牌同牌組的前一張牌，思考一下你對前面這張數字正位牌的理解是否不夠完整，以致妨礙到你繼續往前進。把理解不足的部分補起來，或是回顧一下前面這張牌的課題是否有尚未完成的地方。

- 想像對話法。看著這張逆位牌圖案上面的人物，問問他們，問題出在哪裡，他們對你有什麼要求，以及接下來你該如何做。把你最先想到的事情說出來或寫下來。如果你覺得很難、想不出來，那就隨便編一個你覺得最蠢的情況，然後繼續跟它對話。實際上去執行它建議你做的事，至少做一件事，無論那件事有多小。
- 實際演出法。盡你所能，做出跟這張逆位牌圖案一樣的動作，然後把牌轉成正位，再表演一次圖案上的動作。從前一個動作到後一個動作，你需要做什麼樣的改變？
- 觀想法。運用你的想像力，盡可能去延伸這張牌的可能含義，範圍愈廣愈好，或是在安全的情況下，把最極端的含義實際演出來。根據我們在第 1 章提過的「反向轉化／物極必反」原理，當你把可能情況推得愈極端，能量就會發生翻轉，變成與它完全相反的情況。這個時候你通常會突然喊出一聲「啊！」好像看到問題的癥結了，或是突然有一種如釋重負的感覺。舉例來說，假如你拒絕接受像是審判牌逆位中描繪的那種「呼召」，那你就用手摀住耳朵，不斷反覆說或大聲喊：「我不想聽；我拒絕；你不能強迫我聽」，類似這樣。一直說不要聽，然後你就會突然明白你實際上真正不想聽的到底是什麼事情。這樣做可以把你的能量從這個特殊狀況中釋放出來，而這個狀況跟你真正顧慮的問題可能只有一點點相似處而已。

- 熱點追蹤法。先把這張牌的正位和逆位圖像分別描述一次。在描述過程中，如果發現有什麼東西觸動到你的情緒，讓你感覺情緒起伏，那就是所謂的「熱點／故障點」（hot spot），你可以循著這條線索進入，去了解自己的過去。當你重新回顧這條生命路線時，請讓自己儘量去感受先前的那些情緒，讓它鮮活起來。順著這條情緒線索往前推進，盡可能去找到最早的畫面。注意一下，你現在對這個早年經驗有什麼樣的實際情緒反應。你能對它抱以同理心，並原諒年輕時候的自己嗎？通常，只是單純回顧早年經驗，就能紓解你在目前處境中感受到的緊張和壓力。

附帶說明：把逆位牌轉成正位，並不是你唯一的選項。或許你可以試著接受逆位牌呈現的徵兆，或是願意去觀察這股能量會怎樣自然演變。學會欣賞它的奧妙，你就能欣然接受它，讓它成為你生命經驗的一部分。

✦ 用逆位牌義來解釋正位牌

一張牌的逆位含義也可以運用在正位牌上。舉例來說，權杖七逆位可能代表一種偏執感受，覺得「大家都在找我麻煩」，但這個逆位含義也可以用來解釋當這張牌呈現正位，但在牌陣中的位置是代表苦惱、遇到困難或直接代表某個問題時。以下這些情況，可以用逆位牌義來解釋正位牌：

- 這張牌在牌陣中所在的陣位含義，剛好是逆位關鍵字中的任何一個（參見附錄A），或者這個陣位本身就是代表「問題」、「挑戰」、「什麼事情對你不利」等等這些概念；
- 此張牌的能量受到牌陣中其他牌的削弱、干擾，或抵消，例如，屬於「敵對／相剋元素」（參見附錄C「元素質性組合」），或牌陣中的「十字交叉牌」（crossing card）；
- 牌陣中的其他牌也重複出現相同主題，使這張牌的力量狀態變得很強烈（無論是過度還是不足）；

- 此占卜是跟個人的內在成長和動機、人生使命、靈性旅程，或是心理層面之探索有關時，逆位牌會自然傾向強調原因、動機，以及生命的內在層面；
- 此占卜是跟個人的問題、不安、疾病／不適、障礙、擔憂或所犯之錯誤有關時；
- 此占卜主要是針對薩滿巫術或魔法的層面來進行的。

請記得，逆位牌通常是在傳達一張牌的全部含義範圍中，原本就存在的極端情況。

✦ 進一步思考逆位牌

- 請思考逆位、上下相反、上下顛倒、翻轉、倒置等這些詞彙對你的意義。
- 當你在占卜牌陣中看到逆位牌出現，留意一下，你有什麼反應。你是不是認定那代表壞消息、事情會失敗、會遇到重重困難，或是認為一定有人做錯了什麼事？舉例來說，有些人相信，逆位的宮廷牌就是代表那些對你不好的人，或者那些令人不舒服的人格特質為你生命帶來難題。是你過去的經驗讓你有這些臆測嗎？

- 請翻到附錄A的「逆位關鍵字」列表，先選出你覺得最具意義的十二個逆位關鍵字，然後再縮小範圍，從中選出三或四個最重要的詞彙。從整副牌中隨機抽出幾張牌，看看你選出的那幾個關鍵字適不適用。
- 瀏覽一下「逆位關鍵字」列表，把你認為對你沒有意義的關鍵字都刪掉。
- 把這些逆位關鍵字分類，建立你自己的類別綱要，然後實際上用幾張牌來檢驗。注意一下，哪幾類關鍵字對你在實際占卜時最有意義，哪幾類對你的解牌最有幫助。

接下來的章節提供了七十八張牌的牌義解析範例，示範如何運用本書所提出的逆位解牌原則來修改一張牌的現代牌義和傳統含義。請將這些牌義解釋當作啟發你解牌直覺的靈感或起點就好。

注釋

1 參見「專用術語解說」的「投射」。

2 這類圓形塔羅牌包括：《和平之母塔羅牌》（Motherpeace）、《月亮女兒塔羅牌》（Daughters of the Moon）、《修道院塔羅》（Tarot of the Cloisters），以及紐西蘭套牌《返家旅途之歌》（Songs for the Journey Home）。

3 多年前，在歐米茄學院舉辦的塔羅牌研討會上，尼娜・李・布拉登（Nina Lee Braden）與我分享了此一觀點。她在自己的網站上也有討論她對逆位牌的想法。

4 雅虎網站 TarotL 社群中的 Rita Moore 和 Sherryl Smith 都分別提到這個效果。

5 來自網友小湯姆（Tom Tadfor Little）在 TarotL 社群中分享的觀點。

6 雅虎網站「比較塔羅討論群組」的伊娃（Eva Yaa Asantewaa）對逆位牌的看法和小湯姆差不多。

7 約翰・巴蘭特里（John Ballantrae）在他的著作《千禧年塔羅牌》中提出了這個逆位牌解讀法。

8 感謝 TarotL 社群的帕蒂（Patty Keaney）提出的觀點。

9 美國塔羅協會的約翰・吉爾貝特的看法是，你要有「一個定義明確的解牌系統，不要把這些事情交給我們的直覺、想像或推論。」他在二〇〇〇年七月及八月的美國塔羅協會月刊（ATA News）中發表了他對解讀大阿爾克那逆位牌的建議。

10 同上。

11 詹姆斯・里克爾夫為多種塔羅刊物撰寫專欄，包括令人激賞的「請問夜鷹」（Ask Nighthawk），而且已經集結成書。請見本書參考書目。

12 紐約市塔羅學院的瓦德・安博史東（Wald Amberstone）與露絲・布勞薩（Ruth Ann Brauser）建議這個方法，因為他們覺得此法最有趣，也最具啟發性。

大阿爾克那
牌義解析

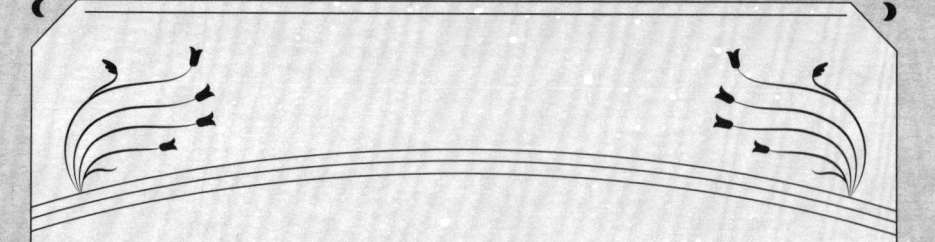

MAJOR ARCANA INTERPRETATIONS

愚人（The Fool）

這張牌代表了事物具體顯化之前的「宇宙精神能量」（Spirit），這個時候，所有可能性都是存在的。現在的你可能正處於人生的一個起點，準備輕裝上陣。也許，你正在開展一些新事物，但你所具備的知識可能不多，也沒有太多深謀遠慮。**愚人**時時刻刻活在當下，用嶄新、永不厭倦的眼光看事物。這張牌賦予你幻想與想像的飛行權力，為你打開各種奇妙有趣的可能性，不過，它本身卻缺乏自信或持續實踐的能力。由於受到本能驅使（通常以狗或山貓作為象徵），你可能常常會一時興起，去追逐怪異的念頭。比如說，你可能覺得好像有什麼東西「纏著」你，一直要把你推向天真愚蠢的顛峰，迫使你去從事從未有過的冒險。

你可能會完全不顧責任，只追求一些無以名狀、你根本說不出來的東西。你，或你認識的某個人，可能像個小孩子一樣，非常熱情、自由奔放，整天開心得不得了。你也可能顯得傻裡傻氣，要不就是表現出事不干己那種冷漠，甘願去冒險，不管那是不是蠢行或者聰明之舉。完全不理性、非常好騙，就是你的行為特徵，甚至可以說是沒有頭腦、少一根筋。你這種搞不清楚狀況和不負責任的態度，可能對事情造成極大破壞，也有可能讓人覺得耳目一新。**愚人牌**可以意指對於宇宙精神能量的絕對信任，也可以是瘋子或白痴的胡言亂語。它代表的是，儘管知之甚少卻勇於學習的那股精神意識。

愚人有時會被認為是浪蕩無賴、流浪漢，或無家可歸的遊民，而且容易受到騷擾之苦。你可能缺乏「一般正常人」看事情的角度和目標，沒有什麼目的意圖，而且帶點無知。你可能什麼事情都能插一腳，卻都使不上力。你可能感覺自己老是在受人欺壓、任人擺布。因為容易隨興而為，再加上對事情的判斷力不足，因此往往不經意洩露了應該保密的事情。但是，因為沒有特定目標或目的地要去，也就無所謂的「迷路」，當然也就不會有「失敗」。

傳統牌義：瘋狂、愚蠢、痴狂、蠢行、揮霍無度。遊蕩、犯錯、混亂失序。聲名狼藉。自我陶醉、激動。盲目、迷戀、妄想。背叛。無知愚蠢、荒唐不理性。天真。放任情慾、不顧道德。廢話謬論。讓步或贖罪彌補。

愚人逆位

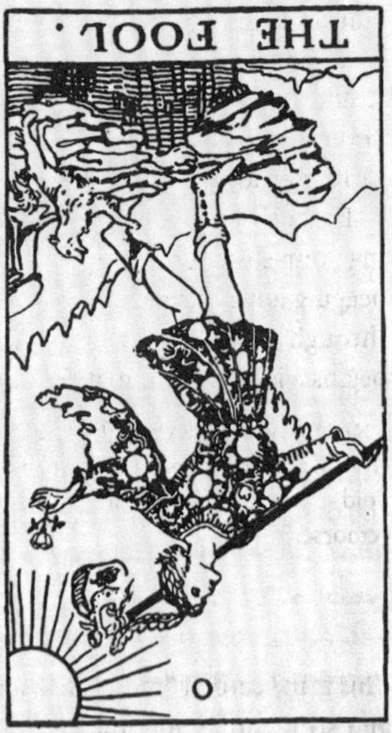

愚人逆位代表不想去冒險，或是變成完全相反的極端，非常衝動放肆、魯莽冒險。有時它是在提醒你要謹慎小心，或是你該讓自己長大，承擔起成年人的責任了。而且它往往會對人的自由精神意志加以限制或否認。你的人生可能缺乏冒險精神，不然就是經常拒絕外出冒險的機會。現代的牌義解釋，為正位**愚人牌**的天真無邪賦予了一頂神聖的防護罩，但是對逆位愚人牌的天真則解釋為可能讓你摔得慘兮兮。你可能因為不想被當成傻瓜，以致擔心自己做出蠢事。你可能對某件事情完全不信任——不管這種感覺是否正確。因為非常堅持傳統和安全的做法，你可能會讓自己接受極大的限制，或是根本不信任未來會有什麼改變。或是，你可能非常懶散和冷漠。由於不知從何著手，你發現自己焦躁不安、游移不定、而且覺得受人排擠。你可能會覺得自己被宇宙大靈遺棄了，或是內心充滿悔恨。但你的懊悔自責與想要贖罪的心意，卻完全不被別人當一回事。

你可能想要重新考慮其他可能的抉擇，並檢視其他選項。也許你沒有注意到某個警告，沒有依循自己的直覺，或是太過粗心大意和輕率。年代較古早的塔羅套牌中，愚人的褲子被那隻小狗或小貓抓破了，這表示你可能試圖「保護自己」，免得讓自己的錯誤行為被抓包，或是想要把自己的錯誤掩蓋起來。你可能正在從事一件「傻事」，徒然白費時間，而且沒有任何結果。為了避免讓自己陷入窘境，你甚至可能會不擇手段做出任何事情。

如果這張逆位牌是代表你對別人的投射，那表示你可能認為他們很天真但又不負責任、能夠信任但又漫不經心、好像長不大。他們可能會因為神經大條的古怪舉動而把你惹毛，而且你可能根本不願意相信他們。從心理學角度來說，這張逆位牌代表你的「內在小孩」，當他不被接受，就會亂發脾氣，但是，一旦他被接受，你就能優游於各種情況，接納各種可能性。就這張逆位牌的表面意義來說，可能代表你所認識的一個孩子出了什麼問題。這張逆位牌也可能代表，對於先前你認為是愚蠢的人或愚蠢的想法，現在你的看法突然改變了。

從薩滿巫術或魔法的角度來說，**愚人牌逆位**的意思是，像一個手捧乞討碗的流浪苦行曾將自己獻給上帝或宇宙大靈、一個老實的呆子，或是秉其天真個性而成道的巫師聖者。

這意謂你能在平常事物中看見魔法。以此開展一場看不見盡頭的啟蒙旅程。

傳統逆位牌義：過失疏忽、錯誤決定、笨拙、粗心大意、分心、愚蠢。魯鈍。輕率。心不在焉。冷漠、疲憊。無用之人、虛無、草芥之人。犯錯。猶豫不決。缺少物質財產。拋棄。徒然悔恨。

魔術師（The Magician）

這是一張關於「我、我自己、我這個人」的牌，古早說法是「吾人自身」（numero uno）、本我或自我——因此也可以單純意指靠一己之力完成某件事。它也是指意識專注，運用各式工具、技巧、才能，集中你的意志力來完成一項任務。你對自我有所覺知，清楚意識到自己是一獨特、有創造力的個體。你可能需要運用你的心智頭腦、技能，以及靈巧力來組織和操作各種點子和素材。也可能需要主動採取行動、創造新想法，或與他人交流。你可能正在自我推銷，或推銷一個計畫案，或是運用有力的說服策略。你可以獨力完成工作，或對一件事情的成敗完全負起責任。如果是與他人合作，你會需要自主權。作為一名推動者，你有能力促進變革，而作為一名溝通者，你有辦法與人聯繫和建立人脈。這張牌代表的就是語言和溝通技巧的使用。你可能正在寫作、演講或運用某些新科技。這張牌也代表機智、頭腦靈巧和精明。它的變動屬性意味著靈活彈性與多變的技能。你可能正在建立人脈或促成一些互動。從比較壞的一面來說，你會使用詭計和騙術去營造一種假象，玩弄事實來滿足個人私欲。這張牌也可以代表一名年輕人、或是一個擁有年輕人般靈活機智、個人魅力、迷倒眾生之能力的人，就像心理學家榮格所說的**永恆少年**或**永恆少**

女。不過，根據這張牌的傳統含義，你或你認識的某個人，你們的舉止有點像行走江湖賣假藥的騙子、要把戲的人，或是假內行；誘惑者如現代牌義所說，比較像是園丁花匠、詩人，或是藝人。魔術師的能耐就是能讓事情無中生有。萊德偉特史密斯牌所畫的那些玫瑰花，代表你可能正在醞釀、準備或精煉材料，以此作為一個更大計畫的開端。你可能正在扭轉某件事情的局面，讓它更有利於達成你的需求。

傳統牌義：很有技巧、靈巧機敏、技藝非凡、手法巧妙。具有外交手腕、辯才無礙。適應力強。意志堅強、意志力、意圖。自信十足。獨創性。開端。狡詐詭計、瞞騙。虛弱、疾病、疼痛。麻煩、損失、災難。

魔術師逆位

魔術師逆位讓我想到年輕人：「不是我；不是我幹的。我當時根本不在場。」事情可能跟你計畫的不一樣。情況可能非常棘手。你可能不得不放下你的責任、放下這件事。或許是你沒有具備必要的技能（不適任），或是你無法單靠自己做到這件事（能力不足）。思考一下，你是不是把焦點放錯地方了。你的意圖可能還不夠清楚，需要重新思考。魔術師逆位牌代表的是過度自信或自信心不足帶來的危險，也可能是承擔了太多事情，或是事情超出你的能力範圍。就像一個魔術師學徒，你現在做的事情，其實是你尚無力完成的。

也許真正的你跟外表看起來不一樣。**魔術師**的變身能力很容易成為他欺騙自己和欺騙別人的工具。你可能自我降格，以自私自利的手段和大膽的詭計來獲取你想要的東西。再加上意志力薄弱、喜歡找藉口，很容易就為自己招來災難。作為希臘神話溝通傳訊之神赫爾墨斯（Hermes）的代表牌，它的逆位強調的是其欺瞞、詐騙性格的那一面，即使那只是些不怎麼重要的事情。或者代表，你可能脾氣暴躁、任性、耍孩子脾氣。這張逆位牌也代表了一種危險，你可能在個人力量尚未成熟就加以濫用，或是躲在幕後操控一切。

這張逆位牌的出現可能代表你覺得有點孤單，或是已經厭倦什麼事都靠自己。也可能代表你沒有足夠的自信可以建立親密友誼。可能是某件事情的起頭遇到困難。溝通可能遭到阻礙或方向錯誤。你可能感到悲觀或憤世嫉俗。

如果這張逆位牌是代表對別人的投射，那表示你可能會被他們的閃亮外表、長袖善舞、狡詐所吸引，但又懷疑他們是不是要欺騙你耍弄你，或者，你認為他們根本就自以為無所不知、魯莽又不夠專業，只想要不惜一切代價取得成功。從內在狀態來說，這張逆位牌可能代表你正在努力自我成長、培育你的內在花園，在自己身上施展魔法。

從健康方面來說，這張逆位牌可能代表你有某種精神上、心理上或神經方面的疾病，或代表你是一位處理這類病苦的治療師。

從薩滿巫術或魔法的層面來說，**魔術師逆位**是代表奇巧之人、巫醫、藥人、煉金術士或草藥師，在現代，他們可能是醫生、整脊師、心理治療師，或是能量治療師。根據荻恩·佛瓊（Dion Fortune）的定義，魔法是「依意志改變意識狀態的技術」，因此**魔術師**擁有改變意識和看穿幻象的能力。

傳統逆位牌義：意志薄弱。精神上或神經方面的疾病。頭部的傷害、疾病。恥辱、不滿。優柔寡斷。醫生、魔法師。吹牛者。假內行、冒牌貨、騙子、惡賊、剝削者。隱瞞、幻術家。煽動者。

女祭司（The High Priestess / Papess）

如果**魔術師**是代表自我，那麼**女祭司**就是代表知識；兩者合在一起就是自我認識的開端。女祭司的知識只能藉由象徵符號這層面紗被看見，並以情緒和情感來傳達。

這張牌意謂把時間花在獨處上、獨自一人與世隔絕，以及聽從你身體和本性的自然節奏與循環。它代表你或某個你認識的人可能外表看起來很神祕、冷淡、冷漠，但實際上極富慈悲心，願意指導別人，能夠體諒別人。它也代表你正在保守某個祕密或維護某人的隱私。你在尋找更深層的生命意義、靈性使命，或是更有價值的行為，想要為你的生活和工作帶來更大意義。你可能會得到某位睿智女性、諮商顧問或是仲裁者的建言或幫助，或是代表你具有同理心，可以成為別人的傾聽者。這張牌也代表有隱藏的動機或看不見的因素可能會影響你的決策或談判結果。你可能與某人有精神上的連結或心靈感應，或是可能成為對方的**靈感女神**。你可能因為一次性經歷而得到極大的蛻變和療癒。荷爾蒙週期可能會影響你對事情的感知。這張牌也可以代表一段獨自夢想、靜心冥想，或沉浸於某種情緒的時光。你可能在尋找內在的指引或尋求他人的建議，來確認你走的是正確的中庸之道，而不致陷入極端。有時候這張牌也代表前世帶來的影響目前正在顯現。若你渴望追求內在隱密知識，**女祭司牌**的出現是在告訴你，要去統合對立的兩端。

這是一個充滿奧祕與內在女性智慧的國度。你可以讓自己成為一個天啓神諭的容器，一個浮潛於陰性智慧循環之道的童女。在聖境、教堂，或自我認識的聖殿中，你會發現那隱密的、深奧的、神祕的、內在的真實本我。直覺就是你的心靈導師和夢想守護者。這張牌的出現也表示你可能需要去憶起某些事情。如蘇格拉底所說：「我們所謂的學習，只不過是一個重新回憶的過程。」

傳統牌義：奧祕、祕密、智慧、知識。尚未揭曉的未來。直覺。隱居、退隱、庇護、轉向內在、靜心冥想。靜默、謹慎、謙虛質樸、慎重、平和。學習、教育。記憶。女性問卜者或是問卜者關心的人。

女祭司逆位

女祭司逆位可能代表你難以接通你的直覺、憶起你的夢境，或是了解你自己的感受。你可能與你內在的女性智慧脫節，或是對它予以否定。有些人反而比較能接受女祭司逆位，而無法坦然面對女祭司正位的深沉暗流。**女祭司逆位**的一個極端狀況是，你可能會變得不再害羞、不顧一切，玩弄膚淺的感情。另一個極端是，你會變得更拘謹、務實或是孤僻退縮，甚至可能感覺受困。你要不是成為壁花或蕩婦，要不就是因為沒有其他選擇而內心惶惶不安。然後，因為你敢於不照他人的期望行事，而且不願逆來順受當別人的踩腳墊，你可能會被貼上魔女或壞女巫的標籤。有時候，女祭司逆位也可能代表缺乏女性友人，或是被某個女人背叛。一般來說，它代表你的人際情感關係變得膚淺或是跟人有距離，不然就是，你在一段時間的孤立獨處之後重返人群。

雖然多了孤單寂寞和缺乏自信的感覺，但另一方面，也代表你可以堅定「依靠自己」。有時這張牌也隱含了性的激情、誘惑，以及放蕩之意，或是可能發生了你不想要的性接觸。或許是你的純潔受到了玷汙，無論是實際上如此，還是象徵性的隱喻。如果你的角色是帶給別人鼓舞的人、是對方的反照鏡或是仲裁者，你可能會感覺有點迷失自我，對自己的角色產生懷疑。**女祭司逆位**也代表祕密被揭露出來或被否認，信任破裂；陰謀詭計會打壞你的人際關係。你外表的平靜和接納可能會變成生氣和焦慮。

如果這張牌代表你對他人的投射，那可能表示你認為對方是神聖不可侵犯的，又或者相反，認為對方很不理性、放蕩、不可靠。你可能會懷疑對方冷漠、膚淺、不真誠，或是堅持認為對方是敏感而脆弱的人。由於**女祭司**是你內在**阿尼瑪**的反射，因此你從逆位牌看到的內容可能會令你感到不安。

在健康方面，女性可能會遇到月經問題或其他女性病症。只要跟週期有關的事情都可能被打亂。因為這張牌與月亮有關，因此可能會出現跟荷爾蒙有關的情緒波動或「瘋狂」行為。如果有在服藥，那藥物內容可能需要有點調整。

從薩滿巫術或魔法的層面來說，這段時間可以向黑暗和冥界女神祈求顯化你的願望。它代表了與月亮有關的儀式、女性祝儀、神祕結社，以及女英雄旅程的艱難黑暗道路[1]。也可能代表容易進入出神和夢境狀態，擁有占卜預知能力、通靈能力、巫術，以及靈魂附體能力。

傳統逆位牌義：激情、熱情、歡騰、情感奔放、容易動感情。動亂。尖酸刻薄。表面知識、膚淺、無知。自私。陰謀、隱藏的意圖、虛偽。洩露祕密。錯誤判斷。懶散。

女皇（The Empress）

傳統上這是代表母親／情人的牌，也就是女性能量與創造性的生命原力。**女皇牌**代表大地和人類生育力的豐饒旺盛。她促進與滋養萬物的生長和發展，將各種不同元素融合成一個和諧的整體。作為維納斯—阿芙蘿黛蒂女神的化身，她體現了愛和吸引力的能量，關注的是社交與人際關係。女皇牌的出現，代表你可能正在體驗感官上的歡愉，盡情展現你的女性特質，或是對某人很有吸引力。這張牌也暗示了你母親對你的影響，以及你自己在擔任母職和滋養他人這方面的問題。你可能正在製造或生產某樣東西——也許是一個點子、一項新產品，或是一個孩子。有時這張牌也代表懷孕，在古早傳統的解釋中也代表婚姻。

從偉特牌的圖案我們看到**女皇**在花園裡，這代表了自然環境、園藝、美化環境或調理食物、照料植物，以及個人的提升。你可能很關心自己的外表、想改變髮型或衣著風格，或是想要為你的環境創造出美麗的東西。你擁有美學的鑑賞力，喜歡精緻的東西。也非常關心環境或你的族群文化。你可能透過娛樂活動、交際應酬或設宴款待他人來施展你的社交技能。對男性而言，這張牌可能代表你實際生活中的某位女性，但也可能代表你內在的女性面向（也就是榮格所說的**阿尼瑪**），或是代表你滋養和照顧別人的能力。你可能即將完成一項計畫。有時這張牌也代表你心裡推崇、愛戴、印象深刻，或想要去保護的一個人或機構，或是捍衛某個象徵性原則，比如大自然母親、家園、「媽媽和蘋果派」（譯注：意指自己認為非常珍貴、需要守護的東西），或是某種「善行」。如果你是為人父母或擔任一家公司的經理人員，你可能會發布一些能夠促進和諧、互動，以及體能健康的命令，來展現你的權勢和權威，而且希望你的角色地位能獲得別人應有的尊重。

傳統牌義：生育力、多產、財富。母親、姊妹、妻子。婚姻。忠誠、理想主義。優雅、迷人魅力、親切殷勤。喜愛交際。行動、計畫、擔保承諾。實際動作、進展、進步。晦澀難解、曖昧隱密、未知事物。象徵、人物形象、意象、寓意。

女皇逆位

女皇逆位可能代表足以將人吞沒、令人窒息、要求極為嚴苛的母親，或是母親角色缺席，或是，你可能不希望變得像你母親一樣。她的負面陰性特質還包括自我放縱、愛慕虛榮、膚淺。但是從反面來說，你可能會以一種建設性的思維去否定或拒絕傳統女性角色，或是決定不生小孩。不過，這張逆位牌也可以代表墮胎、流產、子宮切除、不孕、性冷感、離婚，或是守寡，但還要看牌陣中是否有其他牌來支持這樣的解釋。

女皇逆位也可能代表沒有妥善照顧自己或他人；或是，對人太過無私或過於慷慨。也有可能代表太過奢侈和過度放縱，因而需要節制預算或節食。你可能覺得自己沒什麼吸引力、也不怎麼性感，或是根本放著家事不管。由於懶散或沒有朝氣，你可能變得優柔寡斷、無所作為。你或你認識的某個人，可能對一項計畫失去興趣，不想要再出力贊助。你覺得自己因為性別或女性特徵，導致自己的權利受到剝奪、失去自主權或是受到輕視。有時這張逆位牌也可能代表「空巢期」症候群，你感覺自己很孤單而且沒用。

正位牌代表的豐饒生產力和創造力，在逆位牌就變成了毫無節制的蔓生、不健康的生長以及過剩。出現女皇逆位表示你可能缺乏節制力，致使計畫不斷擴張，結果因爲過度發展而枯萎衰亡。或是，你可能面臨創造力匱乏的窘境，或因自己的創意被拒絕而感到沮喪。在健康方面，它可能代表營養失衡或甲狀腺異常，或是可能罹患腫瘤和囊腫，這類由身體提供環境來培育異常細胞的病變。

由於女皇正位牌與族群文化及社會有關聯，逆位牌可能代表對於傳統文化不接受的行為予以譴責和反對，尤其是不合社會禮儀、追求享樂主義、傳統角色對調、不符合法律規定的結合、婚外情或是私生子。如果這張牌代表你對別人的投射，那麼這一點可能會更明顯。作為榮格所稱的「明亮陰影」(bright shadow) 的化身，她被認為是不可能達到的那種理想女人——無論是母親形像還是選美皇后和模特兒。或者相反，你可能會認為她對自己過度防衛或是具有破壞性。在內在心理層面，女皇逆位代表你可能會覺得別人沒有看到真正的你，或是，你可能會把真實的自己隱藏在傳統女性特質的面具之下。

從薩滿巫術或魔法的層面來說，女皇逆位牌代表了創造者、大地之母、大地的魔法，包括接觸到具有女性神聖力量的場域和自然力量。這張牌也可能代表你領受到女性能量和大自然當中令人害怕、具破壞性的一面。所有形式的愛和豐饒魔法，還有藥草和藥酒酊劑的力量，都是從這裡被激發出來的。

傳統逆位牌義：矯揉造作、虛榮心、輕浮。躊躇猶豫、浮躁。懶散無精神、麻痺無力、無所作為。焦慮。不孕、不忠、勾引。沒有愛心。物質上的損失。白日、清晰、光明、真理。方便、輕鬆舒適。一個開端。

皇帝（The Emperor）

這張牌代表父親、為人父、內在男人，以及年長的、陽剛的、如父親般的、權威的、專業的人。**女皇牌**掌管的是我們的感性之心，**皇帝牌**則是掌管我們的理智理性；他是整個有機體的首領，運用理性和邏輯來執行仁慈的獨裁。這張牌代表的是你有很強的能力可以制定規則律法、設定界限、為事物命名與定義，以及為你專長的領域分析。它也代表你可能正在創新、建設和執行，或是做管理、命令，以及奠定的工作。以**女祭司**和**女皇**的感受和想像力為基礎，你正在開創嶄新的計畫與格局。這張牌也代表你擁有知識和專長，是所謂的專家。你可能正在主張你的領導權、追求權力或承擔責任。當前的情勢顯示出你有一個絕佳的機會，可以帶著自信，大力去採取某項行動。對於男性來說，這張牌可能代表了社會對你的期望，或是意指男性間的關係以及主導權的支配競爭。無論是男性或女性，這張牌都可以代表內化的父親形象，對於某些行為或期望的認同或否定。

這張牌的出現是在告訴你，你擁有自主權，或是要去注意在哪些地方放棄了你的自主權，以及把這個權力交給了誰。你對這張牌的反應，也代表你與權勢力量、法律和秩序等這些事情存在著什麼樣的關係。在工作上，你可能是負責分派職務與決策、開創計畫、分配資源，或者你是聽命於執行這項工作的人。它是代表管理層級、老闆或經理的心態，也可能代表政府或軍隊。**皇帝牌**鼓勵你要在階級架構中將你的願景表達出來，並藉由設定目標來塑造和引領你的未來。這張牌也代表你可能正在設定界限，或是在策略上武裝自己來抵禦攻擊、風險或是擾人的情緒。你可能正在為那些倚賴你的人建立穩定感和保護他們的安全。這是一張充滿陽剛之氣的牌，代表此人精力充沛，對外強力展現自己的意志。

傳統牌義：意志、權勢力量、權威、律法。保護、穩定、保證、信心、信念。實現、成就、達成目標。理性、邏輯、智性、原則。父權、陽剛之氣、男子氣概。領導、統御、支配。訂立契約。公司集團。

皇帝逆位

皇帝逆位通常代表一個不怎麼仁慈的獨裁者、自以為正義的暴君。或者，也可能代表其相反——一個意志薄弱、懦弱膽怯、沒有男子氣概的懦夫。通常是介於這兩者之間，例如一名父親、老闆、領導者，他們背叛了你的信任、放棄對你的支持、無法保護你，或是不想繼續堅持原則。所以，出現這張牌表示我們的父親可能失職或無能，我們的頂頭上司可能沒有堅持其職守，是個失敗的領導者。**皇帝逆位**也可能暗指一種妄自尊大的心態——一絲不掛的國王卻以為自己有穿衣服，結果變成了一個小丑。原本的皇帝身分被倒轉過來，變成了卑下的普通人，你的王國整個被推翻了。

你可能處於搖擺不定的狀態、不想面對挑戰、失去掌控權，或是過度使用強悍蠻力。

你不選擇設立好自己的邊界，卻選擇了築起高牆和路障。你不是選擇堅定自己的決心，卻選擇了讓自己變得僵硬死板。也許你一直過於依賴你所謂的理性和「事實」，沒有給自己留下餘地來接受其他意見。你可能過於挑剔、批判心太強；或是自以為是、競爭心很強、有父權主義或沙文主義的心態。逆位牌代表一個人使用權力或優越的體力或是智性力量來支配他人。如果你把自己的主導權交給另一個人，可能會削弱你的自信心，變得不看重自己的價值。

從另一方面來說，**皇帝逆位**代表你可能拒絕某些男性陽剛特質，或是藉由突破傳統男性刻板印象來定義所謂的新男人。如果牌陣中有其他牌呼應，這張牌也可能代表不成熟或衰老，或是不符合傳統的性癖好和性取向。也許你目前沒有什麼男性的友人。**皇帝牌逆位**也代表你內在的男性形象（榮格所說的**阿尼姆斯**）、內化的父親以及權威人士，他們可能對你不認同而且非常挑剔，也可能以世俗能接受的方式提供你明智的指引。

如果這張牌是代表你對別人的投射，那牌義涵蓋範圍可能很大、情況很多種，雖然有時候你可能賦予此人理想的專家形象，你也可能認為他們是暴君或傻瓜、施虐者或受虐者；也可能是你的對手，或一名從寶座上摔下來的過氣英雄。健康方面，可能代表痛風、頭痛、失去男性雄風和精力、前列腺問題、意外事故、受傷，以及創傷後壓力症候群。

從薩滿巫術或魔法的層面來說，這張逆位牌是代表亞瑟王傳說當中的那位漁夫王（Fisher King），他受傷之後，王國土地也跟著變得貧瘠荒蕪，唯有找到聖杯，讓社會重新恢復神聖性，國王和這片土地受到的詛咒才能解除。這張逆位牌也代表男性正式被社會接受的儀式，也象徵堪為青年榜樣與先鋒的公民領袖或社會頭角。

傳統逆位牌義：保護、仁慈、慈悲、善意。對立、阻撓、中斷、固執。不成熟、沒用、優柔寡斷。偏見。暴君。個性軟弱。濫用權力。失敗。綁架劫持。

教皇（The Hierophant/Pope）

這是一張關於教導、諮詢、學習的牌。**教皇牌**代表你人生當中「應該」和「應當」做的事，是你跟傳統價值觀與既定認知的連結。**教皇**是透過神明、社會以及政府制定的律法來教育你、培養你的良知。這樣至少理論上可以確保你會尊重社會禁忌、服從紀律。就目前情況而言，你可能是正在上課的學生或負責教課的老師，正在學習有用的以及經過時間證明是有效和有意義的事情。你可能正專注於解決問題，強調靈性真理的實際應用。你可能正在尋找一些祕訣，讓你可以躋身某個群體、實踐某種生活之道，或是進入成長和改變的下個階段。也許你希望能透過一位人生導師、一種宗教，或是最近當紅的某位個人成長講師來找到這些東西，或者你自己就擔任這個角色。

與**女祭司**一樣，你可能會去尋求建言或給出建議，但這張**教皇牌**主要是強調既有的知識和資源。你可能正在跟大型組織或機構、「體制」或「政府機關」打交道。對有些問卜者來說，這張牌代表一名建築物檢查人員，他們有必須遵循的一套規章，而且受委託要好好維護這些標準。當某種專業知識用你可以了解的方式分享出來，原本晦澀神祕的學習過程就變得平易近人。雖然有些人認為牌面上那位人物看起來很親切，是樂於助人的導師或諮商顧問，但是也有一些人（比如一九七〇年代早期的塔羅占卜師）認為，他是代表教條、僵化、拒絕接受質疑的心態。

「Hierophant」這個字原本的意思是，用人們可理解的方式來揭露神聖智慧，因此這張牌如果代表我們自己，就是意指要去發揮自己的天賦才能或與生俱來的氣質和精神。你可能會希望教會或寺廟來指明你這條道路，或是進行冥想和靈修。神的賜福、祝禱和赦罪有很好的療癒力量。這張牌也代表你可能對更高的力量有堅定單純的信仰，或立誓發願要投身某條道路。

傳統牌義：靈感啟示。結合、連結、結盟、締結婚姻。囚禁、奴役、約束。慈悲、善良、仁慈、心胸寬大。責任、道德、良知、順從。受人尊敬、保守。原諒。教導。好的建議。

教皇逆位

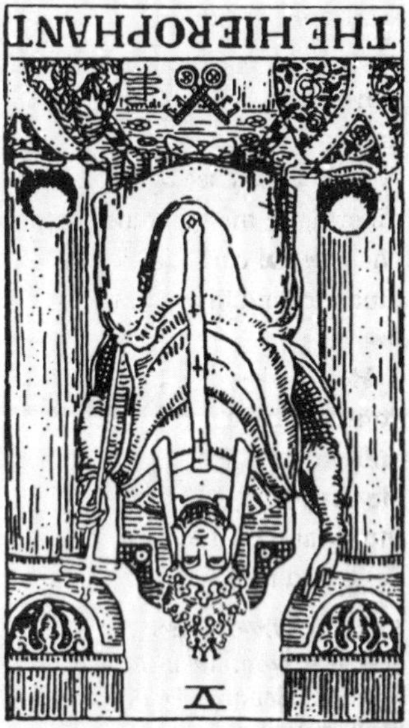

教皇逆位可以代表你對傳統社會習俗的質疑、不願遵守規定、懷疑或藐視道德準則，或是拒絕你所受的宗教教養。它也意指「局外人」或違反傳統信仰的意識。也許現在是你「質疑權威」的時候了。你可能希望選擇你自己的行事標準，而不是只接受「當權者的規定」。你可能會與「既有的體制」對抗，這個體制可能是宗教的、企業的、政府的，或是教育的。你可能很想要參與公民不服從的社會運動，或是徹底反叛體制。也許你的良心使你感到惶惶不安。那些「應該」和「應當」可能讓你現在感到筋疲力盡。抑或是，你可能正在想著某些不道德、不合道德標準或不符合原則的事情。如果這張逆位牌是出現在一般日常占卜中，它可能單純意指不恰當的行為、程度輕微的「罪惡之事」，或是讓你感覺羞恥的事情。

從另一個極端來說，它可能代表太過僵化或武斷。你可能執著於一些過時的想法或不合時宜的原則。你可能會嚴厲地批判自己，或是讓別人來扮演大判官的角色，接受他們的譴責或負面觀點。你可能很害怕被逐出教會或怕被你所屬的團體趕出去。你之前決心投入的那條道路，最後證明可能是一種限制和束縛。

你自己或你認識的某個人可能顯得很自大、自以為正義，或是很傲慢。你可能基於盲目的信仰，而執著於未經證實或無法證實的準則。這張逆位牌顯示出你在思考上有固定的慣性和陳腐的習慣。也可能代表相反的極端情況，你因為缺乏信念或因為膽怯而無法堅持自己的理念。

你現在可能感到困惑，無法確定對與錯之間的差別，或是陷入兩邊都對或兩邊都錯的困境。如果有其他牌作為呼應，那有可能代表離婚，或是脫離傳統，或離開學校。

如果這張牌是代表你對別人的投射，那表示你可能將此人看做是你接觸靈性真理的途徑，而且認為此人道行高過其他凡人，或是比一般人更純潔。要不然就是，你認為他們設下了不可能達到的標準，外表一副道貌岸然，卻只堅持律法的形式而不講求律法的精神，或認為他根本是一個偽君子。逆位牌也可能代表你的一位教師或導師陷入了必須妥協的困境，因此你覺得自己被你所崇拜的人或體制背叛了。

健康方面，這張牌代表耳朵、鼻子和喉嚨的狀況，可能有感染、肌肉緊張和疼痛，以及關節僵硬。

從薩滿巫術或魔法的層面來說，這是最能代表薩滿巫醫的其中一張牌，因為薩滿就是不同世界間的中介者或連結者。這也是一張關於儀式祭典的牌，大祭司正在主持正式的宗教儀式，並解釋神聖奧祕的聖義。

傳統逆位牌義：社會、機構。過度仁慈、愚蠢的慷慨、軟弱。不恰當的親密關係、言行放肆。易受人影響。摻假混合、摻雜不純、相混。非正統。道貌岸然、道德僵化、不知變通。宣告放棄。

戀人（The Lovers）

藉由這張牌，你學到如何將**教皇牌**所教導的道德責任應用於人際互動上。你可能正在為一種關係努力，包括跟家人、朋友、同事、愛人、宇宙大靈，以及你內在不同層面的自己。**戀人牌**經常會跟左右兩邊的鄰近牌相互牽連或顯示出某種關聯，要不是相互吸引，就是相互平衡。這表示你可能正處在一種與他人結合，或需要跟人合作的狀況中。很有可能會出現浪漫愛情，或是有發生性關係的可能。也可能是你身邊某個人正在影響你的想法或決定。

在黃金黎明的傳統中，**戀人牌**在占星學上是對應雙子座，因此與溝通交流有關。由於婚姻諮商通常會從溝通技巧開始，因此這可能是你目前最關注的核心問題。你可能想跟別人建立關係，透過分享象徵符號和經驗來交換彼此的想法和見解。萊德偉特史密斯的戀人牌圖案是一對裸體男女，這暗示了你將自己完全顯露出來，希望這個真實的你可以被接受，不需要隱瞞任何東西。愛可以讓你從壓抑或罪惡感中解脫出來。或許你需要去調和與平衡自己內在的二元對立。你可能正在尋找一種更高超的視角，可以將你所有的選項都涵蓋進來、做出總結。或者，也許你渴望的是靈性上而非肉體上的結合。而伴侶對待你的方式，可能反映出你的自我價值感。思考一下，你最愛的是什麼？你想要選擇什麼人或什麼事物來陪伴你呢？

偉特牌上描繪的伊甸園圖案，是夏娃選擇吃下分別善惡的知識樹果子的那一幕，因此，這張牌也代表你的選擇會為你帶來知識和體會。較古老的塔羅套牌畫的是兩條道路以及善與惡的抉擇。這表示你可能面臨某種成熟度的考驗，需要用到你的分辨能力。圖上還畫了愛神邱比特正在射箭，猶如你的痴情迷戀可能讓你陷入無意識的欲望魔咒一樣。

傳統牌義：欲望、情感、渴望。愛慕、吸引力、愛情。青春、純真、美麗、完美。試煉、試探、通過考驗。兩股力量處於均衡狀態。和諧。一致。信任。明智的選擇。自決權。責任。

戀人逆位

戀人逆位可能代表一種非形體的結合、一種精神上而非肉體的融合。有時這是一種純粹的靈魂伴侶關係，是在天堂的結合，但因物質環境而分開。你可能會將某人理想化（尤其是如果他們不在你身邊），或是將你們兩人的關係理想化。

你可能正處在一個充滿困難、不和諧、不成熟，或是不健康的關係中，尤其如果這張牌兩邊的鄰近牌出現關聯呼應的話，也許你在溝通上出了問題，或是不知道如何親近某個人。由於意見分歧或誤會，可能會出現混亂和衝突的情形。或者，近期你可能不會跟任何人發展出戀愛關係，也有可能你跟對方原本有機會交往卻失敗了，因而感到失望。

在愛情方面，你可能會在沒有愛的情況下被人引誘，或是你主動去勾引別人，也有可能你的愛情只是單戀。在性關係上，你可能會覺得有挫敗感，或是兩人不協調。你可能因嫉妒、怨妒，或占有欲而感到痛苦。極少數人可能會出現有如電影《致命的吸引力》所描寫的那種糾纏不休和跟蹤的行為。另一種情況是，你可能會讓自己沉迷於自我放縱的肉體歡娛、貪戀色慾以及享樂主義。也有可能其中一方控制欲太強，或是你們雙方都在爭奪主導權。戀人逆位也可能代表你跟對方的結合對你的個性造成了壓抑。或許你現在需要的就只是空間。

你可能缺乏分辨能力，而且做出錯誤的選擇，導致後悔和內疚，尤其如果牽涉到其他人的話。有的時候，這張逆位牌代表難以做出決定，或是延遲下一步的行動，導致別人對你下了最後通牒。究竟要把愛和熱情奉獻給另一個人，還是奉獻給自己的高我，你夾在這種衝突之間，讓你無法往前邁進。你可能害怕分離，即使那只是暫時的。如果有其他牌相呼應，這張牌也可能代表有不信任或欺騙、爭吵或不忠的事情發生。有時這張牌也可能暗指分手、分居或是離婚。如果有彼此漸行漸遠的情形，你可能不知道要如何用有意義的方式重新跟對方聯繫。

心理層面的投射也是這張逆位牌的一個重要主題，它同時也代表你需要透過另一個人的眼睛來看你自己。不過，如果你正在有意識地進行心靈統合的工作，它也可以代表你的內在男人和內在女人處於平衡狀態，或是意指他們在夢境世界裡能夠積極整合，達到一種平衡。

從薩滿巫術和魔法的層面來說，這張逆位牌可以代表內在男性和女性力量透過「大祭儀」或「神聖結合」的儀式達到完全合一。它也可能是在反映，你所交往的對象究竟是個惡魔或是真正的夢中情人，也可能意指內心層面深層的靈魂交流。

傳統逆位牌義：失敗。不明智的計畫。未能通過考驗。情況相反。懷疑、猶豫、混亂失序。不服從。干涉。勾引。不當性行為。誘惑、軟弱。缺乏信任、理想破滅。不成熟。分離。

戰車（The Chariot）

最早的勝利之牌或**塔羅奇**紙牌遊戲，很可能就是源自圖上這種馬車的勝利遊行而發展出來的。因此這張**戰車牌**的出現，代表你可能會獲勝；也就是贏得勝利，或證明你居於支配地位。你可能正試圖取得對你生活一切情況的掌控力。若說前一張牌是代表愛，那麼這張牌就是代表戰爭，或至少是為維護自身利益而戰。迫於情勢，你可能需要強化你的自我，好讓你可以繼續往目標邁進，同時能夠好好控制你的本能（圖面上的人面獅身獸司芬克斯或馬）以及你的情緒（雙肩上的月亮）。舉例來說，你可能是一個幹勁十足的人，正在尋求工作上的升遷。你手中緊緊握著韁繩（以象徵意義來說）。某件事情可能正在驅使你去達成目標並獲得掌控權。基本上，這張牌代表的是，你正在努力駕馭你前進的工具，磨練你自己的能力，並專注實現你的目標。你可能正在建立你的事業、名聲，以及影響力。你可能會在某些事情上採取主動攻勢，但同時，你也被兩個或多個相互衝突、方向不一的需求和欲望拉扯著。你可能會像一名戰士，為了某個理念挺身而出，或是成為守護家園的鬥士。為了得到成功，你為自己披上「盔甲戰袍」，清楚展現你的專業精神；但它也可能是一種面具、一個刻意扮演的角色或是次人格，用來掩飾你的脆弱。當內在的陽性能量和陰性能量同時並進，意識和潛意識並駕齊驅，就有可能得到勝利。有時這張牌也代表服兵役或運動競賽，你的任務是要打敗對手，排除障礙贏得勝利。

不過這張牌最常見的解釋是代表旅行和移動。你可能在事業上或個人生活中取得大幅進展，或是移動到一個新的地點，或是去旅行。你可能需要透過複雜的生意和財務金融交易，學習關於組織和謀略的知識。究極而言，這張牌代表成熟度的試煉，考驗你是否能夠完全發揮自己的個性。

傳統牌義：勝利、成功、掌控權、征服、控制力。克服障礙和逆境、往前邁進。旅行、探索。援助、深謀遠慮。戰爭、紛爭、動亂、復仇、爭鬥、麻煩。憤怒、激怒。受傷。名聲、自豪、傲慢、虛榮。

戰車逆位

戰車逆位描繪的正是伊底帕斯的故事。伊底帕斯駕著戰車停在一個三岔路口上，失手殺死了一名老人。在路上他遇到人面獅身獸司芬克斯，要求他回答一個謎題，他答出正確答案：「人」，因而解救了底比斯王國，並娶了該國國王的遺孀為妻。伊底帕斯後來發現，那個被他殺死的老人正是他的親身父親，他娶的那位王后其實是他的母親，這就是精神分析學家弗洛伊德「伊底帕斯情結」（戀母情結）理論的由來。你可能也正走在這條自我追尋的道路上，試圖克服重重障礙贏得勝利，但逆位牌要問的是，你是不是得付出什麼代價？也有人主張說，這戰士基本上是一名年輕人，才剛要展開征服之路，因此逆位牌代表他在駕車前進的路上跌倒了。也就是說，你的態度可能過於自信，行動可能過於魯莽。你的車子可能會故障、半路拋錨，或是在安排旅行時遇到困難。你的旅行行程可能會被迫延期或取消，或是代表你很容易在途中走上岔路。

你可能會因為對立的意見和目標，而遇到衝突和困難。或是因為對立或缺乏經驗而畏縮氣餒，你可能會感到猶豫不決，不然就是輕率行事，被失控的想法所吸引，或是不停東奔西轉，卻非朝著自己的目標前進。你的能量可能會被分散，或是失控湧動。現在的你可能對人不夠體諒，忽視了別人的權利。可能很容易憤怒、激動，偶爾會出現暴力行為。在競技和比賽中，你可能會因缺乏氣力、耐力或專業技能而被對手擊敗。相反的情況是，你可能會攻擊性過強，或是採取不正當的手段跟人比賽。你有自我膨脹的危險，你認為你可以為了達到目的不擇手段。

如果這張牌代表你對別人的投射，你可能認為他們就是惡霸、不法分子、違法者、抗爭者或是革命人士。如果是代表內在明亮陰影面的投射，你可能會將此人理想化為戰神或是救星，認為他可以解決任何問題。相反情況是，你可能會刻意選擇不在前線衝鋒陷陣，而是擔任幕後操盤工作。你可能會不想離開家，比較想把自己的精力留在家鄉，或是專注於內在成長旅程。

在健康方面，可能會有出疹子、潰瘍、腸胃道毛病，或其他跟壓力有關的問題、意外事故或外傷，可能會需要坐輪椅。

從薩滿巫術和魔法的層面來說，這張逆位牌代表的是靈魂出體的經驗——在想像空間或星光體裡面旅行。或是代表內在旅程，你已經踏上英雄之旅，在精神的最高層次上，你成為一個轉化的載體，讓宇宙能量藉由你來展現它自己，將你的本性塑造成埃及人所稱的「荷魯斯神」（Horus god），一位靈性戰士[2]。

傳統逆位牌義：喧鬧騷動、噪音、喧囂。爭吵、糾紛、訴訟。競賽。被推翻、被征服。失敗、挫敗、瓦解。篡位、密謀。暴動、叛亂。意外事故。壞消息、擔憂、延誤。野心過大。用不當手段取得成功。危險的投機主義。

力量（Strength）

堅忍是一種美德，可以幫助我們遏制恐懼、減緩衝動氣勢，以理性來面對危險。這張牌就是代表恐懼和蠻勇之間的平衡。你可能正在調整你的情緒，和你的本能直覺做朋友，面對任何可能會將你吞噬的東西。你正藉由找到「內在力量」來建立自信——而非一味使用**戰車牌**「盛氣凌人的力量」[3]。無論你內在本性的本能有多麼狂野、可怕，你都需要去接納和尊重它，它會帶給你勇氣、自信、寬廣氣度、耐心以及毅力。也許你正在和一個艱難問題搏鬥，此刻你需要的就是這種毅力。你可能需要獅子般寬大勇健的心腸。你可能內心有強烈的渴望或情慾熾烈。如果你的基本求生機制已經被啟動，那就好好運用你的智性和意志力來引導你內心的衝動。換個角度來說，憤恨與怒意有時能夠給你力量，讓你做出療癒性的改變。

這張牌也與打造人際連結以及建立情誼有關。你可以扮演一個「好的傾聽者」角色，來鼓勵和支持他人。你可以用愛與溫柔的理解，來舒緩痛苦或平息憤怒。將熱情的承諾與溫柔的指引、愛的引導結合起來，你就能從容自信地面對危機，安撫野蠻的獸性。你會像女巫一樣，有辦法馴服原始氣力，將它轉化為成功所需的能量。當你擁有對生命的熱情以及全心奉獻的的勇氣，你就能獲得力量，去展現自己獨特的創造力和根本才能。

有時，這張牌也代表對動物的愛或投入之心，特別是對貓科動物。這張牌也可以代表文明與粗野的交互作用。也許你現在需要的是堅定的意志、堅強的性格、清晰的頭腦，或是明確的目標。或者，你只需要用體力來完成手上的某項任務。性能量也可以成為一種工具，幫你完成創造性的蛻變。

傳統牌義：力量、蠻力、堅韌、勇氣、權勢、威能、才能。堅忍的毅力、耐力。權威、命令、信念。寬廣氣度、宏大。耐心、冷靜。熱忱、熱情。道德能量。克制熱情。精神高過物質。

力量逆位

出現**力量牌逆位**，代表你可能對自己的熱情、衝動或本能感到害怕，或是剛好相反，可能過於大膽和放肆。也許你的內心感到掙扎，正在與另一個內在自我相互鬥爭，理智與本能、文明與粗野無法協調。如果你不將你的心放在某件事情上，你可能無法忍受這種矛盾。無法掌控的力量可能會將你壓垮。

或者，你可能會用你的個人權勢來操縱他人或使別人屈服。不然就是膽怯或順從，像一隻被打過的動物一樣，卑躬屈膝、搖尾乞憐。因此，**力量牌逆位**可能代表你正在建立某種階級順序。有些只是好玩性質的打打鬧鬧，有些則像貓抓老鼠一樣，變得非常狠毒。你的熱情可能會失控，要不就是被壓抑和無理拒絕。你可能會出現不舒服的窒息感。可能有失敗、膽怯、個人弱點，以及軟弱的情況出現，要不然就是表現得很魯莽、過度驕傲和自負。有人對邪惡的定義是：一種被誤用的本能。你可能會高估自己的能力，讓自己陷入極為不利的情勢中，而且硬要去做一件應該停手的事情。又或者，你可能因為害怕自己處理不當，而乾脆坐視不理。你可能會變得反覆無常、善變、不忠實。

此外，這張逆位牌也可能代表「把貓咪從袋子裡放出來」——不單是指無意中洩露了祕密，也代表一個人將原本應該受到約束（但實際上無法被綁住）的力量，完完全全釋放出來。

如果這張牌是代表你對別人的投射，可能表示你認為他們很情緒化，或是控制欲很強。你可能覺得他們想要利用自己的魅力來束縛你。對於此人的權勢力量和支配地位，你要不是感到害怕，就是非常崇拜。從內在層面來說，這張逆位牌是關於身體和心靈的平衡，以及藉由自在平等地對待你的身與心來找到你的道德勇氣。你可能需要仔細聆聽你的身體在對你說什麼。

健康方面，想要讓自己變得堅強，可能會引發冠狀動脈疾病、高血壓以及憂鬱症。可能會有荷爾蒙引發的熱潮紅或經前症候群等症狀。憤怒和暴怒會對你的身體造成傷害，就像肉體上的粗暴折磨一樣。

從薩滿巫術和魔法的角度來看，這是代表生命力能量非常重要的一張牌。它也牽涉到法術、巫術、譚崔性愛、月經奧祕、變身動物，以及與力量動物或盟友共同合作等內容。這張牌也代表觸摸的療癒力量，或是生命能量的療癒。在祕術形上學中，這張逆位牌代表你自身魔法力量的甦醒，無論是好的還是壞的。

傳統逆位牌義：專制、殘暴、濫用權勢力量。主權。王國、國土、政府、行政。人民、國家。軟弱、無助、不完美。憤怒、殘酷、不和諧。不耐煩。屈服於誘惑。

隱士（The Hermit）

跟**教皇**一樣，**隱士**也可以代表一位老師或上師，但更像是人生嚮導、導師，或榜樣——也就是榮格所說的「智慧老人」**或老者（senex）**原型。由於專注於獨處和內省，你可能會選擇不跟團體或組織接觸，雖然這張牌也代表你仍然會持續進修。更切合的解釋是，你是透過非傳統的途徑在尋找真理、智慧和知識。九號作為最後一個單一整數，這張牌也代表你覺得自己帶有某種程度的責任，應該以人道主義的方式來服務他人。有人可能會向你尋求指引。

你可能會離開讓你注意力分散的場域，好讓自己更專心、更專注。你可能正在精進磨練一項技藝，或致力完成一項計畫。靜心冥想、寫日記或療癒等這類內在追求可能很吸引你。你可能想要對某件事情反思回顧，或正在尋找某次生命經歷的意義。善用過去得到的知識，將幫助你抉擇出一條可持續發揮潛能的道路。舉例來說，這張塔羅牌或許能幫你看清過去經驗可能會如何影響未來。

你可能正在策劃一項明智、謹慎的行動方案，這取決於經驗、公正性或獨特的視角。古早的塔羅牌上畫的隱士，手上是拿著沙漏，因此這張牌也代表你可能正在安排你的時間表和事情的優先順序，藉以創造最大效率。或是代表事情已經快到截止期限，時間快要不夠用了。此外，這張牌也代表你可能會用自己的方法做事，也許會默默打破傳統常規，但不會去標榜自己的特異風格。事實上，你可能覺得自己需要考慮更周全和保守一點。如果是指情感關係，那代表你本身或你的伴侶可能需要獨處的時間。這張牌也可以代表這段時間是獨身或是對性沒有興趣。也有可能代表你被一個比你年紀大很多的人吸引，或是跟年長者一起工作。也可能你有簡樸苦行、完美主義，以及缺乏彈性不知應變的傾向。

傳統牌義： 審慎、謹慎、深思熟慮、設想周到、慎重行事。智慧。警覺。克制、限制、順從。內向、獨來獨往。靜心冥想。商議。偽裝、掩飾、祕密。背叛、欺騙、腐敗。

隱士逆位

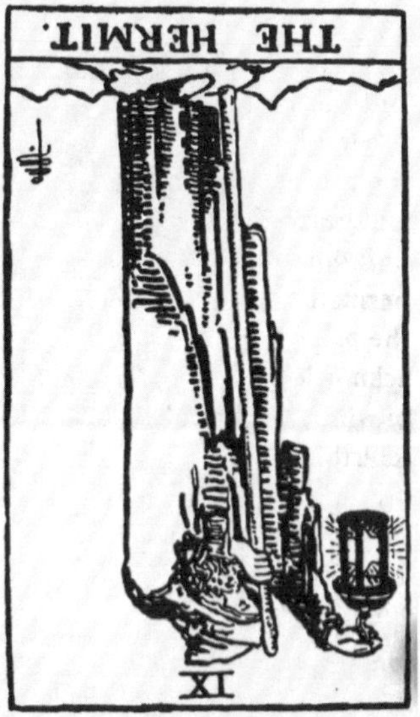

你可能不想要一個人獨處，所以**隱士逆位**有時是代表你在追求一份感情，因為你怕自己到了晚年會一個人孤獨以終。或是，你可能覺得自己孤僻，想要逃避親密關係。你可能被人離棄，也可能是你自己疏遠了朋友或家人。可能有某位老師或上師被證實是假道學或背叛了你。這張逆位牌也可能代表你過度要求自己和他人都要非常完美，堅持不可能實現的標準。或是剛好相反，你可能變得非常魯莽、輕率、愛炫耀，一點都不慎重周到。你可能聲稱自己是專業人士，但實際上卻名不副實。

你可能害怕仔細檢視某件事情，或是你會否認眼前發生的事。謹慎小心是好事，但如果太過分，就會變成偏執狂。你可能拒絕傾聽別人說話，或是給了別人不好的忠告，或接受了他人糟糕的建議。或是相反，你可能變得神神祕祕遮遮掩掩，想要隱瞞或掩蓋某件事情。**隱士逆位**可以讓你看到你對哪些事情不滿、不認同。當它驅策你深入某個情緒經驗來尋找過去的根源時，它又顯得異常慈悲。如果你對於內在追尋與精神領悟有所需求，你可能會變得太過投入，甚至到有點強迫症的地步。

這張逆位牌也可能代表某種中年危機感。你害怕自己變老或體力衰退，無論年紀多大。你可能會裝年輕藉以逃避這件事，或因智力衰退直接進入第二個童年期。抑或是緊緊抓住舊觀念、舊習慣或過時的想法不放。你可能一直在留戀過去、走不出來。舉止過分拘謹，或是變成一個脾氣乖戾的老人，對年輕人充滿怨恨和不寬容，尤其當你心中懷抱悔憾的話。這張牌也可以代表探究自己的族譜家世。

如果這張牌代表你對別人的投射，那就是你認為他們人生經驗豐富卻孤獨一人。你或許認為他們頑固守舊，要不就是覺得他們是正直和智慧的榜樣。如果將這張逆位牌視為一種內在指引，那可能是在告訴你，不要向外投射，要把光引導到自己身上，這樣你才能看見自己的缺陷和潛力。

健康方面，可能有消化系統方面的問題。它也可以代表所有跟老年有關的問題，包括衰老、僵硬、視力和聽力下降，還有失眠。

從薩滿巫術或魔法的觀點來看，**隱士逆位**是煉金術士、祕術師、神祕家或形上學書店的老闆。他是靈魂的嚮導、靈性的引路人。不過，偉特和克勞利兩人都認為，這個人物是隱藏版的普西芬妮（Persephone），也就是傳說中的冥界王后，她會在冬天帶領眾生靈進入冥界，又在春天使他們恢復生機。

傳統逆位牌義：膽怯、遁世、孤隱、隱士、厭世者。與世隔絕、孤單寂寞。孤僻、陰沈。恐懼害怕。過度謹慎、輕率魯莽。不活躍。不成熟、早熟。愚蠢的、糟糕的建議。隱藏、偽裝。獨身、貧窮、靜默。

命運之輪（The Wheel of Fortune）

命運之輪這張牌象徵著我們生命每一個層面可能發生的變化、移動、擴張和機會。這種變化往往突然發生，而且相當明確，事發時或許令人興奮，但最終結果卻難以預料。不過，有了幸運女神的參與，情勢可能會轉好。從形上學的角度來說，你可能會覺得這是命中注定而非偶然機遇，是共時性而非巧合所致。猶如羅馬神話所喻，命運是天數必然的女兒（譯注：意思是命運發展受天數必然性之主宰，典故來自羅馬神話），你也會隨著人生四季變化的需要而採取應對之道，並隨之改變。對你有利的情況可能會出現，但你要不要抓住機會賭一賭，決定權還是在你，因為俗話說：「準備加上機會就是好運發生的地方。」資源、人脈、金錢或資訊消息可能來來去去、變化很快。你可能需要去處理一些重複出現的事情或是起起伏伏的模式，比如在生意上、週年紀念以及每年重複舉辦的季節慶典。你可以努力取得一個更全面的視角，尋求更高超的視野，也可能只是順其自然隨波逐流。你甚至可能會陷入「反正來得快、去得也快」這種不當一回事、不專一的心態中。

你可能因為完成某些事情而獲得獎勵和認可。你可能會陷入社交活動的漩渦中，生活節奏也會加快。你的視野擴展，很多機會跟著打開，包括職務升遷、旅行或地點的轉換，或是知識上的拓展。就像偉特牌那四個身上帶著翅膀和書本的圖像一樣，你可能正藉由媒體來擴大業務經營範圍、進行行銷、建立網絡、廣告或傳播訊息。趨勢走向是影響範圍愈來愈大，也愈廣泛。

你可能有機會巧遇某人，或是在正確的時間出現在正確的地方。這張牌也可以代表輪迴和業力的問題，這些問題都跟你的轉世輪迴及意識的螺旋進化緊緊相連。這張牌也在提醒我們回收和再生資源的重要性。

傳統牌義：命運、天數、命數。出乎意料的成就、好運、幸福。必然性。天意。繁榮昌盛、進步、發展。提升、高升、進展、移動。變化、流動。全盛頂點。行動有成效。勝利。健康狀況良好。

命運之輪逆位

在傳統解牌上，**命運之輪逆位**依然是對你有利的好牌，只是比較不穩定——就像在心理上玩溜溜球——希望感和沮喪感不斷交替起伏。你可能因為原本期待的事情發生變化（例如事情反覆走走停停），導致事情的進展有所延誤，或是起了一點小煩惱。

你可能感到憂心，為新的局勢做好了準備，卻又受到阻礙和阻攔，不知接下來事情會如何發展。也許事態尚未「成熟」，行動還為之過早。你可能需要不斷重複做你之前做過的事，在同一個地方打轉。

另一種相反情況是，頻繁的社交活動帶來的興奮感或生活上的一些變化，會開始讓你變得非常忙碌，而且脫不了身，就像你在跑步機上無法停下來。有些事情可能會變化非常大，發展的速度很快，影響的幅度很廣而且零星分散。無論是哪一方面的計畫，速度都可能太快了。如果這時候你心裡有所遲疑，覺得事情發生得太快太容易，可能會因為想要把速度放慢下來，而變得過於謹慎、死板、保守。

某些解釋會認為這張**命運之輪逆位**是代表失敗和壞運，但很可能這是跟心態有關，因為當我們認定逆位牌跟正位牌相反，這當中就已經悄悄混進負面想法了。你需要勇氣、毅力和信念，相信命運之輪一定會轉動起來。有可能你選錯了時間點，在不對的時間做了一些事情。你可能擔心自己會錯過某個機會，並且不確定是否有另一個機會出現。跟**戰車牌**一樣，這張牌也代表跟旅行有關的事情。由於這張逆位牌帶有不穩定性，因此賭徒的風險變得很大，輸贏難料，兩種情況皆有可能。事情的不可預測性會增加。

如果這張牌代表你對別人的投射，也許你認為他們非常幸運，一路向上爬升，命運正在對他們微笑，但如果你繼續看下去，可能會看到他們從雲端墜落。從內在層面來說，這張逆位牌代表你的意識中發生了看不見的移動和變化，這些變動和變化會在日後才透過外部事件顯現出來。你可能會意識到某些模式和循環的意義，是你以前從未發現的。你也開始認識到，你的行為其實是會影響到全體，也會反映全體。

健康方面，這張逆位牌代表身體狀況好壞起起伏伏，例如某些症狀不斷復發、體重增增減減、水腫，或是躁鬱情緒波動。它也可能代表過敏或季節性情緒失調（Seasonal Affective Disorders）。

從薩滿巫術或魔法的觀點來看，代表可能有機會透過前世回溯治療和靈修來幫你擺脫轉世輪迴。它代表四季運轉的魔法、四季和季節轉換本身帶來的影響。偉特牌圖案上描繪的是來自宇宙四方的智慧之書，以及代表轉化的煉金術符號。

傳統逆位牌義：增加、發展、擴張、生產。豐富、盈餘、過量、多餘。粗心、疏忽、不安全、不穩定。前後矛盾。冒險、風險、投機。意料之外的、沒有人情味的。厄運、失敗、命運乖舛。失去權力。

正義（Justice）

這張牌的出現，代表你需要為你自己的行為負起責任。你可能正處於抉擇時刻，這個決定關係到後面會產生什麼結果。你可能正在與他人進行某種協議，你必須在自己和對方的需求與願望當中取得平衡；包括工作契約、婚姻、合夥關係、協商談判、交換或是和解等等。你也許會涉入法庭案件、訴訟、調查或調解等情事。當然，你也可能是被要求執行正義的那個人。你可能是法官、律師、調解人或中間人，協助雙方做出判決。某些塔羅評論家認為，這張**正義牌**代表真理和正義會勝出，無論是基於善惡報應、道德、倫理還是法律判決，你都會得到應得的結果。

由於筆比劍更有力、能做的事情更多，這張牌也可以代表寫作和作家。有時它也代表批評的聲音，要求紀律、邏輯、理由、正當性以及精確性。牌面上的符號讓人想起音樂節拍器，要求你要保持一致的步調。

更深一層來說，這張牌代表要忠於你自己和本性；否則你與他人的任何協議都不會是真正公平和公正的。為了做出你能接受的決定，可能需要去權衡利弊得失、進行分析和評估、列出評估表，然後評估價值。你可以按照自己內心的感受來調整，並且尊重自己的真實情況，同時保持公平和道德上的正直。**正義牌**兩側的鄰近牌，通常會清楚顯示你正在嘗試取得平衡、調整，或是做決定的事情是什麼。

牌面圖案中的天平也可以代表生意行為，比如平衡你的收支帳目；也可以代表支付帳單、貸款和稅款；以及商業交易和合作夥伴關係。在情感關係中，你可能要求對方要公平公正地均攤責任。也許你想要讓一段感情「得到法律的認可」。牌面上這位法律與正義女神泰美斯（Themis）也代表大眾輿論，因為「泰美斯」原本的意思就是「社會慣例」或社會的固定看法。

傳統牌義：均衡、平衡、平穩、和諧。正確、公平、廉潔、正直。公正不阿。誠實、誠信、美德。法律、秩序。仁慈、公平。邏輯、理性。對、錯。好、壞。行政事務、執行。規律、方法。紀律。必要之事。勝訴。

正義逆位

當人們看到**正義逆位**出現時，通常會說，那是代表某些事情「不公平」。人們擔心正義會徹底被推翻，秩序會被打亂，或是自己期望的結果受到阻撓。這張牌也代表可能有法律上的糾紛和敗訴，或是完全藐視法律。你可能需要調整生活中和人際關係中的失衡狀況。檢視一下這張牌兩側的鄰近牌，就可以看出問題出在哪裡。或許你是在害怕不得不為自己的行為負起責任，或是擔心可能需要為某些事情賠償或贖罪。你可能心裡感到羞恥或羞辱，或覺得難以面對那些後果。也有可能代表相反情況，你謙虛地承認和接受自己的錯誤。這張逆位牌也可能意指惡有惡報，也就是有人得到報應，而且是在奇特的情況下，被一種帶有諷刺意味的正當手段報復了，自業自得。它也可以代表作家遇到寫

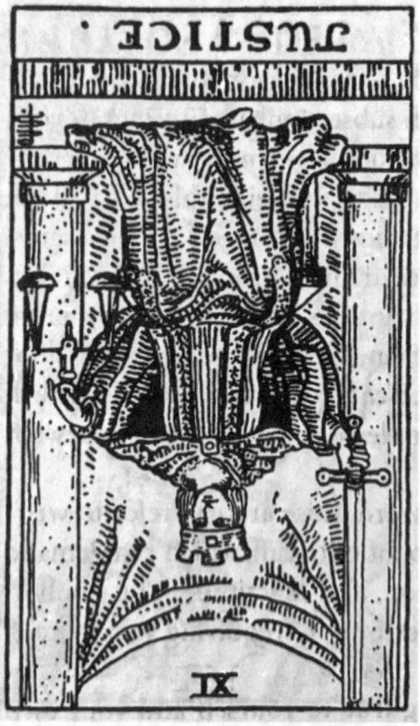

作瓶頸，或是被文書工作壓垮。

代表原本穩定、均衡，或通常不會改變的東西被搞亂。你已經無法再仗恃以前的價值觀、老舊的經驗法則以及社會期待——在幾乎無以為繼的情況下，你必須在當下隨機應變。你可能試圖打破社會和傳統習俗所能容忍的界限。當你需要冷靜的理智時，可能反而有情緒化的反應。你可能正在努力為你的行為辯護。抑或陷在猶豫不決和無所作為的困境中。

當然，這張逆位牌也代表不公不義的事情正在發生，還有偏執、偏見以及成見。米蘭主教聖安布羅斯就曾經提過**力量**與**正義**兩者之間的關係（這兩張牌也是同時擁有數字十一這個編號的牌），他說，所謂的「不公不義」，就是只有力量而無正義，因而隨時會去壓迫弱者。這張逆位牌的出現，也代表你的批評太過嚴厲，結果反而帶來破壞，或是缺乏理解之心。你過度依賴理性或事實，或因缺乏辨識力而忽略了事實。

如果這張牌代表你對別人的投射，可能會去取笑律師和警察，要不然就是像你在警匪片中看到的，把他們過度理想化。當你仔細審視自己的內心，你會發現內在的正義和決心是最難達到的任務之一。

健康方面，這張牌可以代表任何一種新陳代謝的失衡或維生素的缺乏，不過在傳統上它與毒物有關，因此代表肝臟功能受損。特別是環境和化學造成的敏感性和疾病，或是任何可能導致法律訴訟的意外事故或狀況。

從薩滿巫術和魔法層面來說，被放在天平上稱量的是心。這張牌也跟「三倍果報定律」以及在神前起誓有關聯，還有違背那些誓言的後果。它也可以代表用來找出失衡、疾病或災難根源的占卜技術和磨難事件。

傳統逆位牌義：法學家、法律專業人士。立法、法律、法規、法令。警察。人權和自然權利。偏執、偏見、不寬容。誣告。不實指控。法律糾紛。過度嚴苛。不平等。官僚作風。

吊人（The Hanged Man）

因為這張牌的圖案本身就是上下顛倒的，所以平常會出現在逆位牌的特徵，你都能在這張正位牌裡找到，所以直接在這段討論。**吊人**可說是整副塔羅牌中最複雜的象徵意象，或許這也可以解釋，為何它會出現在那麼多電影和文學作品裡。我們之所以感到害怕，是因為我們不了解它。有些解釋就是基於這種不安而來的：人們覺得自己受害，無力擺脫命運，懸附於各種癮頭，或是被幻想和幻覺困擾。你可能覺得自己「被綁在十字架上」，或是受到其他懲罰，自憐自艾，被迷茫和困惑所折磨，要不隨波逐流、要不陷入困境無處可去，受人利用，被人攻擊或成為代罪羔羊。無論你是否真的活該，都可能因為上述這些情況，或因受到嘲諷和虐待，感覺自己受到屈辱。

在塔羅牌剛剛問世的那個時代，背叛者會被畫成上下倒掛的模樣展示在公共建築物上，作為一種羞辱。不過，這並不是這張牌的深層含義，這張牌的意思是，當你只關心物質世界而逃避你的覺知意識對你發出的靈性要求時，你可能會受困於這種狀態。由於現實世界似乎凍結了，你因此可以暫時停下腳步，重新去思考自己究竟在執著什麼。

從本質而言，**吊人**這張牌的含義是關於：完全臣服於相反的觀點，翻轉你的意識，做出完全不同的想像。在這樣的狀態下，你將靈性覺醒放在首位，追求的是意義和智慧，而非物質世俗的有形之物和數據。這張牌也代表奉獻、無私，以及犧牲。你可能會跟神祕主義者、薩滿巫士、治療師、藝術家、詩人或夢想家很相契，能夠體會生命的詭譎矛盾與奧祕。你可能想獻身於某項事業或理想，或為自己的某些錯誤行為贖罪。你能夠捨棄世俗所期待的生活，更加全心接受生命的試煉和境遇，也能捨身在聖靈的祭壇獻上自己。然後，你可能會經驗到一種自我的解脫感，進入超越理性與自我控制的狂喜狀態。因此，你能夠為更大的理想境界犧牲較小的東西，儘管那並非有形之物。「犧牲」的意思就是「使之成聖」，正如小說家瑪莉・雷諾特（Mary Renault）所說：「並非流血召喚出力量；而是因為你的應允。」重點不在救贖，而在你願意被救。

從這個新的角度，你就能看透事物的表象，翻轉你對生命意義的認知意識。逆境因而變成集結智慧與領悟的機會，這正是逆位牌所呈現的問題能夠為你帶來的契機。如果你抗拒這種成長的內部變化過程，就不知不覺受困其中，覺得自己是受害者很可憐。透過徹底臣服你在**正義牌**中發展完成的高度智慧和自我意志，你是可以免除這種痛苦的。最有效的方法就是藉由祈禱和冥想，並將自己交託給那個更強大的力量。如果你抽到**吊人牌**，那表示你可能會透過心靈感應經驗、占卜、夢境、異象，接收到來自另一個世界的暗示、指引，以及肯定和承諾。

如果這張牌代表你對他人的投射，表示你可能認為他們不切實際、是無可救藥的理想主義者、很敏感、想像力很豐富，甚至覺得他們可能是瘋子或「神經病」。

健康方面，任何身體、心理或精神上的疾病都可能出現，因為這種逆位狀態會激發出「負傷的療癒者」原型意識，他的預設是，唯有當我們自己受過傷，我們才能療癒別人。不過，成癮症和其他形式的逃避或過度濫用，都可能會削弱我們對宇宙大靈啟示的接收力。

從薩滿巫術層面來說，這是非常重要的一張牌，因為它代表對於異世界的感應。人類學家伊安．劉易士（I. M. Lewis）說過：「凡是神所召喚之人，最初必逢苦難與絕望，因而謙恭自卑」，然後「因將自己完全交託給神，而獲得覺悟之大禮……其中之一就是能夠隨時隨地進入降靈狀態。」[4]在儀式魔法中，它代表進入一個需要經歷死亡與重生來獲得新生命的內在過程。也代表進入一種狂喜狀態，得以在其中完成許多療癒工作，並獲得啟示預言。

傳統牌義：犧牲、自我犧牲、捨身、無私。智慧。人生暫停、狂喜狀態。奉獻。屈從於責任。愛國精神。叛徒。試煉。直覺、預言、預知。理想主義。重獲新生。逆轉。懺悔、贖罪。

吊人逆位

注意：吊人逆位牌一般討論的主題，在正位**吊人牌**的解釋中皆有提及。

吊人逆位看起來像是已經準備要採取行動，但似乎無事要做。從他頭上那圈明亮的光環和整個人調皮的站姿看來，他的狀態似乎好到有點不太真實；而或許這真的有點問題。你可能想讓人看起來不錯，想要討好其他人，但背後可能隱藏著別有用心的動機。你可能不像你外表看起來那麼天真老實。你的目標可能是自私的，或只在乎自己的事情和看法。你可能沉迷於追求物質。雖然你外表看起來意願十足，但會毀約或違背承諾，不願做出當初答應的犧牲。或許你一開始就對於是否必須犧牲感到憤恨不滿。最差勁的是，你帶有一種傲慢自大、「我比你聖潔」的心態，有一種虛妄不實的優越感，因為你根本對任何事情

都不在乎。你也可能很不務實，對人生感到無聊厭煩，而且麻木不仁，只到處閒晃、毫無目標。

從相反角度來看，你實際上可能比外表看起來更脆弱，想要把事情做好，但又不知從何著手，或是一直在拖延，導致事情沒有進展。你可能覺得自己被困住、被逼到角落、任憑他人擺布，或是剛從某種形式的禁閉中解脫出來。你可能雄心勃勃想要開始行動，但依然受到一些小麻煩和責任義務的束縛。

也許你已經開始意識到自己的處境，但還不清楚自己有哪些選擇。你可能正處於靈性的轉捩點，正在追尋方向，等待一個徵象或預兆。很像剛入師門的門徒或學生，希望獲得師傅的關注，指引你一條明確的道路。如果你覺得自己非常脆弱，請查看牌陣中的其他牌，以獲得更多指示。

傳統逆位牌義：自私。沒有全心全意、無用的、或是背棄原本承諾要做的犧牲。一般群眾、普通老百姓、居民、全體人民。未實現的計畫或未執行的點子。沒有兌現承諾。只關心自我。錯誤的預言。不公平的指控或監禁。擺脫束縛。

死神（Death）

當你抽到這張牌，可能會有大大鬆了一口氣的感覺，或是解脫與感傷交織的情緒。疑惑與憂心已經來到盡頭；改變和轉化已是必然發生的結果。一直以來你為之痛苦掙扎的事情，若不是即將結束或終了，就是很快會有結果，你終於能夠繼續往前邁進。這個過程就像修剪樹枝和製作堆肥，清出一條乾淨的道路來迎接新生命，同時，分解和腐爛作用會將殘枝碎葉轉化為肥沃營養的土壤。正如高靈賽斯透過靈媒珍．羅伯茲（Jane Roberts）傳訊所說：我們所謂的死亡其實是「充滿創造力之生命能量的激烈湧動」，因為它已將缺乏活力之物去除[5]。為新生做準備而進行的破壞，以及為了重生清出道路而進行的分割支解，都讓你得以放掉限制性的舊習慣和過時的做法。你可能正在將自己連根拔起，離開一個死氣沉沉的環境，或是離開已經不適合你的友伴情誼。也可能是一項計畫或工作任務的結束，或是代表公司減產和財務清算。

將一切無關緊要的東西去除，你就能深入到一件事情的基本骨架，看見是什麼東西真正在支撐你。**死神牌**代表放棄你的個人意志，捨棄不必要的形式。但這可能需要經歷一段時間的悲痛和哀悼。

從相反角度來說，你現在可能感受到一種熱烈的激情、情慾，或解放。在莎士比亞時代，性高潮被稱為「微小的死亡」，因為每次高潮等於你的生命縮短了一天，而且在高潮中體驗到個體自我的消失感，也跟瀕死經驗很像。這張牌也可能代表任何一件「讓你屏息驚嘆」，或「甘願為之而死」的事情。

有一名問卜者已身懷六甲，她在超音波產檢當天抽到這張牌。她看到超音波的黑色背景影像中是一個白色圖案，就跟偉特牌的那面黑底白花旗一樣。「這些層層疊疊的圖像讓我想到一朵正在綻放的玫瑰，尤其，玫瑰的正中央剛好就是玫瑰花的子宮和胚胎（雌蕊和子房）；因此，玫瑰當然就是女性生殖系統的經典象徵。」[6]這個寶寶很健康，所以我們有了一個完美的例子，告訴我們不需要害怕這張牌。

傳統牌義：改變。結束。轉化。變動。必死命運。毀滅、滅絕。捨棄。腐敗、腐化。失去、分離。失敗。惡化。幻想破滅、覺醒。不執著、聽任。失業。

死神逆位

如果你試圖抵抗無可避免的改變，那麼**死神逆位**會比正位更難面對。你可能在拖延或逃避某件事情的結局，因而欺騙自己，想要延後痛苦和悲傷，不想面對新的成長。它也可能代表你對預期發生之事的擔憂和煩惱——尤其如果你認為那是壞事或是會帶來傷害——無論這個恐懼是否會成真。你可能覺得某件事或某個人正在糾纏著你、追著你不放，讓你感覺很討厭。這張牌也可以代表「活死人」的狀態，像是懶惰、睡太多、整天懶洋洋或疲軟無力、呆滯、僵化，以及吝嗇——這些都是由恐懼和不安而引發的。請注意，這張逆位牌比較是在描述一種悲觀的心態或心智狀態，而不是指真正實際的不幸災難。不過，這種悲觀情緒也可能會讓你在最陽光燦爛的日子看起來陰鬱、毫無生機。

但也可能是相反情況，你可能感覺自己好像「死而復生」，走出了憂鬱期或停滯期，再次甦醒過來，享受生命的喜悅和感官的歡愉。也許你現在正要走出悲傷或悲痛。某些東西你以為已經死去，現在可能會再度復活或重新出現，比如你可能跟舊愛感情復燃。可能有人會「從死裡復活」，可能是象徵性的，也可能真的有「瀕死經驗」。

也有可能是你對死亡、病態或哥德式黑暗恐怖事物著迷。你可能會想要跟死者溝通，或是參加招魂活動。或是完全相反，你可能完全排斥、不相信這類事情。

如果這張牌代表你對別人的投射，表示你可能覺得這些人很不吉利、讓你感到威脅，比如稅務員，有時候人們會把他們跟亡者、「恐怖黑衣人」、充滿陰鬱殺戮氣氛的人畫上等號。或者，你可能認為這些人是精神吸血鬼——在情感上不斷壓榨你，卻又散發出一種奇異的魅力或情色感。

在健康方面，請千萬不要將這張牌（無論正位或逆位）解釋為是死亡的預兆。如果真的跟死亡有關，人們通常會清楚地告訴你。如果代表疾病，可能包括便祕、傳染病（尤其是性病）、手術，以及任何一種切除手術，或是身體某些部位萎縮和失去知覺，還有昏迷。它也是更年期的象徵牌。

從薩滿巫術和魔法領域來說，知道人如何死亡，是靈性啟蒙的一大奧祕，而高階的啟蒙通常包括類似「瀕死經驗」（ＮＤＥ）的死亡與重生儀式。這張逆位牌也可以代表「操縱亡靈」，比如巫術人偶、殭屍、吸血鬼以及招魂通靈法術。

傳統逆位牌義：驚險逃過死亡或意外事故。缺乏活力、昏沉、嗜睡。停滯。毀壞。僵直不動。夢遊。緩慢或局部的變化。變得更好。氣餒、消極悲觀、憂鬱。希望和計畫破滅。

節制（Temperance）

節制這張牌的含義是關於適度與調節，以及藉由培養溫和節制與周到體貼之心，在兩個極端之間找出適合自己的方式。你可能正使用混合、組合或成分交替法來創造出某樣全新的東西，雖然這些混合物在本質上可能是相反的。你可以從這張牌兩邊的鄰近牌看到這個情況。或許你正在尋找解決問題的方法、想要消除兩端的差異、促使改變發生，或是讓自己去適應周圍的環境和情勢。這個時候，最重要的是過程，而不是目標或結果，你可能需要反覆嘗試、測試、試驗、犯錯，才能「煉出真金」、找到適切之道。為了維持並達到最大平衡（恆定性），你可能必須不斷調整。你也可能正在觀察正確時間、溫度、發展程度或情緒狀態，想要感應出正確的時機、季節、速度或數值。它可以像烹煮食物一般那麼平凡，也可以像煉製神丹妙藥那麼崇高。

節制牌圖案上的天使，可以象徵神聖指引或你的守護天使，它帶著耐心、慈悲以及寬恕，在你煉金轉化的過程中一路支持著你。或許你現在正得到一位你信賴之人的指引和協助。有時候，在放下對**死神牌**的恐懼之後，會經歷洗禮、重生或更新。在現代的牌義解釋中，這是一張重要的療癒牌，而且這種療癒是全面性的，會透過修正不平衡與調和對立信念來達成。由於可以保持冷靜情緒，讓能量輕鬆流動，你能夠紓解緊張感、給人安慰或是達成和解。這張牌是將壓力視為一種具有創造力的挑戰，將錯誤視為一種祝福。你可以肯定自己的完整性、美麗、力量，並且知道自己有能力完成你想要的任何事情。

也有人認為這張牌代表資金支助者、影視圈的「守護神」。你可能正在參與公司的管理、做預算，或產品測試工作。如果你的工作跟公關人脈有關，你會順利建立雙方的關係，或促進雙方合併。這張牌的出現，是希望你能夠用具體務實來平衡你的情緒感受，讓思想和力量都能保持通暢。

傳統牌義：調節、適應、調整。管理。撙節、精打細算。組合、聯合。兼容並蓄、遷就。撫慰、安撫、緩解、安慰。節制。寧靜沉著。謹慎、慎重。氛圍、時機。

節制逆位

節制逆位代表某些事情可能會失去平衡、發生衝突或超出限度，因而產生壓力，如果不予以緩解，可能會導致健康狀況不良。請查看這張牌兩側的鄰近牌，找出可能的問題，或是有哪些事情無法相容。也有可能，你覺得有人不跟你配合，或是你的利益和需求受到競爭或與人相衝突。你可能會情緒失控，導致與人爭吵和意見分歧。可能會發生意外事故，或是機械或產能出問題；例如：漏水、或是加熱／冷卻調節系統故障。化學溶劑可能離析或變質。能量消散。創意計畫和實驗可能無法執行或需要更多時間才能完成，讓你感到不耐煩和沮喪。你可能缺乏同情心，而且認為某件事情「要麼就不要做，要麼一次做到底」。你可能覺得自己好像跟人脫節，跟外界失去聯繫。

有可能你現在完全不想放棄任何東西，或是你告訴自己要忍住，不能只答應其中一件事而不管另一種可能性。你可能在逃避解決問題，可能因為你覺得自己沒什麼創意或是缺乏信心。你可能會因為不專心、效率低落、猶豫不決而拖延或浪費時間。這張牌也暗示了你內心感到不安、浮躁、不確定。時機可能錯誤；你無法跟人同步，並且做出的調整也不正確。你可能反應過度，或是心理上有過度補償的情形。

如果這張牌代表你對他人的投射，可能會認為他們太優秀、太完美，就像天使一樣，比你更有才華。或是相反，你可能會認為他們毫無節制。如果從自身內在心理層面來看，這張牌是在告訴你，要對自己的內在情緒和生理狀況保持覺知。或許你擁有一種直覺能力，知道某件事情需要有哪些正確元素來配合，但你無法用言語表達出來或是說服別人。

健康方面，這張牌代表你體內的平衡系統和下視丘正在努力調節你的身體狀況，比如產生抗體來對抗感染。你可能因為吃到壞掉的食物、消化不良或飲食失調，而感到噁心不舒服，或者你可能有暴飲暴食的情形。你可能對於同時處理身體和精微能量體的「整體療法」有很好的反應，例如：能量療法、手觸療法、按摩、脊骨療法、草藥酊劑和補品、花精、芳香療法、順勢療法等。

以薩滿巫術和魔法層面來說，這是一張代表心靈手術、煉金蛻變，以及療癒的牌。它代表有能力同時在兩個不同層界進行療癒工作。它也代表你可以跟場所或物品的守護靈接觸或供養他們、能夠召喚天使的魔法來工作。它也代表了行使神聖奧祕工作的男女祭司神職人員。

傳統逆位牌義：教會、宗教、神職人員及其事工。不和諧、分離分裂。有欠考慮的組合。競爭。利益衝突。缺乏合作。被動的改變。情緒起伏。不耐煩、氣餒。生重病。不安定。

惡魔（The Devil）

惡魔這張牌的含義主要是關於恐懼、謊言和無知，最後導致懷疑與悲觀主義。Devil 這個字是來自一個英文字根，意思是「敵手」（adversary），也就是跟你的利益或福祉相悖的人或事。這張牌可以告訴你，是什麼東西在阻礙、限制或束縛你的創造力和行動，而且可能跟童年期的罪惡感有關。較溫和的表現方式是，你可能會出現「惡魔般」的行為，做出對你自己「不利」的事情，而且，可能會去嘲諷、騷擾或迷惑他人。你可能會觸犯社會或性方面的禁忌、只關心物質方面，或企圖改變規則來滿足自己的利益。你也可能會使用不正當的權勢和影響力來得到好處。你可能會將自己的意志交給別人，或是反過來，想要支配他們。你可能很害怕某些殘忍的、外部的力量或命運想要傷害你，於是把你心存偏見和仇恨的對象當作你的代罪羔羊。表象之下的實情是，你沒辦法愛人，因而產生一種孤立和分離感。

從心理學層面來說，這張牌象徵的是你的「陰影」——也就是被你自己否認、你不想承認，或是想要隱藏的那個自己。雖然這張牌也可以指性行為，但它很容易變成變態或暴力的性。你可能感覺自己受到性慾、欲望、貪婪，或驕傲心態的誘惑。你可能深陷一段感情或迷戀你覬覦的對象，感覺有一種致命的吸引力。你可能感到恐慌或困惑，也或許你正是那個引發混亂或帶來紊亂的人。有時候，這純粹是頑皮搗亂和惡作劇，「只是一時著魔」。也可能，你在擔憂害怕，而且想要避免你認為的壞事，這本身就是一種充滿限制、受到束縛的狀況。有時，這張牌也代表故意或惡意要造成某人的痛苦，或出於嫉妒、怨妒、怨恨之心而做出某些行為。你可能有某些成癮症狀或強迫性的行為。如同希臘神話縱慾牧神潘恩（Pan）一般，**惡魔**使你心懷敬畏，並吸引你去碰觸大自然狂暴的神祕威力。但是，它也可能意謂沒有半點幽默感、無法自嘲，還有過分教條、獨斷，只看事物表象。

傳統牌義：命運、宿命。暴力、混亂、浩劫、驚嚇。疾病。猛烈、暴力、威力。原動力。狂妄。激情、性慾、肉慾、吸引力。神祕力量、黑魔法。束縛。惡毒。誘惑。自我毀滅。

惡魔逆位

惡魔逆位這張牌，在牌義解釋的極端性上可說比其他牌更為強烈。一方面，它代表邪惡的勝利、靈性上的盲目，或屈服於誘惑、盡情縱慾。但在相反的一端，它也代表你可以遠離邪惡和束縛，開始邁向精神啟蒙、靈性開悟的道路。根據「反向轉化／物極必反」原理，你可能輕易從罪人變成聖人，像鐘擺擺動得太厲害就會翻過頂端，翻轉到另一邊。這就像聖者保羅在前往大馬士革的路途中，從一個迫害基督的人變成改信基督的使徒。有時這張逆位牌也可能代表你覺得自己比其他人優越，因為他們都有缺陷和弱點，或者代表你過度正直、過分講求道德和美德。

你可能會拒絕誘惑，除去束縛你的東西，逃離不愉快的情境。例如，可能你覺得自己被公司「占有」了，或是只為了餬口而被公司綁住，而現在你認為是時候該辭掉這份摧毀靈魂的工作了。這張逆位牌也代表這是一個機會，你可以大大方方展現自己一直以來守護、隱藏的寶藏，也就是你自身的創造力和發自內心的喜悅。如果你清楚知道你的恐懼是毫無根據的，就可以從錯誤的壓抑、操縱和依賴的模式中解脫出來。通常你會開始更清楚意識到自己那些毀滅性的行為，以及對於權勢力量的誤用。另一種情況是，你發現公眾人物的弱點和邪惡行為讓你非常失望。或許你只會找藉口，而沒有去正視那件事情的真實情況到底有多糟糕。

如果你認為這張牌的能量不是指你自己，而將它投射到其他人身上，那麼，你可能會認為他們是假面領導人、是靈魂的竊盜者或是製造麻煩的人。你或許會看到這種能量清楚展現在政治人物和支持群眾身上、獨裁者和代罪羔羊身上、暴力毆打者與受害人身上、江湖術士和他們的受騙者身上。從內在心理層面來說，這張牌的能量會表現為做噩夢、對罪惡感的執著依戀或是內心恐慌。從相反面向來說，這種能量也可能會以歡樂的喜劇形式爆發出來，比如惡魔被打敗了這種爆笑劇情，而且會展現出虛假的自負和卑劣的偏見。

健康方面，正位牌可能代表虐待／濫用（肉體上的、情緒的、性或藥物）、吸菸、痔瘡以及性病，而逆位牌則代表恢復健康。因為某些文化相信，細菌和病毒是因為惡魔入侵身體所致，因此逆位牌就表示把惡魔從身體裡趕出來了。

從薩滿巫術或魔法層面來說，這張牌代表本性不受控的帶角之神，也代表惡作劇妖精的能量。薩滿巫士設起具有保護力的結界和五芒星，在這個層界中作法，利用靈魂復原術（soul-retrieval）、夢境以及陰影治療，將惡魔敵人擊敗。

傳統逆位牌義：命運、宿命。軟弱、卑鄙。盲目。肉體慾望。混亂糾葛、陰謀、麻煩。蠱惑、迷戀。擺脫束縛、終結奴役。康復、得到喘息。離婚。靈性體悟的開始。美德、道德。

高塔（The Tower）

高塔也是屬於「變動牌」，但這張牌的變動通常是突然發生的、不在預期中的、非自願的。它主要是指不穩定的動盪情勢，以及這個動盪帶來的突破和崩壞。通常這張牌代表突然發脾氣或怒氣爆發，你可能會捲入攻擊性的行動、爭吵之中，有時也會有暴力行為。由於目標是擴大覺知意識，因此它會先粉碎那些已經僵化和頑固的東西，並將你從充滿限制的環境中趕出去。這張牌也暗示命運或神的力量已介入你的生活，帶來刺激、動盪以及危機，或已經壓抑了太久的能量突然得到釋放。你可能會面臨極困難或危險的狀況，或是原本的體系受到衝擊。這種衝擊動盪可以幫助你發現，你有哪些缺陷和弱點承受不起壓力，剝去你在工作、家庭、人際關係或自我意識中的虛假安全感。你可能會受到嚴重羞辱的打擊，或是從一個崇高的位置或心態被往下丟。你的自尊心可能會崩盤，你的人格結構體（大樓）的裂縫也會暴露出來。雖然這張牌也可能包括自然災害、意外事故、破產或是被解僱等情況，但比較不是指實際上發生災難。它也可能是指你突然靈光一閃、有了新的領悟或突破性的想法，通常都會讓你非常震撼，而且出乎意外。或者，這張牌也可能單純代表你正在打掃房子，把那些無用的東西全部丟掉。

牌面上的閃電代表內在領悟，顯露出新的可能性與契機，一朵朵的小火焰就像引擎的火星塞被點燃，驅使你去採取行動。皇冠就像頂輪，當海底輪的昆達里尼能量逐漸往上提升，感知力的門戶也隨之打開。你可以清除掉所有殘骸碎片、燒盡一切障礙，得到淨化和翻新。當被壓抑的能量得到釋放，**高塔**就象徵著創造欲望的射精與性高潮的原始力量。有時，這張牌也代表戀愛的情感火焰，如同晴朗的藍天突然出現一道閃電，令人措手不及；或是，可能單純如牌面圖案所示，房子的屋頂出了問題。如果再擴大一點解釋，也可以代表都市更新、發生地震、革命，以及隨之而來的人口外移。

傳統牌義：悲慘、苦痛。貧困、貧乏、窮困。災難、浩劫、毀壞、破敗。垮臺。突發、意料之外。逆境、不幸。推翻。恥辱。失去。破產。懲罰。覺醒。正向危機。大自然災害。船難。

高塔逆位

在傳統解釋上，**高塔逆位**是代表高塔正位牌義的影響力和影響程度削弱。此外，它也可以代表驚險地逃過災難、擺脫束縛，或是艱難處境中止。有一名位問卜者認為牌面上這些人是「平安逃離、安然無恙」。表示你可以在事態惡化之前全身而退。

另一個可能是，雖然你一直強調說沒有問題，但實際上你生活中有某些事情已經搖搖欲墜、快要崩盤。不過，你可以接受那些失敗或挫敗，或是這樣的情況已經由來已久，不會再嚇到你。或者，必要的改變可能會被耽擱或否決，以致你有機會可以在事情爆發之前稍微緩和一下。

從另一方面來說，有可能壓力一直在加劇，讓你根本無法逃脫。你可能不認為你跟別人之間的緊張關係自己該負什麼責任，或是裝作不知道有這回事，或是對壓力視而不見。

你可能也感覺到事情不太對勁，卻不願意去面對解決。你可能固執於既有的體制結構和現狀，不理會警訊，而且認為自己絕對撐得住、不會被打敗。或者，你可能感覺到災難即將來臨，內心充滿憂慮和恐慌。不過，你的混亂與不安通常都超過事情的實際危急程度。也許你正在清理自己過去失敗所留下來的殘骸碎片。法國塔羅界有一個傳統，認為這張逆位牌代表監禁坐牢，因為據說拿破崙被流放到聖赫勒拿島時，抽到的就是這張逆位牌。

如果這張牌代表你對別人的投射，你可能擔心他們會製造麻煩，或認為他們故意要製造混亂。也許你認為他們很生氣而且具有破壞性。也有可能你認為他們不斷變動、過分自信，而且帶有刺激的危險性。從個人內在層面來說，這張逆位牌可能代表內心的動盪、混亂或是憤怒，或者也可能是神在「踢你屁股」，要讓你擺脫得意自滿的心態。

健康方面，這張牌代表外科手術、手術處置、化療以及意外事故、割傷和燒傷。可能會發燒和皮膚出疹，比如長青春痘、疥瘡、癬、皮疹，或是噁心和嘔吐。不過，這些症狀也可能代表你的身體正在進行自我排毒。有一名問卜者提到，他抽到這張牌時剛好遇到急性盲腸炎。就如正位牌可以代表男性射精，逆位牌也可以代表陽痿。

從薩滿巫術或魔法層面來說，這張牌也可以象徵能量像是一個錐形筒不斷往上揚升，或是，可能因為昆達里尼能量或神聖力量的介入，突然瞬間突破得到驚人的開悟。也可象徵心靈手術和性愛魔法，或是代表魔法格鬥和靈力交戰。

傳統逆位牌義：程度較輕的毀壞、崩壞、推翻、損失。監禁、逮捕、囚禁、誘捕。壓迫、暴政、征服。疾病。懲罰。私生子。壟斷。流亡。迫害。

星星（The Star）

經歷過**高塔**的狂暴風雨，隨之而來的是平靜，你不僅擺脫了監禁枷鎖，而且得到真正的解脫和安心。它意謂一種情勢，這時你可以完全敞開心胸，誠實表露自己，不需有任何隱瞞。這是自尊自信的核心，也是對於人類能夠不斷進步向上的信仰。**星星**這張牌的含義是：要以務實的角度，將自己視為如宇宙般廣大無邊，是大自然的一股力量。你可以感覺到星星與地球之間有著密不可分的深深連結，內外一致、上下一如。在事件情境當中，你可以感知到整個生態和行星的相互牽連影響。因此，你可以將精力投入到一個善業中，或將自己奉獻給一個長遠的願景，儘管這可能是超前部署，比一般人更前衛，所以暫時無法獲得別人的欣賞。舉例來說，你可能會參與環境保護、資源再生或採用審慎的保育管理方法。這張牌也可以代表靜心冥想、儀式、科學和電腦，或是自然醫學。占星學、天文學，以及其他以形態辨識為主的知識體系或是網絡系統，也可能會受到重視，還有，加入自由傳播和理念思想的交換，比如在網際網路上。

另一個面向是，這張牌也可能代表你像一個「明星」，站在鎂光燈下接受大家對你的美麗與成就的肯定。也代表展露才華，或是你有機會「把馬車套在星星上」，一展胸懷大志。你能夠以優雅、沉著和個人魅力處理好某件事；或是完全付出，不求回報。在感情上，你可能會遇到一個理想中的、非常獨立的交往對象。這張牌也可以代表靈視力，或是冷靜、清晰的創意想像力和靈光，能夠引導你在正確的時間做正確的事。你可能會感覺到自己似乎是帶著某種天命，注定要做某些事情。牌面上的倒酒圖案可以代表祝福、淨化或是感謝。也可以代表循環利用、受到滋潤而恢復生機，如同在「青春之泉」中重獲新生。

傳統牌義：希望、信心、期望、前途光明。靈感。理想主義。青春美麗永駐。坦率。大自然、氣候、氣氛。天界、占星學、天命。吉兆。期待與付出達到平衡。滿足。

星星逆位

星星逆位就像女英雄的冥界旅程。你或許可以擺脫一切對於自己的錯誤想法，包括仰仗地位、外表、財產建立起來的自我。抑或如同心理學家榮格所說的「明亮陰影」概念，你可能會否定自己真正的天賦，認為自己缺少才華、魅力或美貌。因此，你無法看見自己其實是一顆閃耀的明星。通常這是指一種暫時性的失望，是目光短淺所致，而非代表事實。這張逆位牌也可意指你與你的靈感來源失去連結。你的願望可能看起來沒什麼追求價值，或根本不可能實現。由於缺乏清晰的願景，導致在決策上也變得莫衷一是、目標不明確，或遲遲無法做出定論。所有努力似乎都是枉然，或是徒勞無功，好比想要用有洞的篩子把池塘的水撈光一樣。有可能你的清白會被剝奪或失去純潔之心。因為自尊心低落，可能不希望別人看到你。或者，現在可能時機還不成熟，因此你無法得到別人的認可，或是做什麼外部的努力，但你可以往內沉思自省，或是單純「存在」就好，不需要「做」什麼行動。

從相反面向來說，你可能會變得驕矜傲慢、狂妄自大，濫用他人給你的讚美，瞧不起他們對你的恭維和贈禮。你可能會陷入虛妄的野望和自我欺騙中。它也意味著你在生活的每一方面都徒勞無功、白費力氣。你可能會感覺筋疲力盡或想像力枯竭。有一名問卜者認為這張逆位牌代表在「現實世界」的責任義務（把水倒在地上）、與她的靈性修行上（將水舀回宇宙大池中），她難以取得平衡。或者，也可能代表沉浸於毫無意義的狂熱追求。你也可能在憧憬一個根本無法達到的理想，比如一個完美的靈魂伴侶，但似乎永遠遙不可及。

當你把這張牌投射到他人身上時，你可能會認為他們很美麗、很有才華、相當有魅力，或是可以不受約束和自由思考——而這些似乎都是你缺乏的特質。你也可能覺得他們無法像你一樣欣賞自己的才華。從內在心理層面來說，你可能會認識到自己是一個神聖的火焰：沒錯，事實上你就是一個能夠自己發光、自給自足的存在體。你的內在能夠自行產生源源不絕的能量，跟你所流出去的能量，以及別人被你吸引的能量，恰恰保持完美平衡。

健康方面，代表你的身體正在痊癒復原，尤其是可以通過生物反饋法進行的那種療癒。**星星**的能量有利於驅散負面思想、降低發燒的體溫、緩解偏頭痛和身上的出疹情形；它也能緩和歇斯底里的情緒、鎮定過動症狀和神經緊張。

在薩滿巫術和魔法層面，這張牌是指與自然界元素精靈、大地和植物藥草一起工作。當身心因為慣性而變得不清澈時，它也代表身體與靈魂的淨化與神聖化。這張牌也意指使用占星排列來進行療癒。

傳統逆位牌義：願望無法實現、期待落空。傲慢、狂妄自大。不知羞恥。剝奪。考驗。分類、分開。不謹慎、輕浮、缺乏自發性。固執。壞運氣。不穩定。風暴、暴風雨。

月亮（The Moon）

這是一張與同步性、直覺、夢境、奧祕，以及象徵主義（卡爾・榮格認為象徵就是「含糊隱晦、不為人知曉、隱而未露的東西」）有關的牌。由於**月亮**的光是屬於反射光，因此這張牌也代表了事物的意義從一樣東西轉移到另一樣東西。伊萊・列維說：「沒有象徵符號就沒有奧祕」，反之亦然。你先在肉眼不可見的夢境和靈視異象世界中（也就是所謂的星光層、靈魂層界）觀看到所謂的現實。點子想法或新的樣態可能在你心中浮現，但尚未定型。這張牌描繪的就是，在靈性進化的道路上，超出你最後意識防線之外、在全然陌生的風景中，那些可能會帶給你困擾的恐懼和幻象。一切妄想、深沉恐懼，乃至你驚恐之事，都可能喚醒你的求生本能，使你做出不理性或慣性行為反應。你可能會感到困惑或迷惘、失落或害怕。在你意識認知範圍的邊緣，可能有某些事物是你無法完全理解的。由於被情緒淹沒，你發現自己陷入了誤解、模糊認知、隱藏的動機、祕密，以及種種潛在問題之中——無論是你自己的還是別人的。從另一個面向來說，你覺得自己被某個東西導引或吸引，彷彿受到命運浪潮的推動，或難以抗拒之衝動所引導，把你帶到某個不確定的目標。你可能就像那隻螯蝦，正藉由消化過去生命經驗的殘骸碎片，來清理那片潛意識慣性的水域，並在「本能需求」（狼）與「被馴化」（狗）的如影隨形包夾之間，繼續勇敢往前走。

如果你在夢境或靈魂出體的星光層界、集體無意識或下意識中感到很自在，那麼你可能有靈媒體質、有靈魂出體的經驗、會寫詩或想像力豐富的小說、從事療癒工作，或是幫亡者「超渡」。如果你對主觀體驗和隱密意義感到不舒服，那麼你可能是害怕所感知到的東西是危險的幻覺。當代塔羅牌創作者布萊恩・威廉斯說，法國人用「entre chien et loup」這句話來形容黃昏朦朧薄暮的千變萬化之形，意思是「既像狗又像狼」，這意味著，危險的東西讓你看起來可能是良善的，反之亦然。

傳統牌義：隱藏的敵人。祕密、玄妙力量。欺騙、幻覺、假象。黃昏的朦朧薄暮、黑暗。未知的事物。危險、警告。本能的恐懼。驚恐。陰謀策畫。醜聞、誹謗、八卦。虛假的朋友。懷舊。夢境。精神錯亂。朝目標前進。

月亮逆位

月亮逆位的出現，代表你可能會否認肉眼看不到的世界，執著於理性、理智、表面所見，以及具體實物，尤其面對到困惑、感知到非理性事物時。你可能會阻擋通靈訊息，或拒絕接收直覺畫面。你可能想要努力阻擋那些「野性的東西」，或是想要將它們嚇跑，這讓你整個人精神疲憊和虛脫。你可能會縮回傳統和從眾的安全堡壘中，或是整個人退縮起來，變得沉默不想說話、不想動、沒有精神。你可能覺得**月亮**代表的變化（包括大氣變化）讓你不適應、難以面對，尤其是當你無法了解那些事情的意義時。在某些情況下，這張逆位牌也可以代表奇妙荒誕的事物，比如看見幽浮、遇到外星人、平行時空生物、轉世的人、極端浪漫奇想主義，以及少有人相信是真實的異世界。萬事萬物的原型，有時會披著異世界危險之物或都市神話傳說的外衣，從集體無意識中爆發出來。這張逆位牌的出現，代表非理性行為可能會增加，尤其會表現為害怕有人在策畫什麼陰謀或不法行為、認為會受到掠奪者的攻擊，或是被其他靈體附身。這些都可能是錯覺，但也未必如此。

從另一個角度來說，這張逆位牌也可以代表有能力以冷靜和接納的態度面對危險，尤其是當一個人或一個文化開始發生蛻變或靈性進化時。因此，不穩定和欺騙的情況似乎不像正位牌那麼具有威脅性。隱而未露之事物可能會見光。原本不為人知的成癮症頭或瘋癲狀態或創傷，可能會暴露出來，需要接受治療。

如果這張牌代表你對別人的投射，你可能會認為他們是喜歡做夢、充滿妄想或過度情緒化的人，而且對自己的行為不負責任。或是，你可能認為他們故意要使用某種心靈攻擊的方式來傷害你。從內在心理層面來說，可能存在自欺欺人的情況。或是也有可能，你擁有洞悉人們心靈景象的能力，用十九世紀神祕主義學者安娜·金斯福德（Anna Kingsford）的話來說就是：「靈魂從內在得到光明，神聖回憶照亮了她心靈密室的幽暗之處。」接納能幫你消化和釐清你的一切經歷。

健康方面，這張牌跟各種形態的精神錯亂和心理健康特別有關。此外，也可能指尿失禁或水腫、睡眠障礙、神經衰弱、失去嗅覺，或任何受到舊腦和邊緣系統影響的問題，以及所有跟原始生存有關的問題。也可能是指吸毒、酗酒、昏迷或垂死過程。

這是一張對於薩滿巫術和魔法來說非常重要的牌，代表靈魂出體、進入冥界、夢境、前世回憶、找回失物，以及跟隨月相週期脈動、各種月亮魔法、與動物靈接觸、靈體附身、心靈攻擊與防禦、靈魂復原術。

傳統逆位牌義：不穩定、變動、震盪。液態流質、露水、薄霧、雨水。靜默。變動無常。不合常理的改變。奇異古怪的想法或靈視預見。程度較輕的欺騙、微小的錯誤。占人便宜。伏擊、詭計、恐嚇勒索。克服弱點或誘惑。

太陽（The Sun）

太陽是一張充滿喜悅、光明燦爛幸福感的牌。也是大家最喜歡的好牌。你現在可能為了某件事特別高興，也或許只是單純開心活著、享受簡單的快樂。有時這張牌也預示著成功、榮耀、繁榮興旺、理智得勝，以及盡情展現真實自我——或者，至少這些事情短暫實現了。你可能剛達成一個期待已久的目標，或是家裡有新生嬰兒報到，或剛剛創立新事業。天上的太陽代表本性當中的童心和自發性，所以你的行為展現會帶著孩子般的清新和純真氣息。你的工作可能跟兒童或動物有關，或是正在面對你自身內在小孩的問題。憂鬱陰霾一掃而空，你的生活充滿光明，工作任務、生活庶務和種種事情都變得明亮輕盈。在你感覺中，一切似乎都光明樂觀，因為你能夠自由自在地展現自己的真實個性。你可能喜歡在戶外工作和玩耍。也許你現在對一個絕妙的新點子感到興致高昂，或是正在善加運用自己的才華、興趣以及能力。你的樂觀、創意和遠見都能照亮別人的生命，為他們帶來激勵——你因而能把自己真正信賴的產品和理念大力推廣出去。這張牌也可以意指有某樣東西是你的宇宙中心——其他一切都是繞著它轉，這個東西可能是孩子、工作、感情、家庭、健康或其他你所關心的事物。這張牌也可以代表自信和自我肯定。

凡陽光照見之處，隱藏的事實和動機都會被揭露和澄清，事態狀況也將一覽無遺。你可能因為有了某種領悟，或突然了解某個真相而有大徹大悟之感。你可能會與別人有某種思想意識上的結盟、確立友誼，或是與人和解。你可以慷慨大方與人分享你的好運。你可能正在考慮或正在享受一段充滿陽光的假期。

傳統牌義：開悟啟蒙、清晰洞見、啟示。幸福快樂、滿意、喜悅、滿足。成功、榮耀、光榮、成就。光芒四射。理智得勝。真心誠意。物質財富。婚姻、夫妻幸福美滿。美好的友誼。

太陽逆位

一般來說，**太陽逆位**與正位含義相同，只是程度略微削弱或有過度的情形。不管是哪一種情況，快樂和滿足感都可能因此降低。你可能拒絕去感受你生命中那些快樂的事，或者，你的喜悅似乎被烏雲籠罩著。對別人來說非常清楚的事情，你卻可能產生誤解。或許你是害怕喜歡你自己、害怕接受好事，或是你懷疑這種好是否能夠長久維持下去，因為它「好到令人不敢相信」。你可能缺乏自信心，不相信自己值得獲得肯定或成功。你可能會壓抑你內在的光芒。

或是相反情形，你的人生過度熱烈了。你可能過於重視自己或喜歡自我炫耀。你的能量可能太過蠻橫霸道、太過熱情，你的過度自我膨脹和自信反而將別人灼傷了。或是，你可能感到「能量都燒光了」、筋疲力盡和虛脫。有可能天氣本身太熱，要不就是陰天灰濛濛一片。如果牌陣中的其他牌也顯示出問題，那代表可能會有協議破裂、合約作廢的事情發生，或是原本一片光明的情況現在出現汙點瑕疵。如果離婚，也會是心平氣和地分手。以最壞的情況來說，你可能會打出一個虛假的幌子，假裝樂觀或裝開心，來掩蓋你的不切實際、亂吹牛以及狂妄自大。或者，根本就不是你的功勞，但你卻硬要搶功。

你可能會表現出不恰當的幼稚行為、舉止顯得很不成熟，或是害怕被別人看見自己的脆弱和孩子氣。有一位塔羅占卜師發現，這張逆位牌代表跟一個比自己年紀小很多的人談戀愛，而這段感情比較是建立在外貌上，而非出於真心[7]。我的一名個案認為，這張牌對他來說是一幅意義深遠的生死意象，因為他最近剛去世的人生伴侶，就是在馬年出生的。當我的個案在他房子外圍四周放滿馬兒的雕像，我彷彿看見他的人生伴侶又回復青春活力，無病無痛地騎在馬上。

如果這張牌代表你對別人的投射，你可能認為他們是一名創意十足的領袖，充滿年輕人的樂觀與熱情，雖然此人要不是過於以自我為中心，不然就是容易受騙上當、天真無知。這些人外表看起來似乎十分耀眼、光芒萬丈，能夠與別人分享他們的快樂。

健康方面，提醒你可能會中暑、心臟病發、皮膚癌以及曬傷。但它主要還是一張代表健康、活力、重獲新生的牌，而且表示季節性情緒失調（SAD）、恐懼、和焦慮的情況會緩和。從內在心理層面來說，這張牌代表你能夠把自己當作一個獨特的個體來愛自己、接納自己。

在薩滿巫術和魔法層面，它代表光明啟示、開悟啟蒙、偉大工程圓滿完成、神聖婚姻或神聖結合、煉金、流露出宇宙大靈的大愛之心、喚醒神聖的內在小孩、解除束縛和擺脫原罪。

傳統逆位牌義：程度較小的幸福、喜悅、成就。熱度、火焰、激情。光明照耀。虛榮、驕傲、吹牛自誇、妄想自己很偉大。虛張聲勢、假面。被誤解。烏雲密布的未來。解除婚約或婚姻破裂。勝利遲來。

審判（Judgement）

審判這張牌的含義是：超越物質界限或侷促環境的狹隘限制。你發現自己來到一個十字路口，在那裡，你得到某種頓悟或啟示，為你的人生帶來了深刻而重大的變化。就像蛻變的蝴蝶，你換上了新裝，或從束縛中解脫出來。也許有什麼東西正在「呼喚」你，可能是新的職業、聰明的點子或是偉大的真理。你可能面臨重大抉擇或決定，需要你全心投入。你可能會成為某項任務的志工。這張牌預告了一種典範式的改變：一個全新的觀點、全新的人生意義或生活品質，會瞬間實現。也有可能是在宣告有重大事件發生，比如：新的生命週期或生命階段即將展開。也許你的良心對你發出警告，讓你有機會為過去的罪孽或錯誤判斷做出彌補。你可能正在進行個人盤點或自我評估。它建議你要重新斟酌你的人生方向，為過去的行為負起責任，將自己的業力模式做個了結。對某些人來說，這張牌就像再次獲得生命，或是終於找到自己真正的人生使命。

另一種情況是，你會以成熟健全的態度，運用你一切才能來培養良好的判斷力。你可能在批評別人或受到別人的批評，或是負責做計畫的審核。如果是涉及法律審判，那麼判決結果將會符合更高的真理。如果你覺得自己是牌面圖上那位吹著號角的天使，那麼你也許是在發號施令指揮別人、自我吹捧、發出危險訊號、宣傳一項事業，或是對大眾演講。這張牌也代表，家庭、團體，或社區的合作與行動在這個時候可能很重要，要像佛陀對一切眾生慈悲關懷。你可能對群眾的需求、流行時尚以及大眾喜好十分敏銳。有時這張牌也意味著讓某個老舊的東西重新復活，或是在風格和趣味上使它得到新生。這張牌也可以代表，每一個世代都在為意識覺醒和身分認同而奮鬥，努力要發出自己的聲音。有時，這張牌所指的狀況可能跟音樂或頻率共振有關。

傳統牌義：新生。復活。覺醒。變動、變化。結果、後果。智性、理性。意見、信念。決斷一件事情。說明解釋。彌補、懺悔。興奮得意、驚奇。名聲。使命。

審判逆位

審判逆位代表艱難的過渡期及抗拒轉變。你可能放棄一個目標，或因為感覺到原本的舒適安全受到威脅，而逃離某個位置（某件事情）。你可能討厭改變、逃避做決定或是需要時間來調整。如果你深入挖掘，可能會發現裡頭有瘀積和腐爛的東西。你可能

拒絕聽見「呼喚」，或是排斥新技術。另一個相反情形是，你可能太過草率倉促，自願要做某件事。

有可能家庭會解體或是遭遇不幸、被迫搬家，或是蒙受物質財產的損失。有可能因為錯過某個機會或某個重要的溝通協調，而導致事情延誤和陷入混亂局面。你可能會被排除在某個邀約之外。某個群體的人可能感到彼此不和，可能會發生動亂、抗議以及示威。最

壞的情況是，可能會發生暴動或鼓吹武裝戰爭。

你可能對法院或法律的一個判決不滿意。太愛挑剔和自我分析，或是批判性太強。或是你認為別人的批評過於嚴厲、帶有惡意或充滿偏見，可能會阻礙你的創意。整體來說，就是缺乏遠見、無法看到大局，可能會導致錯誤的判斷和決策。你可能錯過了一些重要的新聞或資訊。以世俗層面來說，這張牌也可以代表未經請求就打來的推銷電話，或是令人厭惡的打擾。你可能在懷疑（姑且不論是否合理），某項改變是否值得、自己心裡的聲音是否有正當性，或領導階層的承諾是真是假。有時，這張逆位牌也代表對老年和死亡的恐懼。

如果這張牌代表你對別人的投射，你可能會認為這些人想要藉由他們的個人名聲或宣傳力量來影響一般大眾。或是相反情況，你認為他們是怯懦毫無主見的跟隨者。從內在層面來說，代表你可以聽見自己內心的聲音或收到災難預示。

健康方面，這張牌代表過敏、昆蟲叮咬、暈船、消化不良、偏頭痛、氣喘、腹絞痛、經痛，以及整體健康狀況不佳。或者，也可以代表疾病突然出乎意料地康復。

在薩滿巫術和魔法世界，這張牌代表在社會、集體層面進行意識轉化工作，也包括全球性的變遷，可能還包括氣候和地球的變化，或是一個新時代的到來。更具體一點來說，它代表音樂和振動對於人類靈性提升的神奇效果。

傳統逆位牌義：最終結果被延遲、延誤、規避。懦弱。軟弱、無能、單純。判刑。逮捕。噪音和擾動。失望。優柔寡斷。拖延、停滯、延遲。疏遠。

世界（The World）

作為大阿爾克那的最後一張牌，**世界**的含義是關於達成勝利、圓滿成功，在艱難奮鬥之後終於得到勝利。當目標達成，帶著成就的光輝，你就可以站在物質獎賞的中央宣告你的地位，收下你的獎勵品。當你的成就全部開花結果，世俗的禮物和認可就會圍繞在你身旁。這張牌要說的是，你已經認知到自己是一個擁有多重面向的立體存在，而且很確定你的肉體和精神是處在同步的世界。你現在可以在自己的有限空間上翩然起舞；也就是說，你可以在無可避免的時空限制當中找到個人的自由，或在藝術媒材的限制中找到創作靈感。或是你現在的處境非常棒，你擁有你所需的一切。你可以結合來自四面八方的資源和人力，讓他們聚在一起，成為一個複合的完全體。你現在的思維是全球性的，在世界各地旅行，或是參與跟國際關係有關之事。從另一個角度來說，你也可能正在設立或界定一個影響範圍，設置起物理上和心理上的界限。這張牌也代表，你可以對超出你能力範圍的事情說「不」，並根據需要建立起個人的安全保護網。你可以用沉著的態度去處理一件充滿挑戰、包含全方位經驗的事情。你能在一個新的層次上重新創造自己，統合自己內在的男性與女性特質，表現出屬於你個人的獨特風格。

直接從牌面圖案來說，代表你可能正在跳舞、鍛鍊身體或做運動，或是採取整體療癒的方法來促進健康和幸福感。或是你因工作出色而獲得獎勵或晉升。這張牌也跟行星或大地之母蓋亞意識有關，代表尊重一切有情生命。這張牌也意味著你目前處於美好、繁榮、優雅的狀態，並且努力追求卓越表現。與此同時，在你的宇宙之舞和神聖的遊戲中，也有非常務實、實際以及具有支持性的東西。你從過去人生的子宮走出來，站在令人興奮的邊界上，準備躍入無限可能性的未知領域。

傳統牌義：圓滿、成功、成就、勝利。完美。目標達成、最終結果出現。報償、獎賞、升遷。健康。榮耀。航行、移民、飛行。完整健全。旅行。整合、融合。繼承。大歡喜。

世界逆位

與**太陽牌**一樣，**世界逆位**基本上牌義保持不變，只是在程度上會削弱。工作升遷或獎勵可能會受到延遲或低於預期，勝利一樣會到來，只是比較低調或不為人知。從另一個角度來說，也可能代表即使一件事情達到完滿成就，也隨即跟著出現空虛感，有點類似產後憂鬱症。旅行可能會遇到阻礙。你可能會故意將某件事的高潮或結尾延後。或是，你可能必須把你認為已完成的工作重新再做一遍。

你可能覺得受到束縛，或你的能量受到限制、很不舒服。你可能受到過度保護，四周環境充滿限制，四面八方充滿束縛。你可能缺乏遠見，難以看清全局。你的物質財物狀況可能會限制你個人的成長和發展途徑，讓你感到沮喪，覺得有所缺失。惰性和停滯可能會阻礙你朝自己的願望前進，或是你可能滿足於現有的成就，不再往前走。你可能被責任和義務綁住了，就像**吊人牌**，他的雙腳也是這樣被綁起來的；不過，這張牌所做出的犧牲，應該是來自智慧和慈悲心所致。就像一個已經業力完滿、得到開悟的靈魂，仍決定回到塵世凡間度化眾生，直到所有生靈得到解脫為止。

如果牌陣中其他牌也顯示有問題存在，那代表可能會失去現有職務、遭遇失敗，甚至發生災禍。

如果這張牌是代表你對別人的投射，你可能會以理想化的眼光看待他們，認為他們很美、很有成就、身邊圍繞著許多崇拜者。這些人只能遠觀不可褻玩，如天神一般，不屬於這個塵世。在個人內在層面上，這張牌意謂一個內在的完滿時刻，你放下了阻礙你加入神聖創造之舞的那些事物。

在健康方面，這是一張很重要的牌，強調的是整體相通性。可能只有在其他跡象出現時，你才會發現背部、脊椎或骨骼出了問題；也可能代表骨質疏鬆症、身體殘疾或免疫系統降低。你關心的是減重或自己的外表。無論是正位牌還是逆位牌，都預示生產順利，但如果是逆位牌，生產時間會稍延遲。

在薩滿或魔法層面，這張牌是蓋亞、大自然或大地女神的化身，也代表創造出能夠反映「如在其上，如在其下」（上下內外一如）此一定理的神聖儀式空間。牌面圖案的正中央，這位女神的欣喜舞蹈，恰恰是對於生命的慶讚。也正代表大多數魔法巫術所追求的圓滿、和諧與平衡境界，以及對生命永恆存續的承諾。

傳統逆位牌義：惰性、固著、停滯。障礙、失敗。惡報。敵對的氣氛。第一原質。物質。地球。不完美。缺乏願景或遠見。干擾。失去方向。絕望。激烈變動。未完成的工作。

注釋

1 參見附錄D，逆位大阿爾克那牌的「女英雄的旅程」。

2 感謝諾曼迪・艾利斯（Normandi Ellis）在《愛希斯之夢》（Dreams of Isis）一書中描述了這個過程。

3 斯塔霍克（Starhawk）在《夢中黑暗：魔法、性與政治》（Dreaming the Dark）一書中詳細闡述了「權力控制」（power over）與「內在力量」（power within）兩者的區別，並以戰車牌和力量牌的對比做出完美詮釋。

4 伊安・劉易士（I. M. Lewis），《狂喜的宗教》（Ecstatic Religion），第70和57頁。

5 珍・羅伯茲（Jane Roberts），《賽斯書：個人實相的本質》（The Nature of Personal Reality: A Seth Book）。

6 感謝張蘇珊（T. Susan Chang）在 TarotL 社群上分享了這個故事。

7 感謝 TarotL 社群的伊莉莎白（Elizabeth Hazel）。

小阿爾克那

數字牌

Minor Arcana Interpretations

Number Card

權杖1（Ace of Wands）

權杖一號牌在能量層面提供了新的機會。這是一張代表「很讚」或「肯定」的牌，無論你正在考慮什麼事情，都可儘管去做。它也可以代表一個點子、一項熱愛之事、一個靈感啟示，或是自我成長的驅策力。有時候它也可以代表事情的發端（或生小孩）。你可以抓住一個重要契機，全力往前衝。由於**王牌／一號牌**代表潛力或種子，因此，是否要發展這個潛在可能性，還是要由你來決定。這張牌的圖案很明顯是代表男性陽具，因此也是在表明你的意圖，你即將展開熱烈的行動。如果你已準備妥當，那就代表處在「熱血沸騰」狀態。這張牌可能為你帶來挑戰，看你是否能夠自動自發採取行動，並且快速做出決定。當這張牌出現，表示你可能一直以來都渴望改變。它代表一種具有激勵作用的信念，你認為事情會變得愈來愈令人興奮期待，也暗示成功即將到來。它也是在告訴你，魔法是活的，只要你接受挑戰，就能創造出驚人的東西。**權杖一**在牌陣中所在的陣位就是你該注意的重點，它幾乎像是一種命令，提醒你要注意這件事。這張牌也代表一個你想達成的目標。不過，有一名問卜者覺得它像「綁在一根棍子上的胡蘿蔔」，是一種誘餌，要他去做一些他原本不想做的事情。

傳統牌義：信函。命令、法令、裁定。公告聲明。開始、誕生、發端。發明創造、財富、企業。一次冒險。武力、權威、秩序。起源。原則、傑出。前提、原因、理由。房子、血統、家族。

權杖一逆位

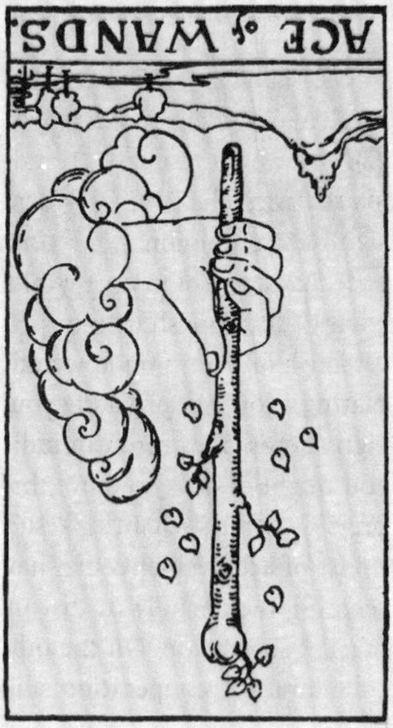

權杖一逆位有時也被稱為「反對牌」（thumbs down），是建議你暫時不要行動，意思就是「不行」或「不是現在」。不過，即使是逆位的一號牌，還是可以感覺出端倪，這件事即將有一個新的開始。你可能已經準備要改變——願望或意願都已經有了——只是恰當機會還沒有出現。另一種情況是，現在談這件事情還為時過早，你還沒有足夠的熱情，也還沒準備好要接受它。因此，你可能會有一點受挫或受阻的感覺。如果這個目標是虛幻的或不合法的，那你的熱忱可能用錯地方了。如果是過度狂熱或太過興奮，那就會變得太過魯莽輕率，可能會一開始就走錯路。你可能在抗拒，或不願意再承擔更多責任。查看一下牌陣中的其他牌，看看是什麼在阻礙這件事的進展。有時候，這張牌也代表有延遲、取消或妥協的情況發生，或機會整個消失無蹤。可能是物品損壞，或是人力不足。有人可能會讓你失望。也許你只是暫時興致缺缺或打不起精神。跟所有的逆位牌一樣，可能會出現疾病。逆位牌的陽具是倒過來的，代表消風沒氣或是陽痿。你可能有無能為力或徒勞無功的感覺。如果是應徵某個職位或提出一項計畫，你可能會被拒絕、被否決，或有人阻止你採取行動。最好重新考慮你的計畫和目標，或暫時先將此事擱置一段時間。

在偉特牌中，這根上下顛倒的木杖看起來像是從天空往下長出來的，這表示你的想法應該扎根於靈性潛能的領域，但不要對結果抱持太大期望。正如這張牌可以代表你要對外部說「No」，它同時也是在告訴你要對內部說「Yes」，把重點放在好好使用你的內在力量和自主權。

從薩滿巫術和魔法的角度來看，這張牌就像一支手電筒，它可以當作一個光源，引導你在冥界旅行。與權杖牌相關的神祕箴言是「意志力」（will），意思是，要將你的能量集中在一個帶有自覺性的明確意圖上。

傳統逆位牌義：跌落、衰微、毀滅、式微。崩潰、煩惱。遺失或損壞的物品。徒勞無功。喜悅蒙上陰影。非婚生子或生產不順利。獨裁、殘暴、迫害。拋棄。糟糕的開始。願望沒有實現。

權杖二（Two of Wands）

這張牌有時會被認為是代表「擁有一切卻渴望得到更多」的牌。抽到**權杖二**，代表你可能正在決定下一個計畫要做什麼。你可能在評估各種不同的選擇或行動計畫，或是正在尋找替代方案。偉特牌的**權杖二**畫了一個人手裡捧著地球儀，象徵對資源擁有掌控權。你可能有夠大的權力、影響力和掌控力，可以做任何你在世上想做的事。你可以選擇在特定影響範圍內完成什麼事情。或是你可以現在建立一個據點，之後再加以擴展。也許你正在思考要來一趟旅行，或是在出國之前最後再看一眼自己所在的土地。這張牌也可以代表你來到機會的門前，雖然你可能還在猶豫要不要走進去。或許你正在等待，想看看之前的努力是否會有結果。這張牌存在著一個奇怪的矛盾：雖然已經腰纏萬貫功成名就，但似乎還有一股淡淡的愁緒或不滿。我有一名塔羅個案將這張牌解釋為夫妻分居。從另一個角度來說，這兩根權杖可以表示協力、合作、權力結盟或是權勢均等。你正站在抉擇的門檻上。從最深層來說，你可能正在追求精神與物質之間的平衡。

傳統牌義：讓人感到驚訝和悲傷的離去或缺席。憂愁。悲傷。痛苦。麻煩。失去信心。苦痛折磨。爭吵。憤怒。怨恨。對一件事失望。妒忌。金錢損失。婚姻失敗。

權杖二逆位

權杖二也可稱為「灰姑娘牌／麻雀變鳳凰牌」，因為它可以預言一個原本陷入僵局的情況將產生令人驚訝的變化。你可能缺乏方向、資源有限，或在決策過程中感到束手無策和挫折。你可能覺得自己受到某個有支配性格的人的拘限，或是很討厭出去旅行或離開家裡。也許你在期待那些你無法擁有的東西。這可能會讓你錯失大好機會，或是無法再繼續保有你現在擁有的事物。不過，可能會有奇蹟帶你離開眼前的困境。事情會出乎意料來個大逆轉，讓你驚訝讚嘆或有受寵若驚之感。這個逆位狀態帶來的好結果，並非因你的意志使然，而是因為你願意接受。你可能會被嚇到，因為某個人突然來到你眼前。或是你因為遇到困難，而需要中斷你的旅程半途折返。可以期待會有意想不到的事情出現，因為它會打開你過去不曾見識過的新角度和新視野。但是，如果牌陣中有出現代表欺騙的牌，那就要檢視一下，你是不是一直都太容易上當或受騙。在一連串事件發生後，可能會突然出現令人掃興的結局，讓你感到失望或心有不滿。因為失去了一些東西，你可能會覺悟到自己內在擁有的潛力與資源，而不再單單依賴外部給你的刺激。

健康方面，這張牌代表可能有廣場恐懼症，害怕人群聚集的開放空間。

如果是將這張牌投射到別人身上，你可能覺得他們握有一切權力，或是他們不願意跟別人分享他們的財富，或者，你可能畏懼於他們的名聲，以致覺得自己不值得受到他們關注。此人可能會阻礙你的晉升機會。

從薩滿巫術的角度來說，就像許多奇幻故事一樣，這張牌可能是通往另一個世界的門戶或入口，或是一個從未意想過的界域或迷魅狀態，充滿狂喜、歡欣，令人欣喜若狂。

傳統逆位牌義：從未料想過。驚喜、令人驚訝。欣喜若狂。驚嘆、畏懼。奇蹟。迷魅。出乎意料的喜悅。半路折回。恐懼、驚恐。麻煩。支配。新的可能性。意料之外的失落和哀傷。焦慮。

權杖三（Three of Wands）

權杖二顯示有一個決定待定奪，但到了**權杖三**，事情已經展開行動。在偉特牌圖案中，那些船隻都已經啟航。這張牌顯示出你擁有陽剛的魄力、信心和勇氣，可以來開創事業，也許把三個人或三個條件結合在一起就可以辦成。你站在權威的位置來指揮、監督和主導整個活動。可能是貿易和商業方面的事情，或是海外業務和國際談判。船隻一旦啟航，你就可以定下心來稍微輕鬆一下，等候你的船回航。從歷史經驗看來，航運業是高風險行業，就算一切順利，可能也要花上數個月、甚至數年時間才能獲得報償。因此，這張牌代表你可能正在制定長期計畫或是展望未來前景，需要具備創造性的眼光，更全面看清大局。不過，你也許會忽略一些眼前的小細節。或是，你可能正在尋找新的展望、開闢新的疆土，準備好好抓住前一張牌中首度出現的機會。這張牌也暗示了你相當大膽、勇氣十足、敢於踏出腳步往你的目標邁進，雖然這可能看起來有點輕率。這張牌也代表你可能需要出差，或是可能必須從遠端操作你的生意。在你抉擇未來的需要時，很重要的一件事情是：要看得遠。

傳統牌義：事業、貿易、協商談判。活動、工作任務。果敢、無畏、魯莽、不謹慎。奪取或強占。勇敢、大膽。智性的活動力、商業能力。創新。旅行、探索之旅。富有成效的合作。

權杖三逆位

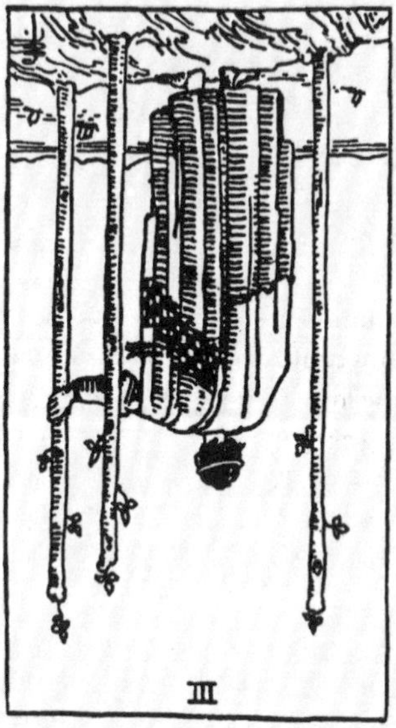

權杖三逆位代表你很難將計畫付諸實行，或是遇到創造力瓶頸了。你可能因為承擔了超出能力範圍的事情而感到洩氣，而且這些任務顯然讓你不堪負荷。一個極端情況是，因為行動太過魯莽倉促，不僅讓自己累個半死，還發生意外閃失，顯示出你缺乏遠見。另一個極端是，你老是在做夢，有一堆期望和願望，但你根本不知從何著手，或因害怕承擔風險，以致從不起身行動，願望也永遠不會實現。也可能會遇到很多困難，因為野心太大、過於傲慢或是固執，接著就產生一堆焦慮，擔心得不到回報。由於對別人不信任和害怕被欺騙，你會猶豫不決，不知道是否該接受別人的幫助，結果讓自己變得很孤立，跟人群疏離隔絕。雖然這些事情可能會導致延誤和挫折，但基本上都是暫時的；情況有機會好轉。不過，你的投資還是有可能得不到回報，或是，計畫也可能會失敗。

專注於眼前的、務實的、一個步驟一個步驟的瑣碎細節。你可能會將一份工作重新組織，變成多個較小的任務。你可能有潛意識的預設和期望，當有人無法符合你的假設和期待，或是做錯事情時，問題就來了。你可能會覺得被忽視或被排擠，不屬於訊息圈的一分子。以個人內在層面來說，你可能不太去管未來，只專注於探索過去，包括前世回溯、族譜尋根等等。這張牌也代表可能移居海外。

如果這張牌是代表你對別人的投射，你可能認為此人很愛做白日夢、只關心未來的發展，而忽略經營當下每一天。健康方面，可能代表出國旅遊途中生病，或源自遺傳因素而來的某些健康上的問題。

在薩滿巫術和魔法層面，這張牌代表一個人對自己的行為和決定該負的責任，因為它們帶來的果報甚至會影響未來「七代子孫」，有人甚至說會溯及過去七代。

傳統逆位牌義：動機隱密不明。不信任、背叛、欺騙。因不幸事故而中斷。勞力得到報償。逆境中止。痛苦、辛勞和失望都結束了。痛苦暫時停止。對別人提供的幫助保持戒心。希望、渴望、企圖、願望。

權杖四（Four of Wands）

正如**權杖三**代表啟程，**權杖四**代表的是抵達或返家。這張牌通常會是一個慶祝圖案，表示一個階段已經完成，或一個季節及其勞動工作結束。一項工作任務完美達成，成果豐碩。你的努力已經開花結果，讓你覺得很有成就感。你會藉由慶賀儀式來歡慶這樣的時刻，像是訂婚、結婚、結業、畢業典禮、團聚、宴會、在大會或集會上接受頒獎。你可能會趁此時鞏固你的人脈和建立盟友、確認親密關係，或是回歸家族的根、認祖歸宗。另一方面，你可能正在對立的派系之間調解出協議，讓雙方恢復和諧。也許你正在激勵或鼓舞他人要勇敢迎接即將到來的任務。這張牌也可以代表季節性的儀式或週末市集。你可能正在鄉間或其他度假勝地享受輕鬆的休假生活。有機會得到休息和放鬆、心情愉快、社交融洽、幸福美滿。或是，你可能考慮購買房地產，或用其他方式為未來的成長奠立穩健紮實的基礎。在你準備展開新的人生經驗之前，你可以稍微停下來，感謝到目前為止你所擁有的一切。

傳統牌義：社會、聯盟、社群。團聚、集會、宴會。歡樂的聚會。待在鄉間。協議、契約、盟約。意料之外的機會。小獎勵。目標達成之後的輕鬆時刻。力量。繁榮。辛勤工作成果豐碩。

權杖四逆位

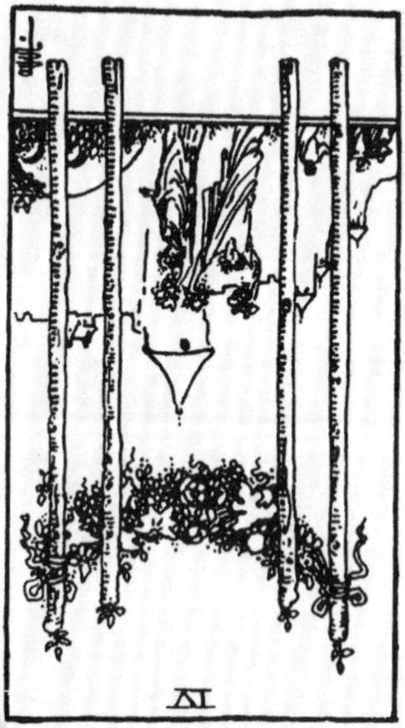

在傳統牌義解釋上，**權杖四逆位**並不會改變正位牌義。雖然是逆位牌，但一般來說人們仍然幸福快樂，生活還是很順利，只是你可能忘了對這一切心存感激。我們大多數人對於家庭和學校聚會，以及一些會議或宴會總是存著矛盾心態，不想參加或非常抗拒。你可能很想跟每個人見面，但同時又害怕彼此可能無法相處愉快，也不喜歡繁文縟節的社交禮儀。你心裡的不安和抗拒可能會浮現出來，或是你可能會意識到生活表象之下潛藏的那些汙點讓你感覺不舒服。這張牌也可以代表打破常規慣例，可能你在那樣的場合中感受不到樂趣。你可能會發現自己將完美的幸福投射在別人身上，而且假設你自己是那個唯一的例外。如果你正在參與一個你喜歡的工作坊或聚會，你可能在擔心這個聚會如果結束，你就得回到原來的生活。如果家人或團體成員即將各奔東西，這張牌可能代表你覺得傷心或開心。看似圓滿的東西也可能存在裂縫。可能人生階段大事令你感到不安，或不符合傳統，比如不受旁人認可的婚姻。也可能代表離開家的時候到了，或是該把房子賣掉了。這張牌也可以代表在社交場合上發生閃失和出錯，但比較是幽默搞笑性質而已，無傷大雅。在工作上，你可能會變得太重交際，或害怕破壞好的氣氛導致拿不到業績。

如果將這張牌投射到別人身上，你可能認為這些人就是你的大家庭的一分子，或是對你有恩之人。健康方面，代表恢復健康，或是生產或醫療過程很順利。

在薩滿巫術和魔法層面，這是象徵人生階段儀式很重要的一張牌，因為這就是他們的基本目的，要幫助人們邁向文明或靈魂進化。在靈魂出體旅程中，這張牌代表經咒、鼓聲以及祈禱詞，幫助你從冥界安全回返。

傳統逆位牌義：繁榮、成功、美好、幸福、愉快、浪漫。穩固紮實的基礎。興旺繁榮。優勢、助力。美麗、裝飾。殘缺的幸福。缺乏喜悅感。失色的美景。

權杖五（Five of Wands）

權杖五破壞了**權杖四**的美好和諧。這張牌暗示著你可能陷入了衝突、競爭、權力鬥爭、競賽、野心或驕傲心態。從另一個角度來說，偉特牌的圖案畫面也可以解釋成團隊遊戲競賽、相互激發靈感點子，以及化解對立的立場與爭取成功。我把這張牌稱為「委員會牌」，你可能透過與他人的衝突和不同意見來檢視自己的想法，或是你內在有五個不同的自己因為欲望衝突而在相互爭鬥。一開始只是因為好玩而爭吵或是假裝吵架，最後可能會演變成怒氣沖沖的戰鬥或毀滅式的批判。當你害怕你的想法不被認同，或是你想要的東西得不到，你可能就會心生敵意。抑或這張牌是在暗示你，要培養自由和幽默的方式表達你的想法，來探索更多元的觀點。可能也代表會有振奮人心的活動、爭奪職位，或是激起強烈的性慾。你可能正在努力追求成功，或是爭取讓自己的聲音被聽見。偉特牌圖案上的這五個拿著棍棒的人，好像正在建造一個五角星，而五角星就是力量和保護的象徵。這張牌建議你要去檢視各種不同的觀點。事情雖然有往前推進的可能性，但也許你必須更努力，要去克服途中的障礙，才能獲得好的結果。

傳統牌義：黃金、財富。富裕、奢華、光彩奪目。豐盛。收穫。婚姻要慎重考慮。道德高尚的活動。過度驕傲或發怒可能會壞了好事。

權杖五逆位

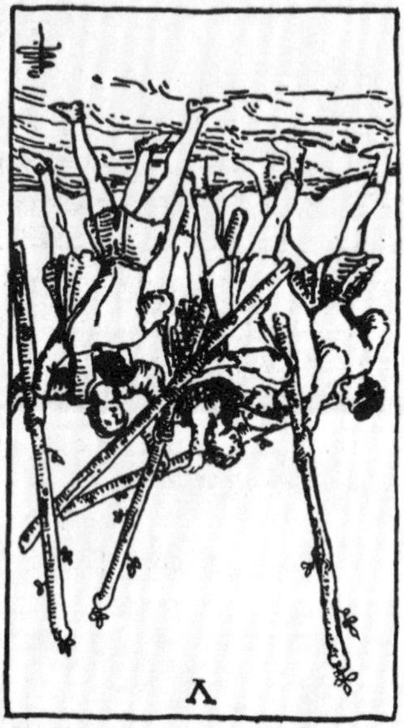

權杖五逆位可以表示打破僵局，或結束一段衝突和壓力。不過，這可能需要法律或專業的介入才行。你可能會拒絕玩遊戲，或是藉由不加入戰局來緩和一個潛在的衝突情勢。但你無法一直置身事外。就像美國前總統柯林頓和白宮女實習生陸文斯基的案子一樣，其他人可能想盡辦法要為難你、騷擾你，最後甚至對你提起法律訴訟。有人可能會破壞協商的結果，讓事情處於懸而未決或不穩定的狀態。

你可能會試圖縮小你的選擇範圍，而不願開誠布公拿出來討論。你可能害怕把事情說出來，或是不願引起爭議。這是一張逆位牌，代表這個混亂可能是屬於內在的，你內心可能有很多衝突，讓你難以做出決定。你不知道該優先考慮什麼。敵意可能會擴大，演變成重大爭執和爭吵，或是會逐漸減少到最後耗盡。在正位的偉特牌圖案中，每一根棍棒的角度都不一樣，但是從逆位牌看起來，這五個人的腳剛好整齊排成一列；因此，從另一個極端情況來說，你們最後有可能結成一個團隊一起共同努力，達成協議、結束敵對狀態。然後，你可能有機會輕鬆一下，暫時得到一段安靜和解脫的時間。這張逆位牌也代表比賽或體育賽事可能會延期或取消。

健康方面，這張牌代表你體內的抗體正在對抗感染。如果是將這張牌投射到其他人身上，你可能認為他們是製造敵意或破壞和諧的人，而你則一派悠閒，覺得自己跟這些衝突毫不相干。你也可能懷疑他們會使詐。

在薩滿巫術和魔法層面，表示你可能在使用心靈防禦術。或是你可能會裝成壞蛋或騙子，比如使用詭計或陰險手段來挑起紛爭。這可能是為了轉移對方的注意力，然後你就能趁亂逃脫。

傳統逆位牌義：訴訟、法律程序。法庭、法院裁處。糾紛。詭計、欺騙。迫害。激怒、騷擾、爭執。矛盾。雖然有延誤和不愉快，但整體上是好的結果。

權杖六（Six of Wands）

繼**權杖五**的紛爭之後，**權杖六**出現了一位勝利者或領袖，其他人則集結在他身邊支持擁護他。似乎也代表了正在帶動某種行動風潮。這張牌代表成功、勝利、驕傲、自主權，或進步發展，而且通常是因為某個單一個人本身的技能和勇氣所促成。在偉特牌中，我們看到一名頭戴桂冠的人物，「高高騎在馬上」。這張牌預示了獲得勝利、權力晉升，或是得到獎賞。你可能因你的個人成就而獲得高知名度與公眾讚譽或獎勵。你可能目前正擔任領導角色，或是正在支持和追隨一個身處此職位的人。因此你可能期待這些位高權重的人能展現他們的領導力。這個人可能會帶來好消息，或預示著希望和願望的實現。也可能有人把你拱上一個顯要位置，或是請你來領導全局。你的自信和積極態度可以鼓舞追隨者或激勵團隊合作。不過，這個位置還是得靠眾人的持續擁護才能維持。作為一張六號牌，**權杖六**也暗示了領導者與追隨者處於互惠互利狀態，因為是靠雙方共同協調來運作的。另一種解釋，這張牌描繪的是一群勞動者的集會，以及能夠決定一名公眾人物受歡迎與否的民意輿論。

傳統牌義：居家和家庭生活、家、僕人、家事。傳訊者。好消息。希望、渴望、願望、期望全部實現。化解困難。時而懶散時而勤奮工作。職員間發生爭吵。努力就會有回報。進步。

權杖六逆位

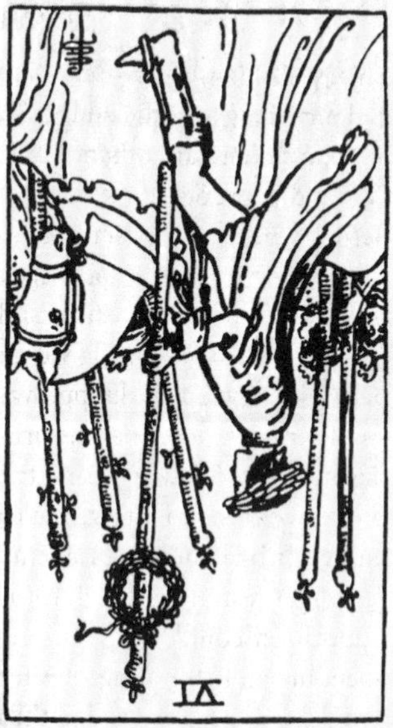

權杖五逆位代表可能遭受迫害和騷擾，接著，到了**權杖六逆位**，代表從高處摔下來。這是標準的「特洛伊木馬」牌（譯注：比喻內部的破壞集團）。傳統解釋上，它代表勝利或成功可能是短暫的。敵人可能就在本能寺，也許還會發生背叛或叛變。消息或快遞物件半途遺失或被攔截，或是你遇到溝通不良的情況。職員或你手下的人可能不忠誠、不支持你，或是純粹因為不符合你的期待而讓你感到失望。另一種情況是，你可能對你的下屬態度高傲、盛氣凌人，或是頤指氣使。勝利可能會離你遠遠的。你的行動也許會受到阻礙。事情可能會被延遲，或是你可能覺得害怕或擔憂。行動要步步為營，尤其是在你必須仰賴他人的情況下，但不要讓不信任感造成你們的隔閡。驕傲心態可能會讓你失足滑倒，或摔成難看的四腳朝天。某件事情可能只是在做秀、毫無實質內容，根本虛有其表。某人可能相當無能，欠缺領導力或毫無影響力。某位英雄或公眾人物後來被證明其實「雙腳是泥巴糊的」，有很多不為人知的缺點。你可能發現自己改變主意了，不想履行某個約定。你可能在抗拒，或拒絕擔任某個領導職位。你可能原本就有求勝的企圖，事實上也有戰功只是不為人知，不要覺得好像必須把你的桂冠（應得的榮耀）藏起來。

如果你將這張牌投射到別人身上，認為獲勝的是別人，那表示你可能在嫉妒他們，不信任他們的能力，或是認為他們根本沒有付出那麼多。健康方面，這張牌代表你免疫系統的抗體無力抵抗感染，或是代表你可能真的會跌倒。

在薩滿巫術的層面上，這張牌讓人想起童話故事那些從土丘騎著馬出來胡鬧的人，大聲喊著，只要誰進入他們的地盤就是他們的人。也像蘇美神話中的女神伊南娜（Inanna）的追尋一樣，象徵墮入冥界展開一段自我探索的旅程。

傳統逆位牌義：不貞、有異心、不忠。憂慮、小心謹慎、恐懼。等待、期待。願望遲遲無法實現。背叛。延遲。差勁的服務。短暫的收穫。表面利益。信件丟失或被攔截。相信自己、信心。遠見。

權杖七（Seven of Wands）

這是一張山大王（首領）牌。這張牌的含義是：堅守陣地，打敗所有對手。每當有人爬到最高位置就會有其他人等著要挑戰他或將他擊倒，就像**權杖七**牌面畫的那樣。接下來就是要考驗你是否有足夠的氣魄可以克服這些障礙。勇敢承擔成為領袖之後，當你面對逆境、甚至是最單純的談判，都需要勇氣與堅持不懈的毅力。你可能需要表明自己的意見，或捍衛自己的立場、信念和理想。你可能正面臨競爭對手，或在某個演講、討論會，或網路上遇到反對意見。也許有人會不認同你。偉特牌圖案中的這個人，雙腳似乎橫跨在分界線上，或像是站在懸崖邊緣。雖然他擁有優越的制高點，但他的雙腳分別穿著不同的鞋子，這可能代表兩邊的情況並非勢均力敵，或是立場不確定。如果能夠帶著堅定不懈但自制的心態去面對困難、與對手競爭、直球對決，你就能培養出自信心，相信自己是有價值、有勇氣的人。不過，有一位塔羅占卜師這樣提醒，去處理那些反對的意見可能會耗盡你的精力和時間，或許你可以把這些時間精力用在更有益的事情上[1]。另一種情況是，畫面中這個人可能正在將木棍插在地上，以此來做出正確的定位，或是將某個計畫的種種配合條件安排到位。

傳統牌義：討論、談判、發表演說。貿易、商業買賣。會議、研討會、座談會。發表論文論述。八卦。成功、優勢、利潤、收益。辛勤努力和競爭之後取得勝利。高生產力。考試得到好成績。

權杖七逆位

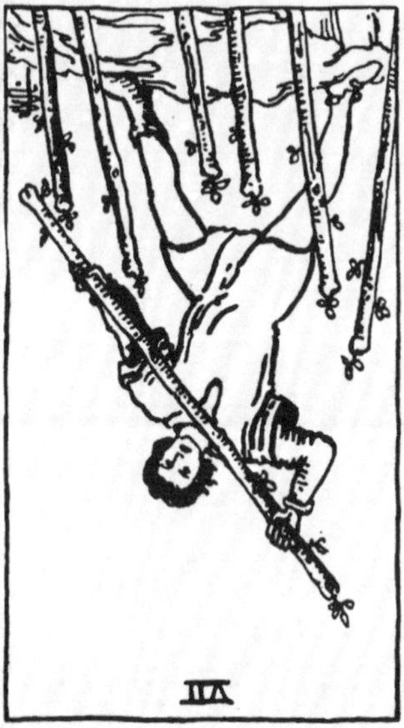

這張逆位牌讓人想起柏林牆，這道牆的設置是為了讓人們彼此相隔。因此這張牌的含義也跟偏執狂有關，或是關於如何克服偏執、將圍牆拆除。這張牌也可以代表你覺得壓力過大、不堪負荷，或是有太多事情要處理。你可能正在解決家人或朋友對你的工作或交往對象的反對。你可能主動築起圍牆或路障，讓自己跟人保持距離。從好的方面來說，這些圍牆路障可以讓你在做決定之前有時間和空間好好反省思考，或是讓你可以一個人安靜去面對困難，心平氣和地調整。但這張牌也可能代表以煩躁為藉口，來逃避下一步的行動。在傳統牌義解釋上，這張牌被稱為「困難窘迫」牌，它有兩層意思：一個是自己能夠意識的煩惱痛苦，一個是因為對某個東西過度沉溺或超過限度，以致生出困難糾葛，讓事情橫生枝節。你可能會變得過於謹慎或膽怯，尤其是當你處在不利的位置或居於劣勢時，你可能會退卻或退縮，或做出被動式的攻擊。當你面對協商談判時，可能會選擇妥協，而不是堅持自己的立場，尤其是為了獲得對方的贊同或聲望時。但也可能完全相反，你會變得頑強不屈、攻擊性強、憤恨難平，尤其是當你感覺自己隨時會受傷，害怕變成受害者，因而產生一種過度補償的心態。優柔寡斷會讓你立場搖擺不定，或變得心灰意冷。如果你是將這張牌投射到其他人身上，可能會認為這些人意志力很薄弱，只會順從或拍馬屁，或者你認為他們像是窮追不捨的跟騷者。這張逆位牌也可以代表人與人之間的防衛心、圍牆，以及屏障解除。

健康方面，這張牌可能代表神經緊張、強迫症，或體內有某種物質成分含量過多，比如糖尿病。

在薩滿巫術和魔法層面，這張牌是在告訴你，無論何時，當你要敞開自己的心靈，或是自己去處理那些造成你人際隔閡與障礙的恐懼和童年創傷時，很重要的事情是，一定要具備穩固接地和回歸中心的技巧。

傳統逆位牌義：困難窘迫、焦慮、驚惶失措。優柔寡斷、懷疑、猶豫不決、躊躇。不確定、困惑、搖擺不定。失去。多樣、多元。變成受害者。詆毀。過量、超過限度。

權杖八（Eight of Wands）

權杖八經常被稱為「戀愛牌」，黃金黎明協會則是把這張牌稱為「迅速」。也就是你整個人為某些事情激動傾心，比如對某人痴心迷戀、出現很棒的想法，或是對某些事物很熱衷，整個人被欲望沖昏了頭腦，腎上腺素飆升。活動力和精力能量都被啟動，全力加速上升。這張牌也可代表商業交易，以及透過電話、網路或快遞信件迅速溝通。也可能是搭機旅行、軍事演習、某項比賽，或是朝著目標快速前進的任何一種事情。就像偉特牌圖案上畫的那些「愛情的箭」，每一件事情都浮在半空中，卻是整齊地平行排列著。你可能正在把流程加以系統化、排序、校正或簡化。在創意發想的領域，你可以獨立運作，但同時也和其他人保持平行，就像好幾個人同步進行一樣。這張牌通常代表事情正在往前進展，雖然可能有太過躁進的危險。也代表你願意跟隨潮流的腳步。你可能會意識到有同步性或機緣湊巧的事情發生，讓你更肯定自己是朝正確的方向前進。從另一個角度來說，這張牌也可能暗示著，你正經歷如同在市集廟會或遊樂園裡才有的狂熱能量。

傳統牌義：鄉村生活或外出旅行。農事、耕作。花園、田野、樹林。旅行。娛樂、消遣、慶祝活動。大型活動。平靜、寧靜祥和。升起愛意。好運。倉促發展。商業交易。進展、方向。

權杖八逆位

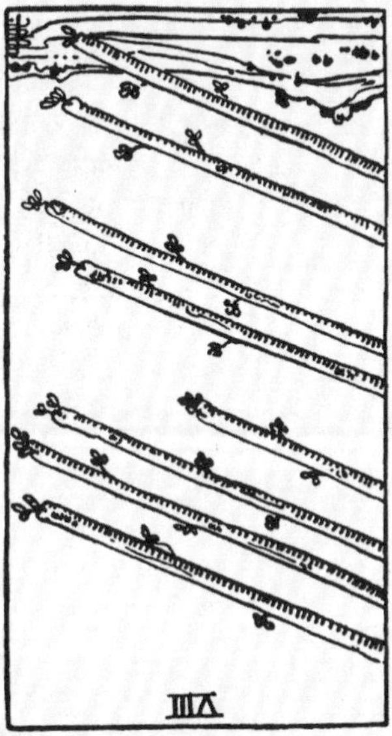

權杖八逆位的那些棍棒似乎擋住了去路，或是有人正揮舞著那些木棍，所以，你可能很快會一頭栽進困難之中。原本相處和諧一下子就起爭執，原本痴心迷戀變成嫉妒或敵對，你的情緒整個失控了。你可能會失戀。你可能會太過衝動，或是陷入不穩定的反覆無常模式中。可能會與人意見不合而吵架。情意過度噴發的結果，讓自己腳步大亂。可能會有第三者出現，擾亂你的愛情。跟人溝通不良，或是找錯人溝通。整個精力都白費了，一切努力最後徒勞無功、一事無成。一堆小事突然都出錯，你可能到最後一刻都還在四處奔波。因為超過限度，最後可能導致歇斯底里或恐慌。這張逆位牌也可以代表不協調、無法相互包容、不合常規，或是某樣東西不相配。另一方面，這張牌也可能代表罷工或怠工，事情可能會突然遭到延期和取消。計畫和靈感可能消散無蹤。也有可能是相反的解釋，這張牌也可能代表解除限制，現在你已經完全擺脫束縛。逆位牌上這些木棍的運動方向似乎往上走，而不是往下掉，這代表你會向上突破，得到新層次的經驗。

有一名問卜者跟丈夫已經分居三年，她認為這張逆位牌代表時間已經到了，自己不該再猶豫不決（**錢幣二**），應該要申請離婚。當她將自己從自我束縛中解放出來，所有的疑慮不安都消失了。

如果你是將這張牌投射到其他人身上，可能會認為他們過於魯莽倉促而壞了好事，平添困難阻礙。健康方面，這張牌代表的是體內荷爾蒙、腎上腺素、以及其他會讓身體、心靈和情緒產生變化的化學物質之功能。

從薩滿巫術和魔法的角度來看，這張牌代表生命力能量的爆發。在空中快速移動的木棍，可以代表女巫的掃帚，以及在空中飛行或靈魂出體的能力。

傳統逆位牌義：爭吵、家庭糾紛、不和。嫉妒之箭、內在動亂、良心譴責、家庭不和睦。第三者引起的婚姻失和。障礙、停工、罷工。懊悔、悔恨。猶豫、躊躇。

權杖九（Nine of Wands）

權杖八的進展在**權杖九**得到完成。偉特牌的**權杖九**畫面中，所有木棍都抵達目的地，被築成一道防禦要塞。你可能正遭到某人或不明事物的攻擊。你可能在守護和看管某項計畫和利益，或是儲備必須被保護的應急物資。就像一名老兵頭上的傷證明了他的經歷，你之前所受的訓練、培育，以及紀律，也已經為你培養出道德與精神的力量或性格。畫面中這名士兵的警覺和明智行為，暗示了目前的情勢需要仔細評估，因為已經出現警訊和可疑跡象，困難和敵人預計會出現。若果如此，你可能會將工作延後、延期，或停下腳步，雖然這可能只是暫時休息一下而已。你可能要從很多選項做出一個抉擇，代價是犧牲掉其他可能性。你讓自己看起來與眾不同，你的獨樹一格會讓你跟人群疏離，再加上過去的情感創傷，你可能會築起一道自我防衛的牆，然後躲在牆的後面不出來。不知變通的觀念想法與慣性行為模式可能會變得更加根深柢固。當你能夠堅定立場或堅決捍衛你先前創立的東西，你的理念就會生出決心和勇氣，幫助你面對眼前的困難。這張牌也可能代表一個人帶著「再看看吧」的觀望心態，跟**權杖八**的匆忙倉促完全不同。

傳統牌義：延期、暫停、休會。移除。隔閡。困難、挫折。等待、盼望。隱藏的敵人。停滯。秩序、紀律。經驗。儲備力量。暫停行動、休息一下。謹慎。缺乏動力。

權杖九逆位

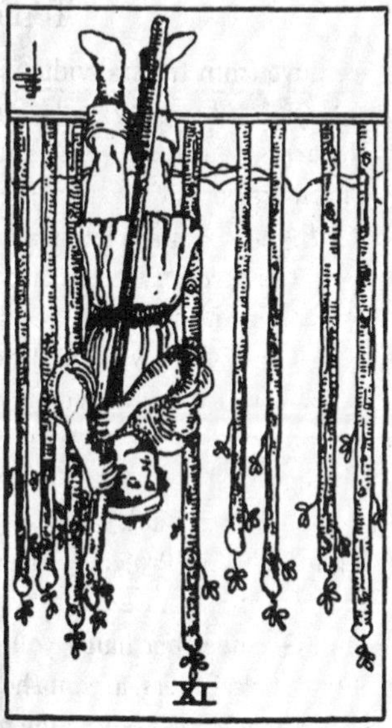

偉特牌**權杖九逆位**中的這個人，看起來似乎已經準備要打破禁閉狀態，正在尋找出路。此時，正位牌中的障礙和困難可能會變得更加嚴峻，孤獨感和疏離感也會更加強烈，最壞的情況是，會有一種被流放邊疆異地之感。也許該是拆除防衛、重新投入人群的時候了。也有可能，你正在努力化解別人對你的反抗。你可能想要推翻之前所做的承諾、想要推卸責任、變得缺乏紀律，或是你可能已經厭倦等待那些永遠不會實現的事情。另一種解釋是，可能單純就是指不用執勤了。一旦有了一點自由，你可能會衝動或輕率做出某件事情。

你可能在前進的路途上遇到絕境，或是遇到事業上的挫折。就像在醫院候診或機場候機，因為時間太過漫長，你可能會有一種無盡等待的絕望感。健康方面，可能會有一個不是很嚴重、但時間拖得很長的疾病，可能是某種慢性病和煩人的小毛病，還有免疫系統低下，這些都代表你正在為健康而戰鬥。換句話說，你身體的基本防禦功能可能有減弱和受損的情形。事實上，你可能一直「背著自己的十字架」，阻礙你達成目標。如果這張牌代表你對他人的投射，你可能覺得他們充滿敵意，好像拒絕你加入某個俱樂部或不讓你跟他們同一國。也可能你呈現的是你虛假的一面，拒絕承認自己對他人心存敵意或懷疑。你要不是過度防衛就是完全沒有防備，導致措手不及。這張逆位牌也可以代表內在沒有與人分享，或無法與人分享的知識和經驗。

在薩滿巫術和魔法層面，這張牌對應的是智慧老人、隱士，甚至是龍的原型，他們像是守門的人，在等待旅行者的到來。它也展現了在使用力量時需要具備的敏銳洞察力。

傳統逆位牌義：障礙物、十字架。逆境、困難、延誤、災難。需要排除的障礙。痛苦。輕微但長期的疾病。厄運、不幸。敏感度很低。不悅。

權杖十（Ten of Wands）

在**權杖九**達到個人圓滿之後，進入到**權杖十**與社會分享結果。出現**權杖十**這張牌，代表成就與痛苦同時存在。從一號牌開始，原本單純只是一個很棒的點子，後來繼續增生，但或許是過度自信，到**權杖十**這張牌變成承擔了太多事情。擔子變得非常沉重。可能是資訊量超載，或疲勞過度。這張牌講的就是重擔、責任、義務，以及那些被期待一定要完成的事情。你可能覺得被自己的野心出賣了，或是對你所服務的人感到憤恨不滿。如果你是被「體制」拖累，無論是指家庭、政府、還是工作，你往往覺得這種負擔很不公平而且殘忍。比如你可能受重稅所累。你感覺受困，壓力很大。也許你沒辦法把責任分擔出去，或把每一件事情都攬在自己身上。結果，眼前的工作反而成了障礙，讓你難以看見未來遠景。熱忱就在責任重擔之下逐漸枯萎死亡，創意也因此陷入瓶頸。從另一個方向來解釋，你可能為自己的技能感到自豪，覺得自己有能力幫助別人，因此你能秉持堅忍毅力承擔任務，而不覺辛苦。這張牌也可以象徵事情已經來到最後的衝刺階段，在漫長而辛苦的努力之後，就差最後幾步就可成功，苦盡甘來。

傳統牌義：壓迫。過度活躍。背叛、不忠。贗品、假象、偽裝、背信棄義。不公不義。殘忍。固執。旅行移動。自信心、安全感、榮耀感、真誠信實。高風險的賭博。不惜一切代價追求成功。豐收。豐盛的回報。

權杖十逆位

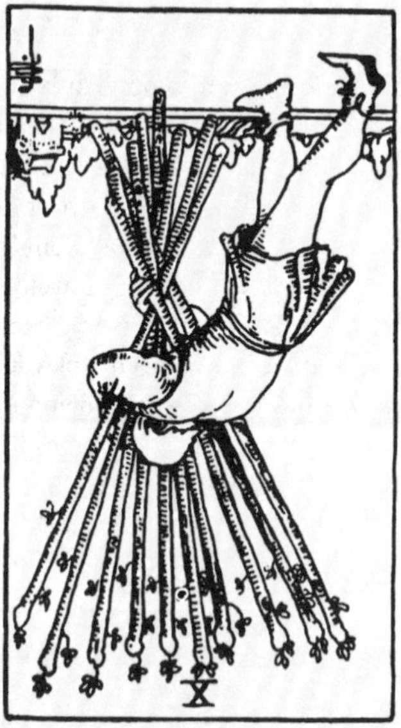

權杖十逆位可以代表卸下重擔、擺脫壓迫、將責任分擔出去。困難即將過去，你快要從壓力中解脫了，或是即將擺脫過去迎接新的開始。從另一個角度來說，你可能不願承認某項工作對你負擔太大。如果困在一個你無法負荷的職位，最後可能會有絕望和失望的感覺。你可能會「把頭埋在沙子裡」來逃避問題。如果借用傳統正位含義，它也可以代表贗品和假象、金玉其外敗絮其中，或者純粹是一種偽裝。你可能「深藏不露」，或是為了推託責任而隱藏自己的真實身分，就像偵探福爾摩斯把自己化裝成一般工人。重點在於檢視這當中是否有不誠實或背信棄義之舉。檢視一下，你是認真要把責任分擔出去，還是在「推卸責任」。

如果你把這張牌投射到別人身上，可能覺得他們充滿矛盾和虛偽，或是你認為他們根本不負責任、不值得信賴。也許你曾經很信任某個人，現在卻要幫他「背黑鍋」。家務事好像永遠都做不完。你可能因為路上層層阻礙而感到無能為力。無論你付出多少努力，可能都不會有好的結果。這張逆位牌也可能代表你長期以來的抱負或夢想就要告終。請檢視牌陣中其他牌的狀況，找出其他的處理方法。健康方面，傳統上的意思是代表你因為沒有接種疫苗而染上某種疾病，比如流感、麻疹或是肺結核。假如你正在解除產權負擔，可能會有一種重獲新生之感。這張牌也可以代表清除家中雜物和斷捨離。你可能正準備搬家或移民。

在薩滿巫術和魔法層面，這張牌代表處理跟祖先有關的問題，放掉不符合你最高福祉的家族傳承模式。

傳統逆位牌義：很努力但成果有限。敗絮其中。陷阱。障礙。故意違背誠信、蓄意打破信任、背信棄義。表裡不一。相反。損失。陰謀詭計。虛偽、擔憂、密謀。

聖杯一（Ace of Cups）

聖杯一出現，代表在情感、心靈和家庭層面有了新的機會。它可能預示你會有一段新感情，或是現在的感情關係會進一步加深。也可能會有外遇、敞開心扉追求幸福，或是歡迎某人進入你家中。會有很多食物或飲料出現，或是會有派對或社交活動的機會。你可能會經歷到一種莫名的衝動或情緒高漲，因為從牌面圖案可以看到你的情感和情緒滿到溢出來了。你和你所愛的人可能會收到來自人們的禮物，或收到神的祝福與靈性的滋養。你可能會收到愛情的告白，有人可能會寫情書給你，向你傳達愛意。這張牌對你的建議是：順其自然，跟別人建立關係。在工作上，你可能有機會「找到自己真正熱愛的事」，做你喜歡的工作。有時候，這張牌也代表生育、受孕、生小孩或結婚。它也暗示著你的通靈能力可能會開啟，或能夠從夢境、異象和直覺得到大量啟示。你現在很容易就可以接通想像力和潛意識的領域。這時你的感受性可能會特別強，也更具反思能力。這是你探索自己內在的好時機。你內心充滿喜樂、「福杯滿溢」。這張牌也代表聖杯的理想主義境界，以及象徵豐收的羊角（cornucopia），靈性與物質源源不絕的聚寶盆。

傳統牌義：家、舒適溫暖之處、住所、家人。餐桌、宴會、營養食品、盛宴。邀請。美酒佳餚。豐盛富裕、過度放縱。好消息。生育、出生。愛、激情。善良。豐饒富足。美麗。喜樂。恆久不變。

聖杯一逆位

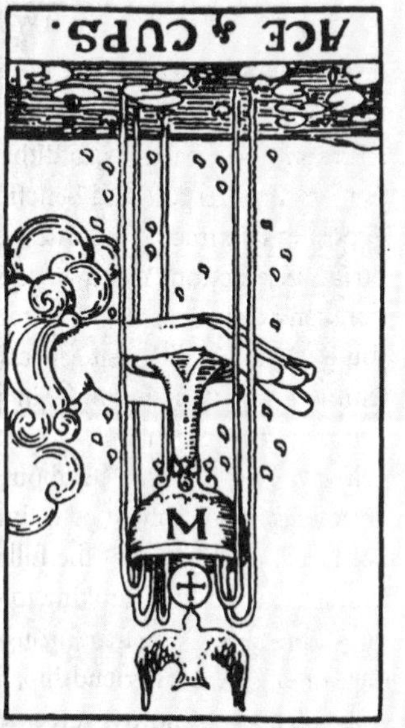

聖杯一逆位意味著在情感、心靈能力或夢境時刻的經驗受到限制或局限。先前你對某人、對家庭或對工作的熱愛，可能隨著時間逐漸消失或消散。你可能感到筋疲力盡、無比空虛。你可能選擇跟某件事情保持距離，以免出現破壞性的影響。可能受到不愉快回憶和先前失望經驗的影響，讓你不願意接受新的觀念或新的感情。你可能會否認自己的感覺，或是相反，對別人表現出虛情假意的關心和關懷，實際上你根本沒那麼在乎他們。舉例來說，你可能對人表現出虛假的奉承，以此來操縱他們。或者，你可能會用你的感情去換取金錢、安全感或是工作職位。如果你有暴飲暴食或飲食失調的情形，那代表原因是來自更深層的內在。你可能會單相思或失戀，或是被人欺騙感情。或是，你真正渴望的愛情根本不是眼前這個。跟其他逆位的一號牌一樣，代表事情延遲或生不出結果。

你可能阻擋了自己的通靈能力、靈感能力或直覺能力，或是認為它們不值得相信。也有可能你立場不定而且容易輕信別人，無法專注在一件事情上，或是全心全意致力於一個方向。如果你是將這張牌投射到其他人身上，可能會認為他們個性很不穩定、容易變來變去。這時候你並不希望改變，而且你可能會緊緊抓住過去不放，變得多愁善感或憂鬱。你可能覺得別人在「潑你冷水」。你可能會拒絕別人對你施恩惠，或回絕掉一個機會。從另一個角度來看，這張逆位牌也可能代表一個轉機，當你對於生命真正的本源有更多的了解，就能擺脫毒品、酒精或其他癮癖。健康方面，這張牌代表可能有成癮問題，還有胃部、消化系統以及其他跟食物相關的毛病，還有「婦女病」。

從薩滿巫術的角度來看，這張牌代表深深潛入你的感受——尤其是負面情緒——循著一條線索去回溯你的早年記憶，去化解那次經歷所留下的激烈情緒和內疚感，重新找回你的感覺。

傳統逆位牌義：變化、新奇事物、革命、轉變。腐蝕、變質、改變形態。無常、不穩定。單戀。虛情假意。沒有生產力。交換、交易、推銷。捐助。不屑接受恩惠。

聖杯二（Two of Cups）

正如**聖杯二**的牌面圖案所暗示的，這張牌的含義正是跟愛情以及愛所帶來的振奮與療癒力量有關。紅色的、帶著翅膀的獅子，描繪出激情的潛在精神意義，而整張牌就是代表對等、平等，以及雙方相互尊重、互利互惠。也有人認為這張牌相當能夠詮釋異性相吸的強大力量，因為它代表了一段愛情或兩人彼此關心互動所帶來的可能性。你可能會跟某人共同合作或分享，試圖超越彼此的差異，或為了更高的目的而團結起來。或許你正在試圖整合內心兩個不同面貌的自己，比如陽剛的一面與陰柔的一面，或讓你的外在與內在保持一致，讓付出與接受能夠達到平衡。你能夠同理和同情對方，或是願意為對方讓步。**聖杯二**也是一張跟選擇有關的牌，如果是這種情況，那就是代表可能會出現合併或結盟的選項。威廉．布萊克（William Blake）曾經下過這樣的注解：個性相反的兩個人相互需要，才能引出各自最完整的自己。如果發生衝突，這張牌的出現代表你希望尋找一種方式來原諒對方或跟對方和解；也代表雙方的分歧正逐漸彌合，恢復和諧。這張牌也可以代表結婚或訂婚、友誼、激情或單純只是迷戀。你可能會立下雙方都同意的合約，或是在商業合作案上達成共識。

傳統牌義：情愛關係、愛、依戀。吸引力。熱情。情意、親和、體貼。相處融洽、同理心、和諧。真心誠意。訂婚、結婚、伴侶、結合。友情、合作。共享財富。慈悲善行。

聖杯二逆位

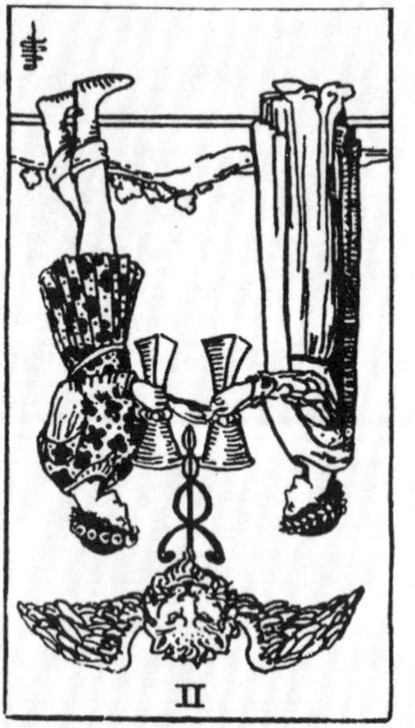

聖杯二逆位可以代表一種訊息，表示可能發生衝突、雙方互動處於「拉扯」狀態，或是發生爭吵、徒有空洞的熱情。雙方結合的企圖可能會失敗，至少暫時是這樣。愛情可能會有阻礙或遭到反對。雙方的歧異可能導致分手——但未必一直如此。這張逆位牌也暗示可能會有一段孤立期，暫時不會談戀愛，也不會有盲目的慾望。你可能會拒絕一段戀情或不想談戀愛，或是祕密經營一段感情。如果你們目前關係很好，那可能會短暫出現問題。從牌陣中的其他牌可以看出是否有虐待、出軌或性關係不協調的情形發生。這張牌也可能代表固執、溝通不良、分手、單戀、沒有戀情，或是有人對你潑髒水，敗壞你的名聲。最壞的情況是，你發現自己對對方失去信任、熱情消退，或是希望落空。你可能會陷入一段對你不利的關係中。從另一個角度來說，這張逆位牌也可能是一張好牌，除非有什麼事情導致那些最壞的情況發生，否則就只是事情沒有像你期待的那樣順利而已。並沒有多少戀人會像羅密歐與茱麗葉那樣命運坎坷。比較可能發生的情況是，你的約會遲遲才出現、情侶雙方吵架，或是嘗到兩人分開的甜蜜悲傷——也只有週末而已。

如果你是將這張牌投射到別人身上，可能會覺得他們背叛了愛情或是拒絕對你讓步。從內在心理層面來說，這張牌是指內在的陽剛性格與陰柔性格之平衡、金星和火星之平衡（譯注：金星代表女人，火星代表男人），或是意識與潛意識之平衡。它就像一面鏡子，映照出你的內在自我，因此別人如何對待你，正是反映出你如何看待你自己。健康方面，可能代表具有傳播力的性病或其他傳染病，不過，根本上來說，這是一張代表痊癒的牌。

在薩滿巫術和魔法層面，這張牌是代表性魔法、跨性別薩滿，但特別是指鏡子療法（mirror-work），亦即藉由在另一個人身上與自己的陰影面或對立面相會，透過他們，你可以看見自己內在不願承認的東西。

傳統逆位牌義：慾望受阻礙。希冀、慾望、渴望、渴求。貪心。羨妒、貪婪、嫉妒。性慾、愛慾、激情。錯覺、假象。阻礙、障礙、對立。爭吵、衝突。分開、分居。不滿。不忠。

聖杯三（Three of Cups）

在**聖杯二**的配對結合之後，你開始擴展你的人際互動，進入**聖杯三**所描繪的人際群體關係。這張牌特別能代表純女性的交友圈和集結聚會，不過也是可以代表男性間的感情、男性與女性的友誼，或是感情很好的工作團隊。這張牌也象徵好人緣，而且暗示著可能有結盟機會、聚會、歡樂場合、宴客，以及歡樂時光。你可能會出席一項娛樂活動、音樂演奏會、表演節目；或是加入遊戲戰局；或是慶祝工作升官、慶祝一項工作任務圓滿達成。你會從同儕友伴那裡獲得幫助和支持，或是從別人的建議和分享的資訊中獲益。偉特牌上代表農作收成的圖案符號，也暗示著這是大豐收的季節，工作任務已圓滿達成，問題已得到解決。尤其是跟藝文方面有關的成就，包括文學、詩歌、歌曲、音樂以及舞蹈。你可能會參加某個靈修儀式，像牌面中這三個人，似乎正在結合彼此的能量，進一步達到精神提升的境界。重點是快樂、滿足、恩典、團體分享，以及相互支持的感覺。娛樂和舞蹈安排就緒。不過，這張牌也可能代表藥物濫用或酗酒，或是跟人有相互依賴的問題，如果牌陣中有其他牌作為呼應的話。

傳統牌義：成功、聲望。成果豐碩。困難結束、快樂的結局。復原、緩解、安慰、療癒。成就。圓滿。文學聚會。愉快、歡笑。大豐收。訂婚。懷孕。

聖杯三逆位

聖杯三逆位出現，表示你的朋友可能會減少，社交時間也會比平常更少，可能是因為你把注意力投注在其他事情上使然。生活可能會變得非常忙碌，幾乎沒有時間出去玩或維繫朋友之間的感情。結果可能因為失去朋友，或好友相處的歡樂時光消滅，而出現苦樂參半的懷念情緒。也可能意指你太過沉迷於與友同樂，而開始感到厭倦。你可能對你的同事或朋友不再抱有幻想，或是發現這種快樂其實很空虛，無法讓人得到真正的滿足。這張牌也可以代表飲食過量和上癮症。舞會可能會變成醉酒狂歡，或是放著工作不管只顧玩樂。你所依賴的對象或人際支持網絡可能離你而去。這張牌也可能代表你已經減少跟人聚會的時間，或是「已經戒酒」，不再跟那群老朋友一起出去鬼混。如果你正努力於某項工作任務，希望最後能成功收場，那麼這件事可能還存在著一些障礙，或是缺乏其他人的助力。這張逆位牌也可能代表你從某個派系或內部圈子被除名，比如有人反對你，你感覺自己受到排擠。另外還有一個傳統解釋，這張逆位牌代表某個你認識的人偷了你的東西。你可能會發現，你寧願與那些會嫉妒你的成就，或是跟你沒有相近價值觀與目標的人親近，也不願跟那些會為你的成就開心慶祝的人為友。如果你是將這張牌投射到其他人身上，可能認為他們像是只會玩樂的蝗蟲、蚱蜢，而不像螞蟻那樣勤勞準備過冬。健康方面，聖杯牌通常意指沉迷於某樣事物，但也可能代表會發生意外事故和跌倒。

在薩滿巫術和魔法層面，這張牌代表少女、母親、老嫗三位一體的三相女神。這張牌的出現是在暗示你，要獻點供品給那些「小鬼」和元素精靈，這樣才能跟大自然力量保持良好關係。也可以代表進行魔法修練而提升能量。

傳統逆位牌義：終止、最後結局。工作忙碌、步調加快、差遣調度。快樂結局來到之前還有障礙需要克服。挫折。過度享樂、過剩、過度放縱。名聲敗壞。延遲。盜書賊。意外事故。

聖杯四（Four of Cups）

聖杯四有時也被認為是代表**聖杯三**的「狂歡夜之後的翌日早晨」。在盡情歡樂之後，你可能需要一點安靜踏實的感覺，讓自己沉澱和休息。你可能會藉由靜坐冥想、沉思或退出人群，來得到寧靜。或是，你可能只感覺到昏沉慵懶、沒有精神、人生無聊透頂。你可能會重新思考反省自己之前的放縱行為，還有自己心裡那些憎恨、不滿或厭惡的感覺。也可能你真的是宿醉或胃痛，或是單純因為某些吃重費力的工作而感到筋疲力竭。你對什麼東西都沒有興趣，沒有什麼事情能讓你感到開心。你會刻意表現得冷淡漠然，而忽視或拒絕一樣禮物、一個機會，或拒絕別人跟你交朋友，或認為某件事情是理所當然，所以你不需要努力。你可能會想要為自己騰出一點時間或是去度個假。

從另一個角度來說，這張牌也可以是一張「白日夢牌」，你可能正在腦中沉思、構想或組織什麼事情。如果是跟創意有關，這張牌可能代表會有一段休眠期，在這段時間裡，外部似乎沒有什麼事情會發生，因為處於放鬆狀態，充滿創意的新點子會不斷出現。這張牌也可以代表花時間與大自然相處交流，或單純等待下一步的自己清晰顯現。

傳統牌義：疲倦、厭倦、沮喪。煩惱。無聊。憎惡、厭惡、不滿。不滿意、不開心。痛苦悲傷。家中出現問題。愛情的傷痛。苦惱。厄運、怨恨。悲苦。對兩人關係不滿。靜止不動的時期。

聖杯四逆位

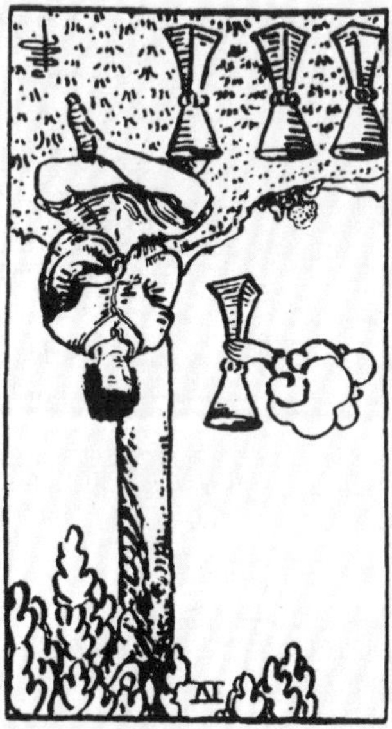

聖杯四逆位出現，代表你正在尋找新的機會來克服無聊和被動消極狀態。為了讓你的生命再次活躍起來，你可能會重新考慮先前拒絕過的事情。你需要的只是一個徵兆、預示或預感，來告訴你應該投入哪些新的學習研究、結交哪些新朋友或是參加哪些活動。逆位牌有時也代表你的通靈能力會提升，你會更加敏銳，可以接收來自不可見之世界的訊息。對於那些陳年的老問題，會意外出現新的解決方法。

另一種解釋，這張牌也可能代表一種煩躁不安的感覺，無法靜靜坐著或靜下心來想事情。你可能正在擺脫正位牌中看到的那段不愉快的休眠期，而且渴望有新鮮的事情發生。如果一段舊感情讓你感到厭煩，你會渴望結識新朋友，如果單純只為了追求新鮮感，你可能不會特別挑剔。有時候你會突然有很強的預感或某種不祥之感，令你全身毛骨悚然，像人們形容的：「有人從我墳上走過」，類似這種感覺。如果這張牌是你對別人的投射，你可能會認為他們冥頑不靈、非常封閉，或是覺得他們一直在追求虛幻的目標，追逐短暫的狂熱，然後很快就覺得無聊。更極端的情況是，你可能會沉浸在夢想、冥想或幻想的世界裡，不願意踏實地生活在當下這一世。

健康方面，可能會有食慾不振的情形。經常感覺疲憊和倦怠，尤其如果因低血壓、血液循環不良、貧血或慢性疲勞讓你失去元氣的話[2]。

從薩滿巫術的角度來看，這張牌可能代表占卜工具和神諭的使用。就像童話故事會出現的情節，在最絕望的時刻，總是會有小精靈帶著禮物出現。另一種情況是，它也可能代表精神能量被吸乾。

傳統逆位牌義：新鮮感。重新經歷一輪。研究新知識、認識新朋友、機會。徵兆、預兆、預感。不祥的預感、預測、預言。不祥之兆。

聖杯五（Five of Cups）

聖杯五意味著痛苦、悲哀、悲傷、失望，以及勉強犧牲。經歷過聖杯四的消極被動之後，你可能因為失去大好機會或平靜的生活而感到懊悔。偉特牌圖案上的那個人披著黑色斗篷，正是代表無知、限制或恐懼。這張牌呈現了悲傷情緒的幾個發展階段：從失落到憤怒和絕望、收拾殘局，然後跨過一座橋進入新階段，最後回到代表本我的家。你可能在哀悼你失去的東西，而只顧流眼淚。不過，你似乎沒注意到那兩個直立的杯子。縱然遭遇不幸，但仍出現了一些有價值的東西——根據傳統解釋，這兩個杯子就是代表遺產或遺物。從另一個角度來說，你可能因為憤怒而把杯子踢翻；也許那兩個直立的杯子是代表殘留的傷害和憤怒。你來到人生的一個轉折點。但你可能滿懷自責或自憐，總是有一種「要是……就好了」的懊悔感覺。你可能發現自己被人背叛、欺騙或遭到變節。你原本期待的事情可能會被打翻，計畫好的事情可能會出差錯。也可以說這一天做什麼都不順。當你只關注那三個傾倒的杯子，可能就會忽略還有兩個杯子裡面的東西是完好如初，因而讓你的選擇受到限制。被遺棄的恐懼似乎會成為真實。你可能因為憂愁和悲傷而抱著過去不放，但你也可以把它看做如「橋下流水」，接受它已然逝去的事實，然後繼續往前走。

傳統牌義：哀嘆。無愛的婚姻。不完美、錯誤。爭執、分手。失去。繼承之物、遺物、遺產、遺囑。禮物。傳統。犧牲。欺騙、背叛。危險的男女私通。放下過去。懊悔。殘留的傷害、積怨。

聖杯五逆位

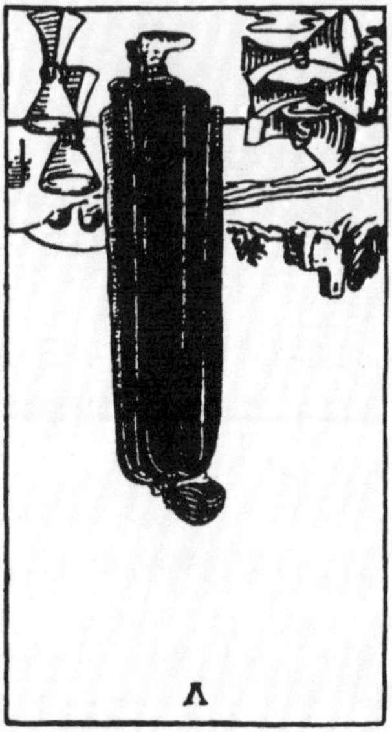

聖杯五逆位通常是滿懷希望的，代表復原和更新——走出失去的傷痛，繼續你原來的生活。如果你這樣做，可能會有意想不到的收穫。你可能會感到無比驚喜，老朋友或親人再次回到你身邊，或是你受邀去參加某個團圓聚會，或是發現有個朋友在默默支持你。這張牌講的是彌補裂痕，並讓過去成為過去。你可能正在與人結盟和建立人脈，未來你將因此得到好處。這張逆位牌是典型代表基於政治和環保議題而結盟的同溫層團體，比如關心物種和棲息地可能瀕臨滅絕，或是擔憂未來世代的生活環境。你可能正在探索你的家族歷史和族譜，然後發現了家族的「代罪羔羊」和遺傳疾病，當然還有家族裡的英雄人物和先人祖輩的特有才能。失散的父母和孩子可能正在尋找他們的原生家庭，也可能會重新團圓，要看牌陣中是否有其他牌作為呼應。有時這張牌也代表你的處境更加艱難，尤其如果你始終不願承認自己確實失去了某些東西，不願意接受自己的傷心情緒，或是緊緊抓著悲傷不願讓它過去。若是這種情況，你會很明顯地不跟人接觸，而且會認為自己就是受害者或被犧牲的人。你會描繪一種虛假的光明，把自己的悲傷和失落隱藏起來。如果這張牌代表你對別人的投射，你可能認為他們困在過去不願走出來，或是把自己的才能浪費在注定會失敗的事情上。他們的憂愁讓你感到挫折和擔憂。

健康方面，可能出現尿失禁的毛病，有可能因為意外事故或疾病讓你變成殘疾人士，或是喪失先前原有的能力。

在薩滿巫術層面，這張牌可以代表通靈以及與死者溝通。這是進入冥界原型旅程的第一階段；在此階段，此人必須卸下一切世俗的虛榮和虛飾，才能發現真正有價值的寶物。

傳統逆位牌義：前景充滿希望。盟友、同溫層、人脈聯繫。血緣關係、家族成員。種族、血統。邀請。老朋友或親人歸來。團圓。益友。拒絕繼承。錯誤投射。

聖杯六（Six of Cups）

經歷過**聖杯五**的失落之後，來到**聖杯六**，除了尋求過去的慰藉，也接受現在朋友的安慰和支持。整體而言，這張牌談的是你的過去對現在造成了什麼樣的影響。你可能在懷念過去那些單純快樂的時光，或是早年的創傷現在可能正在影響著你。有些回憶偶爾也會牽涉到前世的業力羈絆。一般認為，**六號牌**在每一個牌組中都是屬於最佳狀態的牌，代表平等互惠或對等交流，以聖杯牌來說，就是情感能量的交流。你可能會送人禮物或持續充滿慈愛的浪漫行為。你可能對你的青春時期和童年時光充滿追憶，或是對古早風格和舊時代有一種嚮往。也可能，你會向某人求愛，或在爭執之後與對方和好。這張牌也暗示了感官上的愉悅和幸福感，或對他人的關心和感謝。你可能正在美化你的周遭環境，特別是把它改造成古時代的風格。也有人對偉特牌的聖杯六提出另一種解讀，牌面左邊那名守衛、整個封閉的庭院，以及兩位人物的身材大小差異，都暗示著這張牌若非代表保護、就是藏著某種機關，但它顯然帶有一種令人不安的感覺，因為這張牌可能指出此人童年受到虐待（儘管這種情況可能為數極少），而現在刻意否認或遺忘，就像快樂的全家福照片背後隱藏著一個不正常家庭的真相。

傳統牌義：過往、從前、早年。回憶。想念舊愛。懷念。褪色、消失無蹤。舊時代、衰老、古風。渴望、嚮往。對愛情優柔寡斷。糟糕的選擇。創傷、犯錯。不滿、缺乏感情。求愛。新認識的朋友。

聖杯六逆位

雖然傳統上認為**聖杯六逆位**是代表未來即將發生之事，但現代解釋則是強調對於過去經歷的執著。兩種解釋合併起來就是，你可能正在擺脫過去，將眼光放在未來，無論是否真的能夠做到。其實這兩種情況都意謂無法全然活在當下。一直專注於過去，會讓人失去朝氣、變得缺乏活力——正如醫療直覺治療師凱若琳．密思（Caroline Myss）所指出，「傷痛學」（woundology，譯注：意思是堅持抓著自己過去的創傷不放）的危險在於，它會讓一個人無法走出舊傷。

從另一方面來說，這張牌也可以代表重獲新生。從治療的角度來看，你可能正在掙脫過去情緒的綑綁，以及擺脫無意識的行為模式。當你重新回到過去的時空環境，可能會發現，一切都跟你記憶中的不一樣。美化過的回憶，在面對殘酷的現實時可能會瓦解。你可能想要讓自己從過去的義務和責任中解脫出來。從相反的極端來解釋，你可能會投入跟新興技術、科幻小說或其他未來主義有關的工作。雖然這也可能是一張跟內在小孩有關的牌，但它也是在告訴你，該長大了，要活在當下，或許你該放下你童年時候的家或家裡的一些東西，無論是隱喻性質的、還是指具體實物。你可以重新裝修你的家，來擺脫過去的記憶。超越你過去的立根之處，尤其如果你對它感到羞恥的話，可以激發你對未來的雄心壯志。在極少數情況下，這張牌也可以代表跟舊愛復合。

如果把這張牌投射在別人身上，你可能會認為他們要不是保守反動派、就是極端進步派，或者，你可能認為他們拒絕長大。

從薩滿巫術的角度來看，這張牌可能代表像牌面上那些花朵的植物藥草。也可能意指穿越時空到過去或未來旅行。透過嗅覺和味覺，可以讓你進入內觀世界或重新經驗過去事件，因此，牌面上的花園庭院是在提醒人們，進入內在神聖空間或內在聖地療癒的重要性。

傳統逆位牌義：未來、未來前景。近期、不久、之後。很快就會發生的事情。承諾美好的未來。重獲新生、復甦、更新。新朋友或新環境。計畫可能會失敗。

聖杯七（Seven of Cups）

隨著我們在聖杯牌組中前進，我們也漸次進入到夢境、幻想以及異象的領域，幻境和錯覺愈來愈難區分，要做出明確的抉擇也愈來愈困難。由於七這個數字代表考驗和試煉，因此這張牌也可能指一種精神心靈上的衝突或靈魂的交戰，它是在考驗你看穿錯謬概念的能力。偉特牌上的這七個杯子，可能代表七大罪（seven deadly sins，譯注：天主教教義中對於人類基本惡行的分類），對於靈性成長具有毀滅性的力量，或是代表一位神祕主義者或藝術家眼中看到的異象。你可能正在運用創意想像和靈魂的象徵符號，也或許你自暴自棄自我放縱，沉迷於罪惡和感官享樂之中。你可能在建造虛幻的空中城堡，或是因優柔寡斷而感到迷茫和困擾。從另一個角度來解釋，你也可能正在想像各種令人振奮的機會，暗自在心裡排練如何將這些計畫實現。但這當中存在著危險，你可能會被自己想像出來的景象迷惑，沉溺於白日夢中，白白浪費掉自己的精力。由於畫面中堆疊成金字塔狀的物品看起來很像多層次傳銷，很可能你受到一夜致富的誘惑，想要追求快速成功。偉特把這種虛幻或短暫的成就稱為「神仙眷顧」（fairy favors）。牌陣中的其他牌或許可以告訴你如何讓這些夢想成真。

傳統牌義：想法和計畫。幻想。靈魂、精神、智慧。想法、觀點、想像。沉思、反思。看法、意見。不切實際的心態、愚蠢的怪念頭。幻想出來的成就。

聖杯七逆位

聖杯七逆位強調清晰、合乎邏輯的思維、制定務實的計畫，以及確認事情的優先順序。它很清楚預示你的願望抱負將會實現。你可能正在穿越混亂與假象的迷霧，全神貫注於一個選定的目標上。由於目標意向堅定，你會設定計畫並找到解決方案。

另一種情況是，你會變得更加慌張困惑，最嚴重的情況是，有可能完全與現實脫節。你可能正在努力抗拒誘惑，或是想要用你的意志力來壓抑慾望或將慾望昇華。比如，這張逆位牌有可能代表一名捨棄感官享樂的獨身主義者。事實上，你可能正在用相對的美德來對抗七大罪當中的任何一項罪惡：以謙虛對抗驕傲、以仁慈對抗怨妒、以節制對抗暴飲暴食、以守貞對抗愛慾、以忍耐對抗憤怒、以慷慨對抗貪婪、以勤勉對抗懶惰。你過去渴求的東西現在可能沒有那麼吸引你了，因此你可以捨棄短暫的快樂來獲得更大的回報。究竟是為了靈性成長而這樣做，還是另有其他目標要達成，可以從牌陣中的其他牌看出來。

如果你是一位創意藝術家，那麼這張牌可能代表你精心設計出一個作品，但卻缺乏正位牌所具備的那種生動想像力和靈魂。如果你是將這張牌投射到別人身上，那代表你認為他們是理性至上者，沒有能力欣賞富有想像力的美好事物，或是你認為他們看不到自己的立論前提裡隱藏的虛假謊言。一個希望可能會破滅。健康方面，這張牌可以意指慮病症（hypochondria），無緣無故懷疑有人生病了，或是代表任何由不良習氣（罪惡）引起的疾病。

在薩滿巫術的領域，這張牌講的是消除幻象、看見內部的實相，以及如何面對世俗的誘惑，比如，很多靈性導師和精神領袖就是因為受不了誘惑而跌落聖壇。這張牌也可以代表一個人把太多時間花在想像的世界。

傳統逆位牌義：計畫、設計、工作方案。欲望。意志力、意圖。決斷力、決心。清晰的思考。一個快要達成的目標。理智選擇。理想抱負實現。

聖杯八（Eight of Cups）

八號牌代表往前邁進，隨著前進的腳步適時調整。在**聖杯八**，興致開始減弱或逐漸消退。你可能會拋棄先前吸引你、滋養你，在情感上支撐你，讓你著迷不已的東西，比如**聖杯七**裡的那些異象願景。一段感情幾乎把你的精神榨乾，你感到筋疲力盡、相當疲憊、心情不快、失望透頂。你可能已經安排好一段假期或打算隱居休息。或許你需要找到某種方法讓自己從某個情境中退出，至少是暫時退出，也或許是為了調養生息。偉特牌圖案中的水暗示著大海的舒緩能量或潮間帶水域的沉靜愉悅。你可能會被某種未知的、心理感受上的渴望（牌面上代表慾望的紅色披風）所吸引，這種渴望會表現為一種精神追求或深層的靈魂追尋。雖然這可說是一張代表流浪者或旅行的牌，但也跟「拋棄」這個議題有關。你或你生活中的某個人可能已經失去關心、感到疏遠或心有不滿。感覺上似乎缺少了什麼東西，讓情緒無法保持平靜。從牌陣中的其他牌可以看出，這種情況是暫時的、還是你已經徹底「灰心洩氣」。害羞、膽怯或憂慮其實是一種掩飾，是在掩蓋你對成功的恐懼，或是希望不要引來痛苦，不過，這很容易被誤解為冷漠不關心、興趣缺缺。

傳統牌義：跟一名金髮女孩或是謙虛、害羞、百依百順的美女談戀愛。舉止得體。膽怯。依戀、溫柔。一件事情的衰敗。努力的事情遭到中斷。愛情的夢想可能會成真；害怕它不會實現。

聖杯八逆位

相對於**聖杯八**的轉身離去，**聖杯八逆位**是代表在一個滋養的環境中逐漸復元。就像一個人為了尋找一隻失蹤的羊而暫時拋棄他的羊群，這張逆位牌就是代表尋回小羊之後的喜悅和慶宴。傳統解釋上，這張逆位牌代表堅持必經的過程以確保最後可以得到

成功。占滿逆位牌最頂端的整排杯子，就是「機會之窗」，會有更多的東西從這裡進來。這些杯子也可能單純是這個人從外面撿回來堆在家中的物品，表示他總是在尋找更多東西來囤積，是一個積習難改的收集者。

從另一個角度來說，你可能對獨處有所抗拒。也可能代表想要休假卻被拒絕，或是假期遭到延宕，或是很想去旅行但是受到阻礙。原本夢想從現實逃脫，可能會因惰性而受

阻，或是你可能感覺自己被一些人綁住，因為這些人認為自己是為了你好。

這張逆位牌也可以代表一個對人生不抱希望、四處漂泊的人，因為他無法忍受被束縛，或是永遠無法融入人群。也可能你自己或某人對親密關係感到害怕，很難對人許下承諾和遵守諾言。另一種相反的極端情況是，你可能發現自己很難放下過去往前走，即使一段感情早已破裂、無可挽回，你仍頑固地執著於過去。

這也是一張很重要的內在心理象徵牌，代表引導式心象觀想以及內在精神旅程。最壞的情況是，你可能將內在或外在旅程當作一種逃避，讓自己可以逃離現實。健康方面，你可能有失眠或夢遊的情形，或是需要拔牙[3]。

在薩滿巫術和魔法層面，這張牌是指探索你心靈中「無法填補的洞」或「無底洞」，表現於外就是暴飲暴食或購物狂，或是對於感情的渴求。利用回溯旅程，回到最初的場景重新去修復它（就像用更強力的補丁把當時應急貼上去的膠帶換掉），可能是你需要去進行的內在療癒的一部分。

傳統逆位牌義：幸福、滿足、喜悅、安心。歡樂、盛宴、慶典。家庭聚會。公開的鬧劇。準備妥當。繼續努力邁向成功。道歉、贖罪。償還債務。

聖杯九（Nine of Cups）

在傳統解釋上，**聖杯九**也被稱為「願望牌」，抽到這張牌表示你的願望會實現。這張牌代表物質上的充裕和情感上的滿足。一般來說，它是預示著身體健康狀態良好，雖然可能稍有過度放縱的傾向。你的胃口滿足了，願望也實現了。一切似乎都非常順利；但是可能「高處不勝寒」，身居高處而感到孤單。你可能是藝術家的贊助者。你像是慶典的主人，正在統籌一項活動或安排演出。從表面意義來說，這張牌也可以代表一場晚宴。你的桌子上擺滿了東西，你展示你的收藏品和獎盃供大家欣賞。你可能對自己很滿意、自鳴得意、沾沾自喜，甚至有點自以為是。不過，好像有一些令人尷尬的事情被藏在桌子底下，或「直接掃到桌下」當作看不見。紅色帽子代表你有很強的能力可以去想像和觀想你想要的東西，而且觀想得非常清晰細膩，細節非常清楚，因此你可以照你所想的將它創造出來。但是，牌面上並無顯示有其他人在這場宴會上，這表示你可能忘記了某些非常重要的東西。九號牌通常代表能量達到完滿飽和的狀態，因此可能會愈來愈驕傲自滿，甚至變得有點懶散呆滯。要小心，因為你可能會變成大家所說的「沙發馬鈴薯」、一動也不動的植物，電視看太多。

傳統牌義：祖父。跟年紀很大的人結婚。戰勝敵人。夢想實現。成功、豐盛、獲利、收穫。物質上人生勝利者。愛享樂。華麗盛況。身體健康。克服困難。繁榮興旺。

聖杯九逆位

出現**聖杯九逆位**這張牌，表示差錯、錯誤、缺失、缺點可能會被暴露出來。這就是為什麼這張牌在傳統解釋上既是代表真相，同時也代表錯誤。原本藏在視線之外一切令人不悅的東西，可能都會暴露出來。只要你對人真心誠意、誠實、誠信，老實將事情揭露，或承認自己的錯誤，真相就會顯現。一旦你放掉膚淺或虛假的執著，就會有一種解脫的感覺。你可能需要捨棄先前那種驕傲自滿的心態，雖然這意謂你勢必要揭開你的情緒面紗，去看清你表面感受的背後究竟藏了什麼東西。你可能會遇到反對和困難，打亂了你原本的計畫，尤其是跟聚會和娛樂有關的事情。你跟別人可能會意見分歧，此時，資訊的釐清變得非常重要。正位牌中的過度自我放縱傾向可能會變嚴重，導致不顧後果的享樂主義、膚淺以及成癮症狀。不過，這張牌也代表可能有人要你擔當罪責、負起責任。執著於過去的榮耀，只會阻礙你當前應對事情的能力和方法。在瞬息萬變的世界中，你可能會被拋在人後，追不上眾人的腳步。

從另一方面來說，這張牌也可能是關於追求內在快樂而非外在幸福，追求精神上的喜樂而放棄物質上的享樂。它描繪的是一個追求感官享樂的人推翻了自己原本的生活方式，轉而追求純樸沉靜的生活。如果你重新去思考，究竟什麼東西可以讓你快樂、你真正想要的是什麼，那麼你可能會覺得不需要再去維持外表的體面。健康方面，可能會有暴飲暴食的情形，雖然這些症狀或其他病症仍然隱而未現。

在薩滿巫術的層面，這張牌可以代表一間出汗小屋或蒸氣浴，可以讓你身體和靈魂的毒素都釋放出來。它也可以代表你有能力捨棄自己擁有的一切，因為你將自己的金銀財富都公開展示出來，做一次免費大放送。

傳統逆位牌義：失誤、錯誤、缺失都可被釐清和克服。真心誠意、真實、誠實。忠誠。坦率、單純。自主。學術、自由。富裕。你的錯誤被揭露。短暫的痛苦或困難。

聖杯十（Ten of Cups）

聖杯九的喜悅在**聖杯十**變成眾人共有。這個代表愛、想像力、夢想以及潛意識的牌組，在這張牌達到最高潮。它代表驚奇和狂喜、豐厚報酬和龐大遺產、深情愛意和相互包容、和諧的情感關係以及幸福的家。這張牌意謂「大千世界中所有最美好的一切都在這裡了」。在偉特牌圖案中，十個杯子排成一道彩虹，象徵暴風雨過後的寧靜。不過，彩虹本身就是幻象，所以，看來似乎理想而美好的東西，實際上可能是一種過度理想化——無論是圖中描繪的家園、鄉間、婚姻還是工作成果所得。你所渴求的那個夢想，是販賣幻想的廣告商人推銷給你的，根本不可能達成。從較表象的層次來說，你現在可能跟一個大家庭或充滿愛心的社區共同生活，可能暫時寄居鄉間，正在迎接一個貴客，或你本身就是那位被歡迎的貴賓。你可能是你的家鄉之光，擁有很高的聲望。孩子也許在你的生活中扮演重要角色。你可能已經找到一種方式來調和你的私人生活和工作事業。在托特牌當中，這張牌的標題叫做「饜足」（Satiety），意思就是：一種超出預期或超出適當程度的飽足。以最好的情況來說，這張牌是指你跟周遭環境以及身邊的人都相處和諧。

傳統牌義：家鄉、鄉間、小鎮、住宅、所在地、住所。公民、人民、居民。居住地。榮耀顯赫。尊貴、光榮、美德。名聲。家人的愛。福祉。安心滿足。安全感。

聖杯十逆位

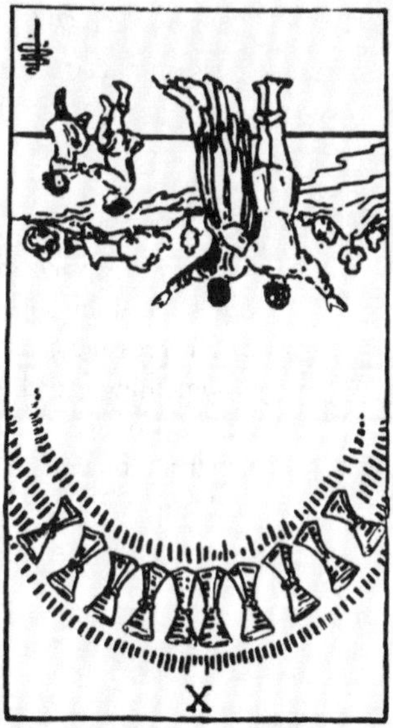

聖杯十逆位暗示了家庭或人際關係中可能存在著問題。你可能很快就會遇到掃興的事情或干擾，或是你的願望會受到現實的檢驗。慶祝活動、返鄉定居，以及親友團聚可能會被延遲、取消或讓你感到情緒低迷。幻想或夢想可能破碎。有時候，這張逆位牌也是在預示孩子們離家之後你會出現「空巢症候群」。但它也可能是告別、分手或失去你稱之為家的東西。它可能意味著相處不和諧、離婚或爭吵。你可能在家族中扮演了那個代罪羔羊的角色或被認為是家族中的壞分子。你可能會感到既羞恥又憤怒，比如，被迫要接受慈善機構、社福機構的幫助，或他人的同情憐憫。另一種情況是，家人的情感需索和期望壓得你喘不過氣。由於這是一張十號牌，因此這個情況比較是跟部落或家族的價值觀與信仰有關，而不是你個人的價值觀問題。你可能會拒絕這些價值觀，拒絕參與家族事務或不想和家人一起生活，或是決定不生養小孩。

這張牌也可能意指從饜足變成憎惡。東西已經多到過剩，「窮得只剩下錢」（有錢到不知如何是好），多到變成不健康。在健康方面，這張牌反映出你的環境是否安適幸福。可能一個城鎮發展太快，鄉村田野變成醜陋市郊的延伸，或是你自家的後院或花園被剷掉了。你本身或你的社區親友圈可能沒有去照顧到其他弱勢者的福祉。

從內在心理層面來說，這張牌代表你心理內部的家庭，自我內部各個元素保持一種均衡和諧的連結。它描繪的是一種不需要仰賴外在刺激就能得到內在情感的滿足，一種心靈的完滿。

在薩滿巫術層面，上下顛倒的彩虹代表一艘船，像是埃及冥王歐西里斯與其他眾神在日落後登上小船在冥界大海航行，也像是亞瑟王離開卡美洛王國時搭的那艘船。在神祕學傳統中，這張牌代表重獲新生的喜悅旅程，象徵身體死亡時靈魂和神識的重逢。

傳統逆位牌義：大發雷霆、憤慨。悲傷。侮辱。輕率不謹慎導致幸福安穩受到威脅。家庭紛爭。意見分歧。爭吵、激怒。失去朋友。氣量狹小、發怒、生氣、戰鬥。暴力。

寶劍一（Ace of Swords）

這張一號牌象徵下定新的決心與貫徹意志力。你可能正在運用新的思考方式，或直接切入問題化解模糊不清的論證。圖中劍尖朝上，代表集中精力、全神貫注於新的方向和特定行動。作為風象牌組的一員，由於風元素與心理敏銳度有關，因此這張牌也代表新的計畫或策略，以及使用批判和解析法來作為分析事情的工具。但是，就如寶劍是一種雙面刃，你可能會對某些事情存在著分裂的看法，或是需要去權衡一個問題的正反兩面，衡量利弊得失，或評估其真偽。如果是遇到某些事情受束縛或受阻，你可能會切斷那些束縛，而且果敢採取行動。從表層含義來說，這張牌可以代表手術、雕刻，或是使用某種尖銳物品。在象徵意義上，筆與劍屬於同類物品（比如羽毛筆就代表風和心靈），因此這張牌意謂溝通交流非常重要。王冠和桂冠代表偉大成就，因此**寶劍一**也代表雄心勃勃，但同時代表著公平競爭以及律法與秩序。你可能對自己的聰明機智和解決問題的能力充滿信心。這張牌暗示著，你已做好準備要繼續往前邁進，堅定維護自己的權利。你會以理性、邏輯以及科學方法來做出判斷和決定。

小阿爾克那數字牌：寶劍一（Ace of Swords）

傳統牌義：困難。意外事故。衝突、戰鬥、侵略性。勇敢。力量、正義、權力。過度。以武力取勝。權威。征服。光榮。競賽。效能。情緒高漲、熱情。受孕。

寶劍一逆位

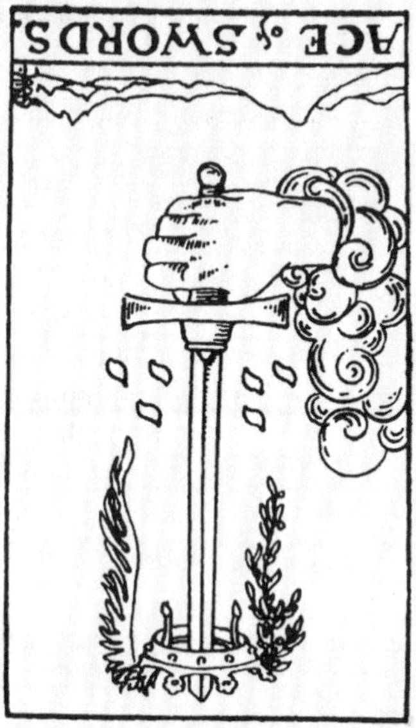

跟**權杖一逆位**一樣，**寶劍一逆位**也是勸告你「現在不要做這件事」。工作計畫可能會延誤、法院判決會對你不利，或是先前的努力最後會失敗。我們天生內建的「戰或逃」生物機制這個時候會跟你說「趕快逃！」如果武力攻擊和思考邏輯都失敗，請嘗試不同的方法：鑄劍為犁（或者說，將寶劍換成錢幣）（譯注：引申為化干戈為玉帛、停戰以求和平之意）。這張逆位牌也可以代表自我的謙卑臣服，亦即所謂：「不要成就我的意思，只要成就你的意思。」（譯注：語出《聖經》路加福音 22:42）

由於悲觀和缺乏自信，事情可能會出差錯。結果可能導致風元素（或火元素）特有的精神壓力和神經問題。精神的折磨或身體的疼痛可能會出現，比如偏頭痛或潰瘍，或是對於令你感到不安的想法一概否認。你可能很難清晰地思考，因此會出現寫作障礙或遇到無法化解的難題。

如果這張牌代表雙方結束敵對狀態，那可能是因為你認為這件事情注定會失敗。你會習慣性將攻擊投射在別人身上，認定是別人在攻擊你。你可能會發現自己以冷酷的事實真相和客觀為名，跟某人切割，或者覺得自己被別人切割。語言和邏輯也可能被拿來騙人。可能會跟權威的一方發生衝突抵觸。你可能會害怕被責罰，感覺自己像是「刀下魚肉」，尤其如果你不服從的話。

你可能會對某件事情設下限制，界定某個明確的影響範圍，或妥善保管某樣東西（就像那把石中劍一樣）。你也可能會拒絕對他人嘲諷或跟人打架，或是撤回和收回對別人的刻薄批評。雖然我們也許會認為這張牌應該是代表陽痿，但其實這張逆位牌在古老含義上是指受孕喔！

從薩滿巫術的角度來看，這張牌可能代表一次離開陽間、進入到下層世界的旅程。它也可以代表心靈手術，移除那些導致失衡和「不適」的對象（無論是象徵性的，還是具體實物），也代表用來跟謊言與欺瞞鬥法的精神武器。異世界之劍仍在湖泊、石頭、洞穴中沉睡，直到被英雄召喚而出，將正義帶回人間。

傳統逆位牌義：誹謗。災難。懲罰。暴政。不公不義。失去威權。破壞。障礙、阻礙。偏見。種子。精子。受孕。陽痿。

寶劍二（Two of Swords）

寶劍一代表只有一個想法，但**寶劍二**則是出現相互矛盾的觀點，而你正試圖在這兩種觀點之間維持公正無私的和平，來取得和諧或一致共識。這也意味著暫時停止敵對行動與批判，而且拒絕選邊站。你可能會參與外交談判，或藉由安撫和勸慰來緩和局面、平衡兩方。你所建立的這種平衡，有可能是雙方權力處於一種安定平衡狀態，也可能是互相僵持不下的局面，包括因為恐懼、猶豫不決或需要服從，而變成牆頭草。這是一種不穩定的和平，因為當中存在著微妙的權力拿捏。你可能會跟其他人結盟，以超越黨派的立場來爭取雙方互利互惠。相互衝突的想法或願景，需要靠溝通和公正無私的中庸之道來化解。不過，你也可能會關起門來，不想去看到或知道那些會破壞你自身平衡的東西。也許你害怕有人過度影響你。你的頭腦在進退兩難中掙扎，但你努力保護自己的心使它不被攻破。在意見南轅北轍的情況下，你往往會矛盾、優柔寡斷，不願全心全意投入其中，因此你可能無法拿定主意做出決定。你可能還在看風向，想要等待情勢有所變化才開始行動，也有可能只想拖延了事。由於想法南轅北轍，你可能需要靠直覺來做出決定。

傳統牌義：友誼、感情、和諧、溫柔。結盟。一致與平衡。危急時刻，需要勇氣和豪邁氣概。決鬥但不致命。緊張。權力平衡。協定。

寶劍二逆位

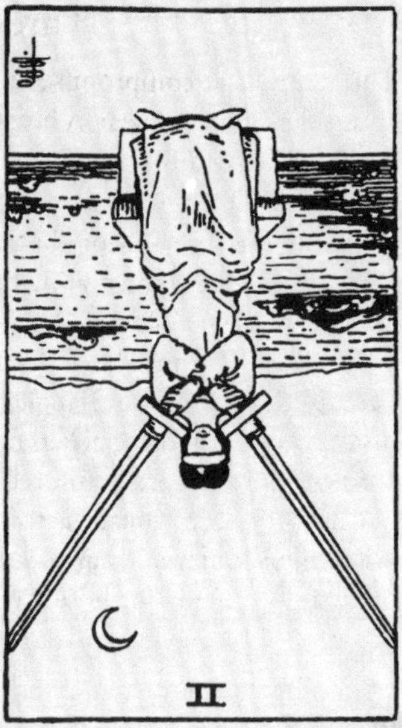

寶劍二逆位代表打破和平狀態並採取行動。忠誠可能會被分裂，不管有意或無意，最後都會導致謊言和欺騙。你可能感覺四分五裂，像身在拉鋸戰中，無法與自己和平相處。你可能在抗拒權力平衡，試圖製造麻煩、擾亂計畫，或者更恰當地說，你想要停止觀望，決定支持其中一方，不想再當騎牆派。或許你想打破那種得意自滿和表面和諧的狀態，撕開眼罩，看清那些令你困擾的問題，並實際採取行動。（你可能在懷疑，製造麻煩或做出違法行為是否真是什麼名譽或智慧之舉。）

偉特牌寶劍二逆位的圖案看起來像是一個圓規：圓規的兩臂最上端相連，將其中一臂置於中央，另一臂繞著這個中心點而走。其目的是畫出一個圓圈範圍；將事物封閉在一定範圍之內或圈在裡面。它跟正位牌所呈現的「分離但對等」的意象截然不同，逆位牌是相互對立的兩方同時被涵蓋在一個大整體裡面，最後形成一種內部的和平。從另一種極端情況來說，由於這是把對立的兩方限制或約束在某個範圍之內，以致對手也會變成像是假朋友一樣，但卻存在著背判的危險。（就平常生活而言，你可能單純只是想要限制一些令人討厭的事情，比如指定吸菸區和禁菸區。）

整體來說，寶劍二正位牌所說的那種雙方僵持不下的僵局，對逆位牌並不適用，但你也無法說他們是維持一種和諧關係。你可能在調解對立的雙方，或是認為他們真的很難應付、找不出共識。你會選邊站，但可能會選到錯的一方。你可以睜開眼睛看到真相，但它揭露出來的事實是，你一直活在一個謊言中。無論外部情況如何，似乎很快就會有更深層的真相被揭露出來。

從薩滿巫術的角度來看，這張牌是在告訴你，若你以為自己可以阻止動亂不發生，這樣的想法其實是荒謬的。作為一名心靈戰士，你必須勇敢走出去迎戰敵人，而那個敵人，或許就隱藏在那身斗篷之下，就是你自己的虛妄假面。

傳統逆位牌義：背信忘義、口是心非、謊言、欺騙。虛妄假面、假冒品。虛偽的朋友。被人背叛或被人欺騙的受害方。不名譽。決鬥。膚淺表面。分歧。斷交。

寶劍三（Three of Swords）

寶劍二的折衷妥協企圖失敗了，精神壓力大到不堪負荷。一顆心臟被劍刺穿，這個意象第一次出現在塔羅牌中，是在十五世紀後期的索拉布斯卡塔羅牌（Sola-Busca deck），由此可見，這張牌代表嫉妒、心痛、決裂的這個傳統含義由來已久。**三號牌**對應的是創造力與整合，但寶劍卻帶來不和諧，而且還以悲傷收場，這讓我們看到，要調解三個人或三種想法的不同需求有多麼困難。也許你的心很想要某樣東西，但你的頭腦跟你說不行。你可能覺得很不快樂然後自艾自憐。可能會出現三角戀愛、失敗的愛情或是分手。合夥關係可能會瓦解。不同的信念或寶劍牌特有的劍拔弩張、錯誤的溝通方式會帶來問題，引發情緒風暴。眼淚、指責和苛薄言語紛紛上場。有的時候是因為心中懷有強烈惡意使然。可能會有身體上的疼痛，或是外傷和手術。這張牌甚至帶有「一位修女」這個傳統含義，代表（在那個時代）違背自己意願而與家人和社會分離的人，或是一位獻身於基督悲心大業的人。從比較世俗的層面來說，你的心思可能沒有放在你的工作上或這段感情中，或是有人傷了你的心。平心而論，心碎確實激發出許多動人的藝術作品和優美的音樂。共同的痛苦感受也會讓人們產生深厚的情誼，帶來深刻洞見。而且，沒有什麼事情能像好好大哭一場這樣讓人痛快了。

傳統牌義：移除、離開。分離、分裂、破裂。反感。仇恨。不和。異議。吵架。本能直覺被誤用。病態。失去。眼淚。單戀。一位修女（比丘尼）。

寶劍三逆位

寶劍三逆位的出現，代表僥倖逃過一場災難，隨之而來的一種解脫感。這三把劍從心臟掉落出來，烏雲消散退去。你可以放下悲傷情緒，踏上復原旅程。舊傷口可能正在癒合，疼痛已逐漸減輕。手術可能根本沒有必要，或是大概只會有小手術。一場爭執之後，你正在收拾自己的情緒，並承擔起責任，而不是去指責別人。這張牌也可能代表你做出一個支持的承諾——無論是對朋友，還是對某個事業或組織。

不過，你可能也感覺到內心有一種無形的痛苦。你可能不想承認自己在嫉妒或悲傷，或是拒絕相信一段關係已經變質。這張牌也可以代表一個從不哭泣掉淚的人。

如果是將這張牌投射到另一個人身上，你可能會認為他們根本就是「戲劇女王」，反應過激，情緒超級浮誇，而這一直都是悲傷故事的根源。以最極端的情況來說，這張逆位牌代表永遠無法癒合的傷口；一直深陷其中將導致與人疏遠，最後崩潰。你可能會把自己遇到的麻煩歸咎於別人，拒絕承認自己也該負一份責任。

早期對這張逆位牌的解釋偏重於警告，代表災難會加劇。局勢可能會惡化，出現混亂、失序以及暴動。爭執會演變成暴力。你覺得自己彷彿心碎欲絕，痛苦到快要發瘋。

從薩滿巫術的角度來看，這張牌可以代表用來傷害別人的黑魔法、詛咒、巫毒，以及咒術。儘管我們的文化可能會看不起這些東西，覺得荒謬可笑，但原始部落民族都知道，惡願詛咒會為整個社區帶來很深的不安定與不和諧。在實體世界和想像世界同時設置起個人保護盾，可以幫助你阻擋惡意的傷害。你可能需要一位兼具智慧與愛心的治療師、薩滿巫師，或是心理顧問來協助你。

傳統逆位牌義：疏離、隱居、孤獨。瘋狂、發瘋。錯誤、迷亂、混亂、失序。疾病。爭執。戰爭。「你會在一次出遊中接受你同伴的追求，當你們再次出現在公眾面前時，這件事會讓你感到難為情」。[4]

寶劍四（Four of Swords）

如果**寶劍三**的壓力和痛苦沒有減輕，可能會影響到你的健康，像**寶劍四**描繪的一樣。為了逃避悲傷或釐清自己的思緒，你可能會一個人躲起來或一直睡覺。你可能希望暫時中止敵對狀態，從壓力中獲得一點喘息的機會，或是讓自己靜坐冥想或任意做夢幻想。從偉特牌的圖案我們看到，牆上掛著三把劍，然後有一個人躺在第四把劍上。表示你正在整理你的思緒、決定事情的先後順序，以此來解決你的精神壓力。也有可能，你會把多數問題先擱置一旁，而在潛意識中只處理一個問題。不過，那幾把懸掛在牆上的劍還是會給你帶來壓力。這段時間你可能正在自我觀察，寫出你的想法和夢想，也有可能你正被別人監視著。偉特牌圖案中的那面彩色玻璃窗上，一名祈求者跪在一個寫著 PAX（聖像）字樣光環的人面前，暗示著一種平靜的意識。這些細部圖案可能代表祈禱、尋求建議、希望得到一個具有威信的人物的幫助（比如醫生、律師、神職人員、上師或是亡靈等）。此外，這張牌也可能跟監禁、退休或和平主義有關。

在極少數情況下，這張牌代表死亡。有一名個案，是一位年長的俄羅斯籍學者，她打算萬一她病到無法自理時，會選擇自殺。對她而言，彩色玻璃上的圖案代表她希望她的孩子能夠理解並接受她的決定。

傳統牌義：孤獨、孤立、避難所。警戒。安靜。閉關、退隱、隱士生活。流放、放逐。遺棄。一座墳墓。疾病。暫時喘息。

寶劍四逆位

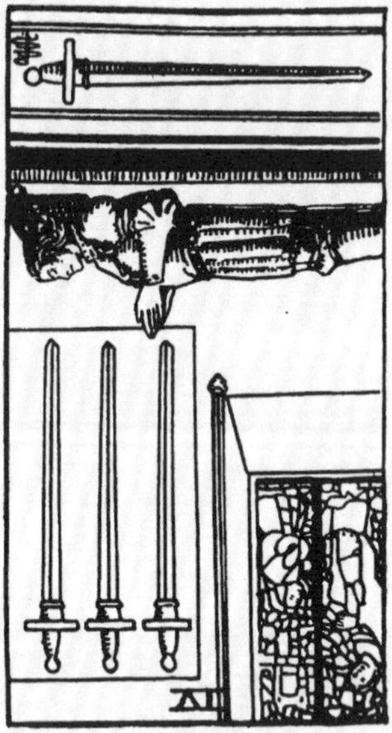

從偉特的逆位牌上，我們很容易就能看出，**寶劍三**那三把交叉的劍在**寶劍四**中變成平行的整齊排列。牌面上這個人現在似乎是從天花板往下看——就像在夢中或占卜時靈魂出竅一樣。你可能正從睡夢中醒來（無論是字面意思或隱喻），比以前看得更清楚、或是有了不同的視角。在度過一段祥和寧靜的時光之後，你開始要來解決問題了。也有可能，這張牌是代表你大病初癒。如果不是，那請思考一下，你是不是在拒絕他人的建言，或是沒有好好照顧自己。這張牌也可能代表你因為失眠或噩夢的干擾而無法好好休息。你現在可能準備要結束孤隱生活，重返人間塵世。事實上，這張牌也可說是一張「出獄牌」——或是離開任何一種形式的監禁或隔離。你可能會重返工作崗位，不然就是辭掉一份沒有出路的工作。

牌面上這個人也可能會掉入劍中。你可能因陷入某種困境「死角」，或因環境所逼而感到絕望無助。這張逆位牌的傳統含義是強調警戒謹慎。由於謹慎照顧、打理、和節儉理財，你可以補回先前生意上的損失、解決個人困難或是疾病痊癒。

如果你將這張牌投射到其他人身上，可能會認為他們永遠都是那麼美好、永遠完美無瑕，就像曾經叱吒一時但現已作古的領袖，或是一位暫時沉睡的英雄，會在時代需要他的時候甦醒。也有可能，你認為他們生性孤僻、生病，或是沒辦法或不願意提供幫助。也可能代表你對某人感到同情。

在薩滿巫術層面，這是一張代表夢境或靈魂出體的星光層界的牌。它描繪的是我們與內在指導靈或力量人物的連結，就像彩色玻璃窗畫的那名祈求者。也代表通靈或通靈能力。

傳統逆位牌義：節儉理財、管控支出。謹慎小心。預防措施。明智的管理。遠見。損失逐漸補回。和諧。同情。貪婪、貪心。

寶劍五（Five of Swords）

寶劍四的暫時喘息，到了**寶劍五**爆發打鬥場面。天空中那些破碎的鋸齒狀雲朵，正是情緒風暴的反照。頭腦意識（包括字面意義和抽象意義）再加上一連串的「事實」，打敗了溫情感受。你可能跟人起了爭執，就像偉特牌圖案的那三人當中的一個。最遠的那位似乎敗得很慘，心情沮喪。中間那個人很像半途走開了，或許是不願與人爭鬥。最前面那位似乎擊敗了他的對手；像食腐動物那樣，從別人的不幸中撿拾好處。我們在這裡同時看到了戰鬥者或敵對者的心態。你可能想挽救局面或是想要乾脆退出。溝通經常會破裂。你現在處理事情的原則也許符合正義與道德，卻缺乏善意和理解，或是可能涉及策略不公。思考變得支離破碎。你可能會感覺心思渙散或受到攻擊。或許你需要將一項大任務拆成幾個小任務。從另一方面來說，這種分割也可能會造成分歧、精神上的分裂或是負面思維。

這張牌基本上是屬於一種「沒有贏家」的局面——贏了一場小打鬥卻輸了整場戰爭——或是最後變成一個朋友都沒有、得不到任何支持。你看到的所有結果選項——從洋洋得意到覺得屈辱——似乎都沒有達到預期效果，什麼事情都沒解決。如果牌陣中有其他牌作為呼應，這張牌也可能代表家暴（或虐待）。

傳統牌義：輸了（損失）、毀壞、損壞、破壞。不幸、破敗。擊敗、擊潰、戰鬥。征服。羞恥、恥辱、屈辱。綁架。怨恨。存心刁難。誹謗。內賊。強暴、謀殺。

寶劍五逆位

這是少數幾張在傳統牌義解釋上，正位與逆位牌義相同的其中一張牌，不過逆位比正位多了殘殺或葬禮之後的哀痛感。「掩埋／埋葬」（bury）的意思是予以隱藏或保護——跟「打撈／挽救」（salvage）剛好相反。因此，逆位牌可能代表一件事情帶有潛

藏的誘發因素存在。比如說，當一個人經歷難以承受的痛苦，他的人格可能會分裂，然後次人格（潛隱人格）就會浮出，就像牌面中最前面那名霸凌者一樣，受害、受傷的部分會往內退縮，然後被埋藏在心靈深處。

另一個誘發因素是抽象的理想主義，它看重人本主義原則更勝過重視個人。如果有一群人，他們跟你的工作任務無關，你可能就不會去同情他們。一個抽象的信念（比如愛國

主義）可能會讓你只著眼於一個「真理」、問題或是任務，不管它是不是會給其他人帶來巨大痛苦。

這張逆位牌也可以代表「言歸於好」、結束衝突或消弭分歧。類似的概念，有一些以「re-」（再次）作為開頭的詞彙，比如 remorse／懊悔、regret／遺憾、revocation／撤回、reparation／彌補，也都可以用來解釋這張逆位牌。當積怨消除、隔閡化解，接下來就看能夠挽救些什麼。不再是劍的聚集，而是有機會聚集眾人之力，做出彌補、修復裂痕，或是判定彼此的責任義務歸屬。就像大多數植物在修剪後會更加茁壯，這張牌也反映了在失去和悲傷之後靈性成長的可能[5]。

寶劍五逆位的傳統含義也包括像一些以「dis-」為開頭的詞彙，比如 distress／苦惱、dismay／沮喪、disdain／鄙視。如果你是將這張牌投射到其他人身上，可能會覺得他們試圖要阻撓你做的事情。另一個角度來說，也可能代表你不想承認失敗。整體而言，無論正逆位，這張牌對於新創事業都不算好牌。它反而是建議你先去解決讓你傷腦筋的問題。可能會有背叛或不法行為被揭露出來。

從薩滿巫術的角度來說，這張牌若不是代表靈魂各部分分裂，就是指人死後靈魂到處遊蕩、漂泊無依。不管是哪一種情況，都代表此人可能需要協助。這張牌也可以代表葬禮儀式和改變氣候的魔法。

傳統逆位牌義：不幸、損失、麻煩。哀痛、痛苦、沮喪、悲傷。葬禮、埋葬。苦惱、灰心。悔恨。報仇。不利於開展新事業。

寶劍六（Six of Swords）

歷經**寶劍五**的艱辛局面後，你可能需要將自己暫時抽離，讓心情恢復平靜。**寶劍六**這張牌往往被稱為「水路之旅」，意謂任何一種形式的過渡或通行（變遷）。你可能正努力想辦法從困境中脫身，以求恢復和諧與心情上的平靜。你可能正在逃離某種危險，尋求安全的避難所，但這張牌也同樣可以代表假期旅行、愉快的航程或是調職。由於寶劍屬於風元素，對應心理精神層面，因此這張牌也可以指規劃你的心靈成長旅程，或是改變心念、換掉腦中的資料或素材。有時候它也暗示著可能正在祕密規劃某個出逃行動。

這張牌也可以代表一種需要跟目標對象保持距離的科學理性思維。每一個牌組的六號牌都是代表共同合作，強調辨識事物之間的關係與模式的重要性。暫時遠離動盪和紛擾，去到一個比較平靜的地方，你或許就能獲得不同的視野，讓自己更客觀。偉特牌圖案描繪的就是對於你這種努力的支持。此外，這張牌也可能代表你對別人的權益福祉展現出一種人道關懷的胸襟。牌面上這三個人物，你認為哪一個最能代表你，就能看出你目前的心態和處境狀態。同時也代表你有機會可以選擇自己要用什麼樣的想法和觀點去看事情。需要清晰的溝通，而且願意付出心力，才能真正理解他人的觀點。

傳統牌義：道路、路徑、通道。手段、方法、路線。列隊前進。旅行、航行、假期。使節、使者或訪客。追蹤、跡象。依賴別人。嘗試新的目標和方法。努力克服困難。

寶劍六逆位

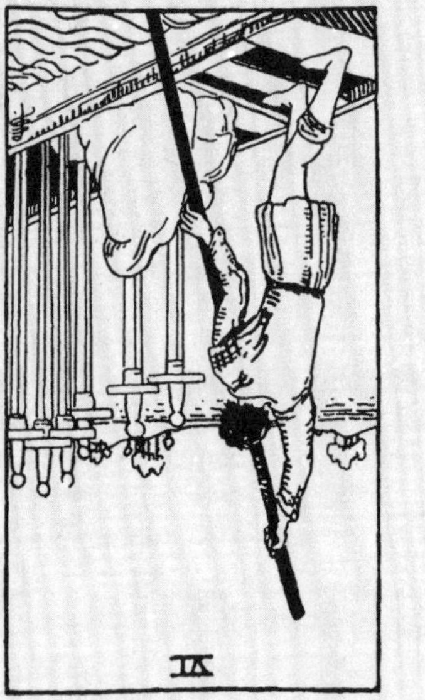

寶劍六逆位出現，代表你可能無法離開眼前的艱難處境，或是在抗拒新的觀點。也許你在精神上和肉體上都被困住了。你可能會拒絕一次旅遊行程，或是一點都不想動。更極端的情況是，你會變成廣場恐懼症，害怕開放空間、害怕接觸人群。事情可能會有延誤、計畫可能會變更，或是貨品運送會出問題。可能會發生水災、與水有關的困難、被水嗆到或溺水，或是你感覺自己在逆流而上。祕密活動可能會被揭發，比如在邊境被捕。你可能會認為自己只剩死路一條。這張牌也可能單純意指從外地旅遊歸來，可能還受了一些文化衝擊。

由於固守岸邊、只待在淺灘區，代表你可能害怕全心投入某件事，不敢更進一步。你可能會曲解別人的觀點，固守自己的偏見來保有安全感，主觀地根據自己的內在感覺來解釋每一件事情，不去向外部求證。

如果你是將這張牌投射到其他人身上，可能會認為他們正在「跳船」，棄你於不顧。或是你覺得他們的思想似乎不知變通，不肯退讓、不願意對你妥協。固執於未經檢驗的信念和偏見是相當危險的。在傳統含義上，這張逆位牌也暗示著，你因為某件被公開洩露的祕密、或是被不喜歡的人求婚，而感到很不開心。這些事情可能會迫使你改變計畫，或是覺得需要趕快逃走。從另一個角度來解釋，代表這趟旅程可能是內在的，而不是外在的，比如使用引導式觀想的方式用神識遊歷，或是坐在椅子上神遊旅行。

面對沒有前景的未來，你可能會出現過度補償心理，變成冷漠以對、不去關心這件事，而不願直接去面對困難。如果心理補償不足，你就會變成陷入兩難，在恐懼和猶豫不決當中糾纏不已。

從薩滿巫術層面來說，這也是一張代表冥界旅行的牌，意指有需要進行靈魂復原或接受靈療，或是需要開啟靈視看一下前世和來世——通常會出現沿著時間之河旅行的心象畫面。尤其如果牌面上這三個人都出現更好，因為他們分別代表本我、內在小孩，以及靈魂嚮導。

傳統逆位牌義：被不喜歡的人求婚。公開揭露、披露、招供、洩露。詫異。被診斷出疾病。因為事情被洩露而改變計畫。因為一次公開表態而聲名大噪或臭名遠揚。

寶劍七（Seven of Swords）

在**寶劍六**以具體行動逃離危險後，接著來到**寶劍七**，你提升了自己的價值，也重新取回失去的東西——像〇〇七詹姆斯·龐德一樣。這張牌主要是在講心智頭腦的考驗，以及運用戰略技能來應對挑戰。你可能會遇到一個要求祕密行動的危險情境，你的行動要不是很堅決，就是搖擺不定。理想化的目標可能會讓你將所有手段都合理化，包括使用詭計。聰明才智可以用來解除對方的武裝，敏捷的心思可以突破對方的防線。這張牌在現代解釋上是強調徒勞無功、欺騙、背信忘義，以及推託閃避，而早期的傳統解釋則是強調，儘管內心感到不安，依然以恆心毅力來面對。這張牌的含義範圍非常廣，從資料搜集研究、擬定戰略、做好妥善準備，到從事間諜活動、欺騙、逃跑，都可以解釋。若是跟「騙局、圈套」有關，這張牌顯示你可能會「偷偷摸摸不告而別」，或是迴避你不想面對的事情。

你可能是在收集點子想法、為某個工作計畫進行資料的收集研究，或是為了自身利益去操弄事情的最終結果。插在地上的劍可能代表分配任務或物品，或是被深深植入腦中、根深柢固的觀念想法。可能代表你點子想法很多，也可能代表你在推諉逃避。這張牌也經常暗示可能有感情上的不忠和出軌。信任感可能會被打破，完整性會被破壞，就像圖中的劍分散成好幾堆；也可能代表，你跟人私奔。相對於前一張牌的水路之旅，這張牌暗示著這趟旅程是走陸路，也可能是不能公開的祕密行程。

傳統牌義：希望、願望、心願。新計畫。動機意圖。發誓。企圖。恆心毅力。對自己的努力有信心。以力量對抗不安。根據權利而提出要求。偷竊。背叛。窮愁無計。不可能達到的夢想。陸路旅行。

寶劍七逆位

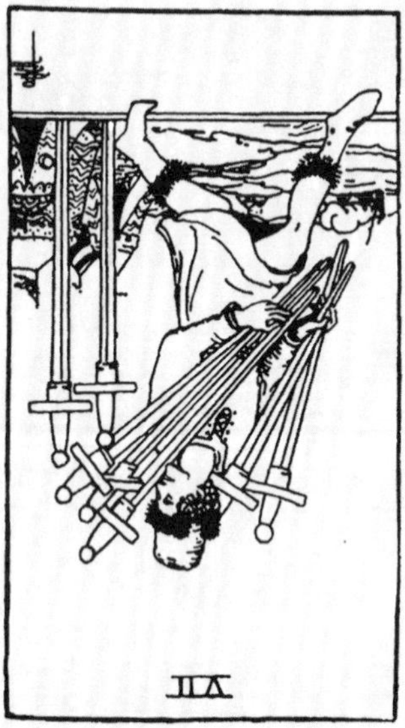

出現**寶劍七逆位**，你可能會因為害怕被抓包而變得更加謹慎保守。或許你太過老實，不想要做那些不三不四的事情，因此無法成功，或是因為根本無心而不願意聽取好的建議。還有，你會選擇趨吉避凶。你可能會否認自己做出的可恥行為。可能會推翻先前的計畫和安排。不老實或欺騙的行為可能會被揭露。從相反面向來說，也代表你可能非常大方表露自己，來證明你沒有隱瞞任何事情。

你可能一方面很想要什麼東西，但一方面又害怕受傷，內心因此陷入衝突。如果自信心不夠，又對別人有妒意，你可能不會公開行動，但轉而使用狡猾手段，偷偷在背後操弄。不過，這也許是你公開表明心意、開誠布公的時候了，不需要繼續帶著恐懼，過著惶惶不安的生活。

另一種解釋是，這張牌可能代表你重返某個意外事件現場、回到舊地取回某樣東西，或是去幫助另一個人。也代表先前被偷的東西有機會回到你手上。你可能正在檢視過去的行為，來確認哪裡出了問題（類似戒酒協會的「十二部曲／Twelve-Step program」，藉此過程為自己過去犯下的錯誤請求原諒，並做出彌補）。你可能會對某人提出建議或警告，或提醒他們該注意那些被忽略的事情。你甚至可能在祕密培訓一群人某些技能或從事祕密研究。

如果將這張牌投射到其他人身上，你認為他們可能是小偷、會背刺你，或是利用操縱手法來獲得他們想要的東西。不過，你也可能讓他們來利用你，自掘墳墓，陷自己於險境。

從薩滿巫術層面來說，這是一張代表「入門啟蒙」的牌，利用鬼祟行動、詭計或是偷竊行為，來作為神聖儀式或入門考驗的一部分。啟蒙者會向入門受試者解釋神聖奧義，以及聖界咒語和符號如何使用。

傳統逆位牌義：指引、建議、警告、告誡。新聞、公告。明智的建議、忠言（但不一定會被採納）。審慎、謹慎。誹謗。爭議。一時的挫折。

寶劍八（Eight of Swords）

寶劍八這張牌講的是受到束縛；也是指絕望無助的受害者，或等待英雄救美的少女。因為發生**寶劍七**的事情之後，你能做的選擇已經不多。你可能會面臨公開批判、或是肉體上真的動彈不得、感官敏銳度變差的危險。你感覺自己的雙手被綁住；不過，更可能為你帶來阻礙的，其實是你在扯自己後腿、批判自己。思想中途被扼殺或發生短路。雖然你想弄清真相、看清事實或運用你的天生直覺，但是會遇到干擾。理性可能會妨礙別種類型的內在洞察。

你可能對於如何在某個特殊地形中前進缺乏技能或知識。請注意，偉特牌中那位女士，捆在她身上的繩帶是鬆的，而且她的雙腳也沒有被綁住。這表示，是你強加給自己的觀念束縛了你，而不是客觀環境限制了你。如果你願意自己積極採取行動，或許就能離開那個環境。你可能跟脫逃術大師胡迪尼（Houdini）一樣，喜歡接受挑戰，從極為困難、幾乎不可能脫逃的情境中成功逃生。另一種解釋，是將這張牌比作共濟會的啟蒙入會儀式，因為追求靈性智慧的人必先經歷犧牲和嚴峻考驗。你可能感覺自己受困於黑暗中，被各種危險包圍。或許得先經歷絕望無助和放棄，或是經過沉思之後默默做出決定，才被迫打開你的內在眼睛。這可能是對於你的創意智慧、信任感以及信念的一種考驗。如果牌陣中有其他牌作為呼應，也可能代表跟審判、坐牢，或其他跟束縛有關的問題。

傳統牌義：危機、災難。狀況很危急或麻煩很大。譴責和審查。註解、結語。訴訟。批判。監禁。住院。意外事故。來自所有人的輕蔑和侮辱。

寶劍八逆位

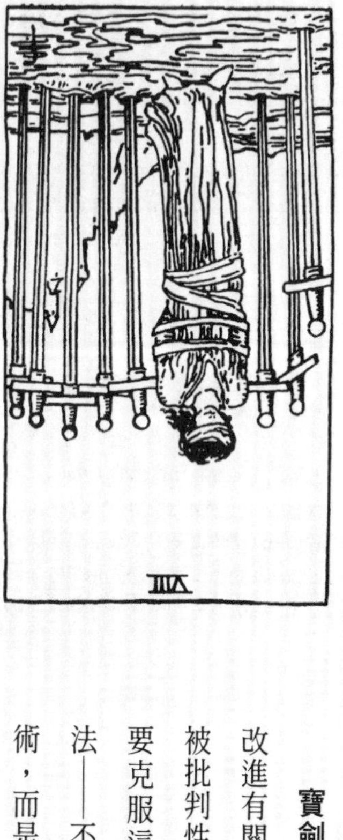

寶劍八逆位這張牌跟重新評估和改進有關——這兩種能力在正位牌中被批判性思維或外在環境限制住了。要克服這些限制，可能需要一點魔法——不是胡迪尼大師的那種舞台魔術，而是真正的魔法。英國女演員佛羅倫絲・法爾（Florence Farr）對魔法的定義是：「打破尋常經驗的限制」，理查・卡文迪什（Richard Cavendish）的定義是：「能夠超越人類一切限制的那股力量」[6]。伊特拉則認為這張逆位牌代表命運、天意，以及預先注定的事是可以被超越的[7]。

幸好，因為逆位，所以運用創意巧思和即興創作來去除障礙的可能性大大增加了。你可能正在突破某種束縛，包括社會強加的限制。束縛可能是暫時的，但也可能是另一種極端情況，如果有明顯合理的理由證明你認為自己受到迫害，那麼這些束縛可能會變得令人無法忍受。你也許會因為害怕成功，而扯自己後腿，做出自我破壞的行為。你也可能在隱藏自己的才能，但這種謙卑卻是假的。

你可能因為被某人騙了，而陷入眼前的困境。寶劍牌也暗示著，對於那些想要說服人的觀念、論點或事實非常敏感。有一名問卜者認為，這張牌代表不想看到或聽到醫生說她母親快要死了；確實，她母親後來活得好好的。

如果你是將這張牌投射到其他人身上，可能認為他們自認為受害者，為每件事情找藉口，因此把事情搞得一團糟。或者，你認為他們是害你惹上麻煩的騙子。

從薩滿巫術的角度來看，這也是對於啟蒙傳統來說很重要的一張牌，因為它顯示出這些考驗不在於技巧高低，而在於受試者的信念和信賴度如何。這可能是一場攸關耐力和心理素質強度的考驗，而且是透過非實體感官來做靈魂的接觸。克勞利稱這張牌帶有「神祕主義的傾向」。它也可以代表斬斷情感聯繫或「精神能量繩索」(psychic cords)。在極少數情況下，這張牌甚至意指發現外星人綁架事件。

傳統逆位牌義：天命。命運、不幸、事故、危險。詫異。極為困難和艱苦的工作。精神抑鬱。不幸中的大幸。過去曾有異心。

寶劍九（Nine of Swords）

寶劍八的危機變成了絕望，指責變成了羞恥，盲目無知變成了殘酷之行。在**寶劍九**這張牌，我們看到了抑鬱、痛苦、內疚、恐懼，還有悔恨——所有會讓你頹喪疲憊的精神折磨都出現了。這張牌也可能代表失眠和噩夢、靈魂的暗夜，或是受傷和生病。一切似乎都失敗了、也失去了，尤其這又是因為你自己的缺點和處置失當造成的。你無法爬出失敗沮喪的深淵、向上振作，絕望感讓你心中惶惶不安、無法平靜。你感覺死亡之劍就懸掛在你頭上，隨時都可能落下。但從另一個角度來說，拼布棉被上的玫瑰圖案也暗示著你的生活中還有一塊溫暖舒適的地方，十二星座圖案則代表時間會治癒一切。

從世俗生活層面來說，寶劍十可能代表熱潮紅和盜汗，或是暫時性的低潮。你可能覺得悲觀厭世，而且總是習慣性地憂悶沉思，或把事情往最壞的方向去想，而且不知道自己該怎麼做才好。比如說，你可能發現一個讓你痛苦的事實、擔心意外懷孕，或是發現自己生了某種病。你可能會因失去和改變而哀傷，或因傷害了某人而感到痛苦。

跟其他的**九號牌**一樣，**寶劍九**也帶有一種孤獨感和與世隔絕感，這可能跟十八世紀時把這張牌解釋為獨身禁慾和修道生活有關。同樣的，這張牌更古老的含義是代表對宗教的虔誠與奉獻，也可能跟良心和懺悔有關。

傳統牌義：獨身禁慾。教士、僧侶、隱士。修道院。邪教。虔誠、奉獻。良心。真誠信實、正直。典禮、儀式。哀傷。流產。結局。失望。危險、懷疑、痛苦。悲傷。遭受道德上的譴責。與世隔絕。不公不義、仇恨、嫉妒。

寶劍九逆位

寶劍九逆位可以代表走出抑鬱。噩夢已經結束，情況正在好轉。真心的告解減輕了你的內疚和自責。你開始讓自己走出自怨自艾。不過，若說要鍥而不捨將一項工作進行到底，你可能還缺了一點信心和精神力氣。

你可能會否認自己有羞恥、抑鬱、孤獨的感覺，你的態度不是反抗、就是強烈否認。或者，對於你的失落，你會出現一種延遲反應。如果牌陣中有其他牌作為呼應，那你可能要去檢視一下，是不是已經出現長期的、非常嚴重的，而且可能帶有危險性的憂鬱症，而你自己卻不願意承認。

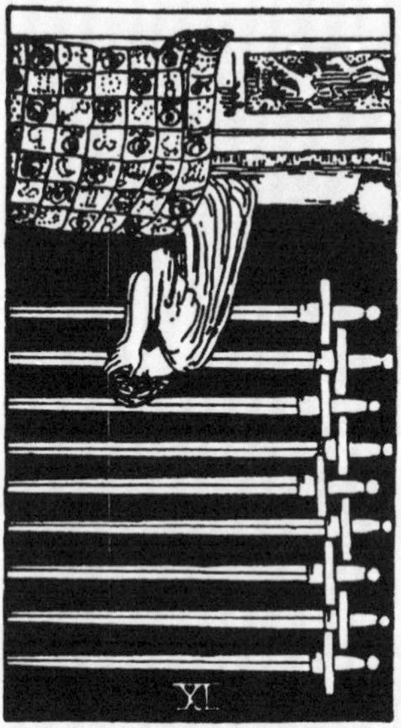

從另一個角度來說，這張牌也可以代表心理陰影的治療或靈性的自我省思，包括願意探索你的恐懼和自我仇恨心理。有一名問卜者來找我解牌，他之前做了一個夢，夢見順著

一道像是用一整排劍鋪成的樓梯一路往下走，進入到一個地下室，裡面全部塞滿了他需要面對的恐懼。所以，抽到這張牌，也代表你可能有了契機，可以去面對你的恐懼。

你的焦慮可能是合理的，懷疑也是有道理的。因此，你確實「有權利」悲傷或痛苦。你可能在躲避什麼危險，不想跟哪個認識的凶神惡煞碰到面。如果你是八卦流言的主角，而且你也因此而譴責批判自己，你可能會躲開眾人視線，避免面對其他人。另一種情況是，你覺得自己受到不公平對待，你想重建自己的聲譽。

如果你是將這張牌投射到其他人身上，可能會認為此人心懷恐懼、心情失望沮喪、執著於病態幻想。這張逆位牌也可能代表一個霸凌別人的人或是施虐者，他口口聲聲說自己很後悔，但很可能會再次出手打人。

以薩滿巫術層面來說，這張牌代表「童男或童女的死亡」、害怕被肢解而死亡、跟未知世界的一次可怕相遇，或是打破禁忌——這些都是啟蒙考驗的重要內容。

傳統逆位牌義：八卦流言。合理的反抗。合理的恐懼或懷疑。羞愧、恥辱、汙名。謠言。靈性掙扎。小心翼翼。

寶劍十（Ten of Swords）

一般情況下，**寶劍十**的處境並沒有像**寶劍九**那麼艱難。克勞利指出，**寶劍十**指的是集體的精神錯亂，而不是個人層次的瘋狂與折磨。你可能來到一種暴力和殺戮都已經超過極限的狀態，這種災難已經不是屬於個人層次了。你過去一直深深相信某個人，但那人卻背叛了你，現在是你放手的時候了。

不過，這張牌的出現確實也代表個人的挫敗、失敗、倒閉。可能會失去健康、財富、地位或榮譽。你的人生可能真的不幸到了極點、已來到窮途末路，或是被困在理智的死胡同裡走不出來。可能有人從背後捅你一刀。這張牌也代表會有改變和新的可能性出現。整體而言，你會放棄掙扎，接受不可避免之事，而且你會把自己交給神、交給命運或環境。過去的信念和思維模式已經沒有用了；老舊的思考方式也不復存在。雖然看起來好像相當淒慘，卻也是一種釋放、一種紓解、一種結束，就像瑜伽課結束時必做的「攤屍式」。掙扎對你完全沒有意義。

你可能有背部方面的毛病，或是正在看針灸師。你可能已經筋疲力盡、身體生病，或是生活刻板乏味。雖然你可以客觀看清所有事實，但一切已成定局，沒什麼意義了。如果你願意放下舊包袱，繼續往前走，嶄新的日子就會到來。

傳統牌義：苦惱、眼淚。淒涼。抱怨、委屈、懊惱。悲傷、痛苦、悲痛。筋疲力竭。結束。失敗。社會和經濟條件的改變。無法預知的不幸。信心破滅。失去朋友。敵人。

寶劍十逆位

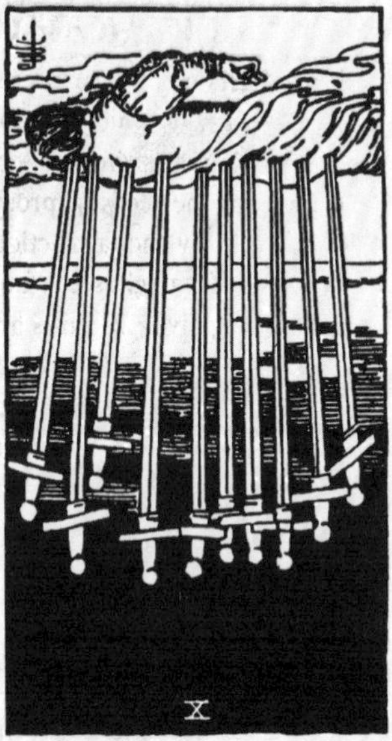

寶劍十逆位預示了復原與重生。牌面上的十把劍看起來像是從這個人的背部往下掉，黑暗也逐漸退去。黃色地平線上是一片蔚藍的天。你已經度過難關、平安脫險，事情正在好轉，但你可能感覺自己像是大難不死的生還者。解脫束縛與振奮人心的大躍進即將到來。壓力得到舒緩，就像暴風雨過後天氣一片晴朗，因為你已經放下對於頭腦理智的要求。最壞、最艱難的處境已經過去。如果你的疾病剛剛康復，病症還是有可能復發。另一種情況是，你會有反覆出現的健康問題，尤其是背部、慢性疲勞、狼瘡或免疫系統的毛病。

你可能還是會自我懷疑和有自卑心理，讓你剛剛得到的成果變得有點不穩定。你可能對未來還是會擔心，「如坐針氈」。有一個女士對這張逆位牌的解釋是，她覺得自己像是躺在一張釘子床上，為過去所犯的錯誤贖罪，就像俗話說的：「自食惡果，自作自受。」另一個人覺得，這張牌是在告訴他，該離開那張令人痛苦的釘子床，不要再自怨自艾了。雖然逆境會翻轉，但是對於過去痛苦經驗的反應，可能還是多少會阻礙你前進的腳步。

你可能正致力於修補你計畫中或防禦動作中的薄弱之處。有些時候，你可能會否認問題的嚴重性。也有可能你會拒絕放手。

如果這張牌代表你對他人的投射，可能認為他們是無用之人，或是認為他們就是需要被犧牲。你甚至可能認為他們罪有應得，反正「弱肉強食，適者才能生存」。

在薩滿巫術層面，這張牌可能代表靈魂出體——進入夢境、星際旅行，或瀕死經驗中。在啟蒙儀式上，它指的是經歷考驗磨難，包括儀式上的殺戮、肢解或是物質形態解體等等，藉由此儀式過程來獲得新生。你必須臣服於這個新的狀態，即使你對這個狀態一無所知。

傳統逆位牌義：暫時的好處、恩惠、利益。恩典、仁慈。權力、權威、影響力。暫時的收穫。順利通過關卡。收益。些許進步。意外之財或工作升遷。復原。

錢幣1（Ace of Pentacles）

錢幣一代表會有人提供你有形物質層面新的機會，為你帶來財運。可能是接到一份工作或計畫案，可能是加薪或職務晉升。接受這個新機會不僅帶來實質報酬，也帶來了責任。這張牌包含了代表繁榮、舒適、快樂和安全的種子，以及隨著種子生長而得到的歡喜和滿足。如此美好的景象，不想繼續維持下去的人，大概是傻瓜吧。有些占卜師認為，這張牌的能量甚至可以削弱它附近陣位帶有負面情緒的牌。偉特牌的圖案暗示著，物質上的收穫會讓你更加固守於花園的安全範圍內，只在住家附近活動，而不是去探索未知領域。不過，花園大門朝著代表靈性渴望的山脈敞開，這是在提醒你，物質享受可能會讓你離開那條較為艱難險峻、但亦可帶來精神報償的路。這兩條路都會帶來它們各自的黃金。錢幣牌組代表你勞動後得到的果實，是你在其他牌組辛勤耕耘之後的結果。你獲得賞金、贏得獎牌，並品嚐你努力後的成果。

這是一張代表身體健康和物質豐盛的牌。它也要求你要敬重和珍惜你的有形資源，包括你的健康、財產，以及技術技能。有時候這張牌也指遺產、禮物、工作機會或其他意外之財。

傳統牌義：心滿意足、幸福、快樂。財富豐盛。意外發財。令人著迷、狂喜、愉悅、滿足。成就。全方位的日光療法；黃金。一個「財運護身符」。

錢幣一逆位

根據傳統含義，即使是逆位，也不會減少這張牌的強大運勢。事實上，反而優勢還會加倍擴大——小發財變成大富翁；沒什麼價值的小玩意兒變成無價之寶；每一樣東西都變成黃金。不過，這有點像「點石成金」的詛咒（譯注：Midas touch，出自希臘神話邁達斯國王點石成金的故事）。你可能因為太過於追求物質利益，最後所有東西都淪為一種個人占有物，而且用它的珍貴度和價格來判斷其價值。

你可能很怕自己沒有那些東西不行，以致緊緊抱著那些利益不放，拒絕跟別人分享，因而變得貪婪無度。一旦你害怕失去，你的選擇就變少了。這種執有的心態會導致資源無法有效利用、資金流轉不通暢。身體上你會失去機動性和靈活性，因此，出現這張逆位牌，你可能需要多多關注身體或物質層面的問題。

由於錢幣的外觀看起來像輪子，代表你可能會陷入一種枯燥乏味、一成不變的窘境。你可能會拒絕一個機會，因為它「好到令人無法相信」，或是，你懷疑它是否會為你帶來你不喜歡的限制。一些像是付款、合適的工作，或是材料運送方面，可能會有所延遲或出狀況。這張逆位牌也可以代表「檯面下」的交易（賄賂、走後門）。從另一個角度來說，**錢幣一逆位**也可能是在暗示你，要用比較輕鬆的態度去看待這些東西，不要太執著，因為「那不過就是錢罷了」。

從薩滿巫術和魔法的角度來看，這是一個含義非常豐富的意象。與錢幣（五角星）圖案相關的奧祕箴言是：「保持沉默」，以保留和集中魔法能量。這個錢幣看起來像是整個黏在手上，不免讓人聯想到柏油娃娃（Tar Baby）這則民間故事的主題，一隻兔子因為貪心和憤怒而讓自己整個身體都黏在一個柏油娃娃上。位於你掌心的能量中心可以用來幫你吸收能量。在薩滿療法中，薩滿巫士也會在進行心靈手術時使用這樣的磁吸力。最後，我們看到的是煉金術的黃金意象——隱藏在物質中的大靈。

傳統逆位牌義：尋找寶藏。財富。金銀財寶。利潤收益。富裕。有錢但是不快樂。稀有珍貴。總數。本金。資金。浪費。貪心、吝嗇、貪婪。唯物主義。腐蝕人心的財富。愚人金（譯注：也就是黃鐵礦，意指看起來像黃金但其實毫不值錢的礦物，比喻初看喜歡，但其實不值得追求的人事物）。

錢幣二（Two of Pentacles）

錢幣二，代表你得到的東西可能會翻倍——很可能它給你帶來的驚喜多於快樂。就像俗話說的「錢滾錢」，前提是這個錢要不停流通運轉，用錢來換取物品和服務的交易不能中斷。因此，這張牌也代表商業活動，特別是指市場的波動。**二號牌**通常代表選擇，這張**錢幣二**則是代表你想要「魚與熊掌兩者兼得」。可能需要耍點花招、反應迅速，才能同時做好幾件事情——比如，做兩份工作、跟兩個人談戀愛、擁有兩份事業，或是工作與娛樂兼顧。《和平之母塔羅牌》的**錢幣二**就畫了一名女性手上抱著正在吸奶的雙胞胎——很開心也很辛苦。懂得靈活變通有助於改變，但往往會讓你太專注於過程而不在乎結果。歐洲大陸對於這張牌的解釋，是強調處理多重複雜問題的困難度，或是得失盈虧的起起伏伏。現代解釋則是希望我們能夠享受旅途的過程，而不必擔心最終目的地，因此強調玩耍、歡樂、娛樂、練習，而且經常建議你去度個假。在偉特牌圖案中的那兩艘船，將旅程這個主題具體畫出來了，尤其又結合了商業活動，完整描繪出「掌穩船舵航行於洶湧大海」的景象。因為起伏不定、混亂或其他可能的困難，會造成難堪的局面——比如財務出問題。以最壞的情況來說，你可能會陷入某種辛苦累人的循環之中，感到筋疲力盡。

傳統牌義：難以展開新計畫。阻礙、障礙、阻力、困難。困惑、糾結、躁動不安、進退兩難。擔憂。難堪的局面。訂定契約或商務交流。大眾歡迎度。前後不一。

錢幣二逆位

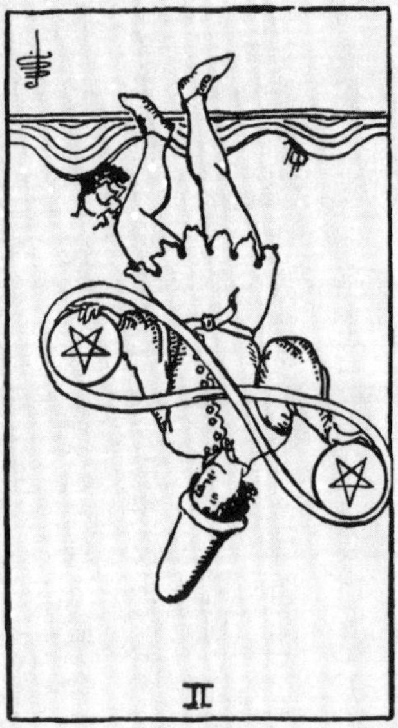

這是一張「繁文縟節」或「熱搜新聞」牌。你可能會被困在一堆煩人的表格、文書工作、檔案和電子郵件中。訊息進來的速度比古董電報紙條跑得還要快，資料數據不斷累積，多到你幾乎無法處理。你可能正在努力不要讓訊息過載，或是正在處理電腦當機的問題。或者，你可能正在試著評估那些相互矛盾的數據，比如股市指數或政治民意調查。一條棘手的內線消息或股票市場的操作，可能就會讓你有如坐雲霄飛車，心情七上八下。要小心喔，因為這樣別人就可以輕易影響你。你可能已經改變了你的觀點，但外部看起來還不是很明顯。

這張牌早期的含義是強調文學能力，但更像指新聞從業人員和約僱寫作者，根據作品完成的速度和數量來賺取報酬。你可能正想要把一份稿子或提案寄給出版社，或是在辦公室傳閱一份商務便箋。這張牌的解釋之所以會跟文字和寫作有關，是因為早年的塔羅牌出版商會將他們的名字和出版日期印在一條絲帶上，絲帶的設計是前後兩端各繫著一枚硬幣。因此，這張牌也代表你可能正在進行某種促銷活動或廣告。

這張逆位牌最壞的情況是，財務上或是跟資訊有關的問題會變得一發不可收拾。當你想要假裝一切都很好、都沒問題，就會做出瘋狂的行徑。這有點在影射當年羅馬大火時，尼祿皇帝還在裝悠閒彈著七弦琴。如果你是將這張牌投射到其他人身上，可能會認為他們很輕佻妄動、優柔寡斷，或是一個人做太多事，卻一事無成。也代表能量的起伏波動。你可能覺得自己被繁重無聊的重複性工作困住了。玩樂變得乏味；笑話也了無新意。

從薩滿巫術的角度來看，這張牌可以代表小丑、詭術師、或是男／女異裝癖者，他們會刻意模仿一些人物，或拿社會議題開玩笑，讓人們去關注失衡的地方。單腳站立或一隻腿跛腳，是薩滿巫士的標準特有裝扮，代表神力的錐形帽也是。

傳統逆位牌義：票證、文件、文書工作。文學能力、學習。字母、手稿。信件、消息、論文。商務通訊。嚴重財務困境和流弊。天真無知。不公正。強顏歡笑。

錢幣三（Three of Pentacles）

在**錢幣二**奮力讓事情順利持續進行之後，你現在得到了其他人的幫助。在偉特牌圖案中，我們看到有一個團隊正在參與教堂或寺廟的建造，包括委派工作的修道院院長（或寺廟住持）、手上拿著營建計畫書的建築師，以及技術精湛的工匠師傅。每一個人都致力完成被指定的任務，但這三個人必須協調一致、共同合作才能完成此項工作——這本身就是一種本事。此外，制定周密的計畫以及遵循指示的能力也幫了大忙。這張牌可以代表各式各樣的受僱情況，包括同心協力完成一項工作任務、技術才能的發揮、進行工作簡報、示範工作流程、評估與找出缺點、約僱工作，或是以物易物和交易。若是作為一張代表技術工藝或學徒制的牌，重點則是放在自我提升以及關鍵人物的贊助或支持。你目前可能需要透過測驗或提供作品來證明你在工作上的專業知識。從較深層的含義來說，這張牌是意謂將神聖性實體化、來自精神本源的助力，或是某種身分地位和階級的提升。你似乎正在創造一件價值不菲的東西，需要注重美感和細節。你可能需要改進或翻新，為此你需要發揮你的才能和技術，當然還有勤勉努力。在極少數情況下，這張牌也可能代表負責送達或接收一張傳票。

傳統牌義：階級和權力。重要人物、貴族、名人。無比崇高。名聲、名望、名流。一項事業開始獲利。很多小開銷。考試成功。

錢幣三逆位

錢幣三逆位的牌面意象看起來像是正在挖洞，或是陷落到地下室裡面。你可能會遇到跟工作有關的問題。可能會失業——無論這對你來說是問題還是解脫。面試和簡報很不順利，或是你主動拒絕一項工作機會（或捐助）。你跟同事或上司之間可能出了問題。你覺得自己沒被看見和不受重視。工作計畫和圖表可能有多處錯誤。某件東西可能會壞掉或受損。因為年紀輕又缺乏經驗，可能導致工作態度馬虎和拖延，或是不願意問別人、不願意找人幫助。有時候你可能認為自己很普通、很平庸，甚至覺得自卑。你的努力可能並不突出或是被視而不見，也可能你覺得這份工作很無聊。你可能被小材大用或大材小用。如果有人要來對你評量工作，那你一定會被批評。

支助支持可能會被收回或有所欠缺。從另一個角度來說，老闆可能會要求你做一些不誠實或危險的事情。你可能會發現自己在某個議題上獨自逆風，跟大多數人意見不同。廢棄物的處理可能會是個困難。這張牌也可能代表某個陰謀策畫想要破壞某個基礎、根基或成就，甚至是一種有計畫的破壞行動。

你可能很難擠出新鮮的、有創意的想法。你可能會因為被其他人超越而感到緊張。如果你是將這張牌投射到其他人身上，可能會認為他們心不甘情不願、工作沒有效率或是沒有能力。要注意工作成就被貶低的傾向，或是你會輕視自己的或別人的工作。不妨思考一下，你視為餬口的工作中存在著什麼樣無形的價值，以及你現在做的事情是不是你真正熱愛的工作。

在魔法和薩滿巫術的層次上，這是一張意義重大的牌。它類似眾大師的聚會，讓人想起在塵世人間創造天堂的「偉大事工」。它可以代表在潛意識（無意識）、下層世界或想像世界中修練——建造內部結構，或使用神祕圖形作為內觀或內在旅行的地圖。或許，你正在跟你內在的嚮導或老師會面也說不定。

傳統逆位牌義：幼稚、輕浮。縮減、渺小、微小、默默無聞。平凡普通、平庸、品質低落。冷漠、懶惰、邋遢。資金短缺。危險的、不確定的。浪費、奢侈。

錢幣四（Four of Pentacles）

錢幣三的建構工作，在**錢幣四**中以實體物品和權勢力量的形式鞏固。在現代塔羅套牌中，這張牌的重點是放在資源的掌控與保護，以及安定穩固和設置邊界。不過，也可能代表你在情感關係中有所保留、不願付出。從另一個角度來說，傳統解釋是強調善良和慷慨，但依據現代思維，這也可能是一種自私自利的表現。你可能把全部精力都投注在積累有形物質財產、權勢力量以及財富上，而且確保你能長久擁有它們。這張牌可意指退休金和儲蓄計畫或投資，或是確立商業或政治版圖；安心保障是最重要的考量。這張牌也被稱為「守財奴牌」，它是在影射希臘神話中的邁達斯國王，所有被他觸摸到的東西都會變成黃金，包括他自己的女兒。是你內心那個「收集東西的需要」在支配你，而不是你在支配你內心的需求。隨著貪婪與囤積而來的，就是害怕失去、吝嗇、缺乏慈悲心。你可能無法鬆手和放下。偉特牌中的那個人，手上拿著一個盾牌遮著他的胸口，來保護自己不受攻擊。它就像一個標誌或商標，在宣示他的領土版圖。

反過來說，你也可能會喜歡這張牌代表的保護、安心，以自我為中心的含義。它顯示出你身體內部有一個力量中心，能帶給你穩定感、安全感，還有內在力量。由於什麼東西都抓得很牢，你也可以把它解釋成一個生活呆板單調、對什麼事都毫無興趣的人（譯注：原文是 underground vegetables，地下根莖蔬菜）。

傳統牌義：善良、慷慨、豪爽大方。禮物、恩典、禮品。捐助。獎金。月亮療法。生活呆板單調。感官享受、華麗。成功建立企業或公司。投資。害怕失去。

錢幣四逆位

錢幣四逆位代表釋放、風險，以及變化，這種狀態無論對錢幣牌組或**四號牌**，都不是容易接受的事。你可能會出現幾種極端反應：愈來愈害怕、愈貪心、守得更緊，不然就是像悉達多和其他苦行者那樣，拋下一切權勢地位和財產。這張牌的傳統含義

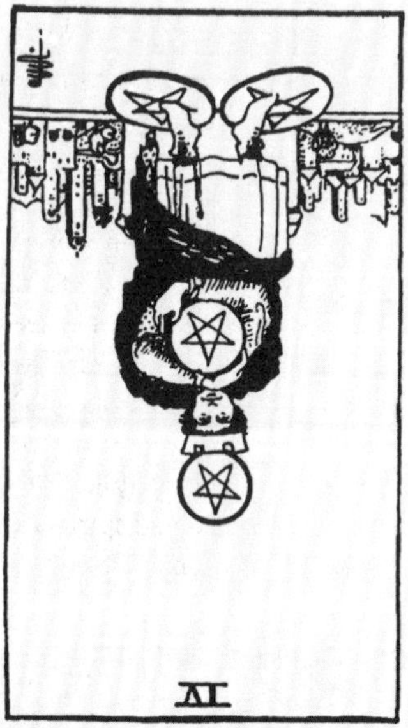

代表束縛，雖然不是你的過錯，卻會帶來阻礙、延誤以及失敗。也可能確實會碰到排水管堵塞的問題。你可能處處都感到受阻，或覺得受到限制。你可能會在工作中遇到無形的限制，阻礙工作進展。

從另一個角度來說，你可能會隨便亂花錢、投機買賣或是賭博。某些商品可能會貶值或是被拒絕付款。這不是一個很好的投資指標。不切實際或軟弱無力（不夠踏實）可能會

妨礙決策。無論出於何種原因，你都可能對財務問題或物質方面很不滿意。如果你是將這張牌投射到他人身上，可能會認為他們內心有一種需要，想要去掌控每一件事情，想要牢牢抓住屬於他們的東西。

如果有其他牌作為呼應，**錢幣四逆位**也可能代表放鬆和解除緊張情緒。你可能正在慢慢放掉原本占據你注意力的股票或責任。或是開始卸下防禦和防衛心態，開始去表達你的感受。雖然這不是什麼革命，但你可能正在努力抵制或推翻某個權力集團，或試圖打破壟斷。是該要好好重新思考的時候了，想想你究竟需要什麼東西才會感到安心，你自己的力量核心到底在哪裡。

從魔法或薩滿巫術的角度來看，這張牌代表魔法工具和護身符的力量。它可以指實際上被某位神祇或靈體附身，而這個靈體會要求你交出金銀財寶、聲望和權利來換取你恢復健康、得到療癒。因此，一個手上沒什麼權利也沒什麼掌控權的人，也可以藉由這樣的靈體附身來取得特權的象徵物。

傳統逆位牌義：圍繞、包圍。阻塞、堵塞。壟斷。隱遁（幽閉）。固定不變的。強加的。里程碑。限制。阻礙。延遲付款。經濟損失。考試失敗。

錢幣五（Five of Pentacles）

推翻**錢幣四**建立起來的成果，**錢幣五**代表了財務危機、物質條件不穩定，以及出現「場內干擾」，需要在物質層面上進行一些調整。從偉特牌的牌面圖案我們看到，教堂的一扇窗戶燈火通明，俯瞰著教堂外那些生活艱苦的人們，將他們「冷落在外」。你可能陷入一種匱乏意識，害怕變成「一無所有」，或成為社會底層的賤民。韋特稱圖中人物是「行乞者」（mendicants），意思是「有缺陷的人」，所以你可能感覺跟人很疏遠、覺得自己有很多缺點、覺得被輕視。這張牌也可以代表「自願過簡樸生活」，是為了追求更高層次的價值而捨棄奢侈品的一種「非慣例」生活方式。《托特牌》的圓盤五標題叫做「憂慮」（Worry），牌面圖案畫了五個輪子或齒輪「相互齧咬」（worrying）而形成一種緊張扭曲關係。你可能擔心自己的身體健康；你可能面臨破產、無家可歸或感覺精神受損頹廢，儘管能幫助你的人可能就在身邊。資訊可能會有耽擱的情形，資源也無法取得，也有可能在運輸和溝通上會發生困難。[8]

最早這張牌的含義跟現在完全不同，它是代表夫妻相愛、深情愛意以及友誼。因為婚姻誓約需要靠忠誠來維持，就算面對貧窮和疾病依然堅貞如一，因此這張牌也可以解釋成

「只顧愛情不顧麵包」，或是因爲個人感情因素而蒙受生意上的損失[9]。此外，這張牌也可以指照顧生病的人。《螺旋塔羅牌》（The Spiral Tarot）的錢幣五畫的是寒冬中有人站在窗外看著屋內正在舉行派對，我有一名問卜者跟我說過，她也曾站在一家舞廳的窗戶外，看著她的前任男友和新歡在一起。

傳統牌義：情人、情婦、配偶、朋友。深情愛意、情投意合。疼愛、珍惜、愛慕。相配。得體。危險的激情。物質上的困窘、貧窮。窮困潦倒。一段戀愛的有形障礙。失去。

錢幣五逆位

錢幣五逆位意指在變動中持續堅持、失業後重返工作崗位，或是破產之後重新翻身。它也代表面對物質上或精神上困境之後來到一個轉捩點。

從偉特牌的**錢幣五逆位**我們看到，現在大雪已經在牌面上端，黑暗漸漸褪去，教堂窗戶變成了一道進入避難所的門。可想而知，你已經找到避難所。也有人認為，這張牌代表先前的潛在可能性現在已經可以實現。它也預示著否極泰來的趨勢，以及對物質塵世重新燃起興趣。波因索（Poinsot）的解釋是，你會在路途中發現意想不到的收穫[10]。

另一種完全相反的解釋是，由於資源的混亂或濫用、浪費而造成損失。如果你是將這張牌投射到其他人身上，可能會認為此人生活荒淫放蕩，而且會把他們的不幸歸咎於是因為他們自己不節制或沒有道德，將社會弊病歸咎於人們生活不檢點。也有可能，你會可憐他們，認為他們是社會的受害者。

先前你認為不合適、或處不來的朋友或愛人，現在你們的相處情況可能會有所改變，不是徹底分手、就是承諾關係加深。這張牌也呈現了許多跟愛滋病有關的議題（正位和逆位皆然）。從另一個角度來說，如果你跟你所愛的人有疏遠的情況，接下來你們之間的不愉快會化解，重新言歸於好。這張逆位牌也可以代表這是一段特赦期，在此期間，罪犯可以返家，或是重新被接納。有一名來問卜的個案認為，這張牌代表了有組織的宗教反而是造成拒絕感和背叛感這種困境的來源[11]。

在薩滿巫術層面，這張牌直接描繪出一位可能成為薩滿的人，在受到召喚之後，開始經歷疾病或痛苦磨難。在儀式魔法中，這張牌暗示了與低等靈體合作施法的危險。以榮格學派的術語來說，這張牌是建議我們要深入去探索自己的「陰影面」。

傳統逆位牌義：行為不端。失序、迷亂、混亂、破壞、毀壞。消耗、衰退。放蕩、放縱。不名譽的愛戀。輕率、放肆、揮霍。失和、災難。戀愛中的煩惱。否極泰來的趨勢。

錢幣六（Six of Pentacles）

錢幣五的那兩名乞丐，在**錢幣六**中找到了善心的施主。黃金黎明協會認為，每一張**六號牌**都是該牌組和該元素的最顛峰狀態。**六號**是代表和諧、互惠，以及社會關懷的數字，就像贊助者需要有人被贊助，施與者也需要有接受者。你可能正在捐助他人，或接受別人的金錢、禮物或幫助。你可能剛收到補助金、版稅或薪水。這張牌也可以代表貸款申請獲准。抑或，你捐款、分享股份或是在離婚協議中做財產分配。以最壞的情況來說，這張牌代表一種支配與服從、富人與窮人、權充場面的改革，或是相互依賴的情況。牌面上這幾個人當中，你認為哪一個代表你，你對這張牌的詮釋也會完全不同。最好的一種情況是，所有的人都擁有物質上的豐盛，因而能夠共享資源，現金能夠在社會各個階層中順暢流動，而且有真正公平慷慨的慈善事業。其他含義還包括：清償貸款、打贏一場官司，或是得到一份遺產。牌面圖案上的天平左右平衡，代表問題已經順利解決。

你可能正在跟老闆要求加薪，或是對長官阿諛奉承。這張牌也可以代表贊助商和投資者，或是給出捐款獻金。生意成交、互利互惠。被發出去的不一定是錢——所以這張牌也可以指規劃調度、時間管理，以及其他資源的分配。

傳統牌義：當下、目前、現在、突發、今天。留意、警戒。贈品、禮物、可喜之事。眼前的財富。慈善事業、仁慈、慈善。支付貸款。

錢幣六逆位

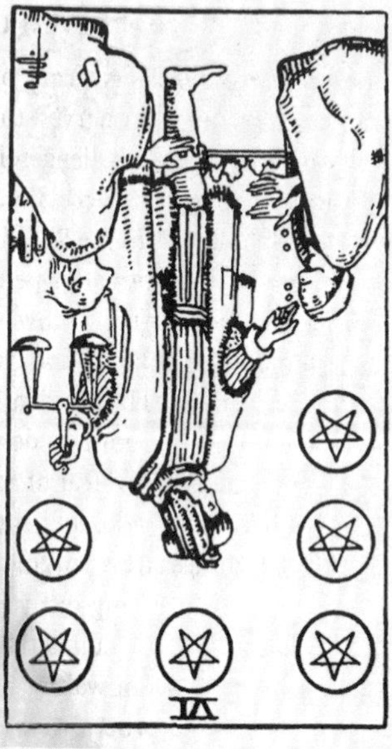

這張逆位牌的其中一個解釋面向就是俠盜羅賓漢——劫富濟貧，將富人的財富重新分配給窮人。權勢力量的差距可能更加懸殊，因此渴望扭轉這種局面。你可能感覺被虧待或被否定。一種極端的解釋是，貪婪之心壓倒了正位牌代表的公平正義。另一個相反的解釋是，可能出現呆帳、「一夜致富計畫」或預期進帳的收入沒有實現。你可能不得不去拜託人、跟人談條件或施些恩惠，或是會有你不喜歡的附帶條件出現。金錢可能被盜用或濫用。貸款付不出來，繼承的遺產不見了。報酬可能變成一場空，或是你可能變成忘恩負義之人。就像努力想要填補一個無底洞，欲望和滿足之間似乎存在著一道裂縫，永遠補不起來。

你可能會拒絕慈善捐助，否認你自己的需要，也否認他人的需要。如果你是把這張牌投射到其他人身上，可能會認為他們不夠慷慨，不然就是認為他們永遠不滿足。

如果你過去曾經受到不公平的對待或忽視，可能會渴望得到關注。你可以考慮送給自己一份禮物。如果曾經有人向你借錢，那這筆錢可能拿不回來了，所以，也許就把它當成那是你送給對方的禮物或捐贈吧。這張牌也可以代表打破社會階級、尋求階級平等。不妨重新思考一下你運用時間和金錢的方式，以及該如何讓狀況升級來達到標準。還有，這張牌也是在建議你，不要把錢借給別人，或是要保留儲備金。在疾病治療方面，要注意傳染病傳播，還有藥物劑量要適當。

在薩滿巫術和魔法層面，這張牌代表能夠辨識每一個學生已經做好什麼樣的準備，以及可以處理什麼樣的事情。個案和學生可能會希望得到快速的解方，但是有智慧的巫師會清楚知道該提供給他們什麼。抑或，這張牌也可能代表江湖術士，靠著透露一點點巫術來敲詐大筆金錢。

傳統逆位牌義：欲望、願望、渴慕、熱愛。渴望、期待。貪婪、羨妒、嫉妒、貪心、貪欲、覬覦。自私自利。野望、目標。錯覺、妄想。呆帳。繼承的遺產出現爭議。不公平、不公正。

錢幣七（Seven of Pentacles）

錢幣七是一張跟發憤努力、耐心等待以及評估評價有關的牌。你可能正在評估你的收穫，確認先前的努力是否值得。作為一張代表考驗和挑戰的牌，它要你發揮技能、勇氣和決心來證明自己可以成功。整體而言，這張牌是預示你的辛勤勞動會有好的結果。在偉特牌圖案中，一名農民正在觀看他的農作物，也許是想要等待全熟期再採摘。你可能正在觀察你的某項投資，或正在盤點收益。雖然投資事業已經開始長出果實，但你可能需要多點耐心和信任，因為自然完整的成長週期一點都急不得。黃金黎明學派對這張牌的解釋則比較悲觀，認為它代表利潤減少，或是有人會毀約。你的耕耘可能得不到收穫。從心理層面來說，這張牌代表「對成功的恐懼」，你破壞了自己的潛在可能性，因為你不相信或無法信賴自己會得到報償。

早期這張牌的含義是強調清除或淘汰東西，比如把已經損壞的物品丟掉，清理你的櫥櫃，或剔除劣質物以確保東西的品質。小心照料你正在耕耘的任何東西。有時這張牌單純意指休息一下，等著看接下來事情會如何發展。也可以代表完美主義和拖延的毛病。這張牌的含義很大程度會受到它鄰近牌的影響。

傳統牌義：金錢、財富、金融、貨幣、利潤。清除、淨化。進展緩慢。辛勤工作的收穫。耕耘沒有結果。事業上的阻礙。別出心裁。

錢幣七逆位

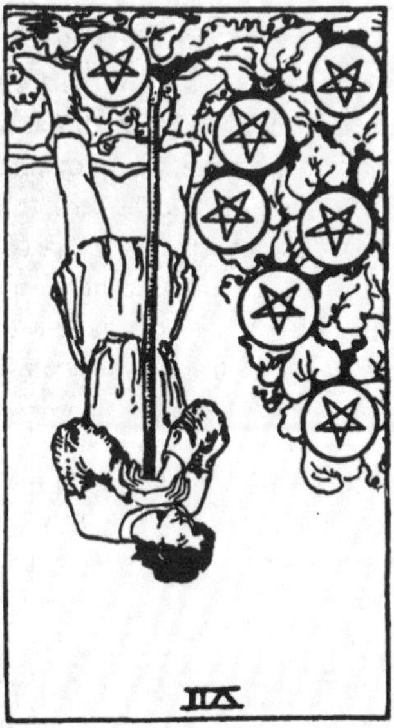

幾乎所有解釋都對這張逆位牌有普遍共識，認為代表焦慮感和損失的可能性會大增。你現在可能有一種莫名的不安、擔憂和鬱悶的感覺。整個人覺得煩躁、沉不住氣，要不然就是變得喜歡拖延。你可能認為人們會偷走你的點子、你辛苦耕耘的作物或是商品，讓你時時刻刻處在一種戒備狀態。如果牌陣中有其他牌作為呼應，那你的這種不信任和懷疑可能是有道理的。事情會變得困難重重，新問題不斷出現。事情多到永遠做不完，整個人已經到了筋疲力盡的地步。無論原因是什麼，你會發現根本無法休息。

工作上經常會出問題。雖然花了很多時間和精神，卻不一定保證會有利潤或報酬。我有一名個案認為自己就像圖案中那個被僱用的勞工。「那些收成的作物都不是我的，」她說，「雖然我很努力，但辛辛苦苦付出勞力之後我並沒有拿到錢，更沒有得到肯定或有任何收穫。」

資源可能過度開發，造成過剩浪費。雜草或廢棄物可能會大量增生蔓延。另一個相反情況是，什麼東西都長不出來、沒有成長。投資和流程沒有按計畫進行。同樣的，眼前一大堆做不完的工作，或是只出不進的財務狀況，可能會壓得你喘不過氣。

如果你是將這張牌投射到其他人身上，可能認為他們很懶散或投資錯誤，要不然就是認為他們過分疑神疑鬼，擔心可能會有損失。健康方面，你整個人好像很虛弱無力。從內在心理層面來說，這張牌在提醒你，不管你做什麼，都要全神貫注於眼前正在進行的事，就如禪宗所說：「開悟之前，砍柴挑水；開悟之後，砍柴挑水。」

在薩滿巫術和魔法世界，這張牌是指建造聖壇，作為意識轉向的聚焦之處。慎重地將你的意念灌注到一座聖壇（或一句咒語）中，然後呼喚和哺育神靈，你必須不干涉這個過程，信任它會展現它的神力。

傳統逆位牌義：焦慮、騷動、擔憂、鬱悶。精神的折磨。焦急不安。苦惱、錯綜複雜的問題、挫敗。不信任、懷疑。關心、關注、專注。不明智的投資。

錢幣八（Eight of Pentacles）

完成**錢幣七**的收成進帳之後，你就可以專心填報訂貨單和管控品質。你可能即將完成生產目標、銷售配額即將達標，或是正在完善產品的製作技術。也可能正在為經濟不景氣或退休做準備，深謀遠慮、謹慎面對一切是現在的重點。你可能親自參與房子的裝修。跟**錢幣三**一樣，這張牌也跟工作和手藝技術有關，但是更強調精確、精密以及細節。也許你正在鑽研某種學問或收集研究資料。有人看到偉特牌上的那些錢幣，就像他展示出來的學位文憑。這張牌的傳統含義，比如「貞潔端莊的女子」，可能就是在描述一個「理想中」的工人——聽從指示命令、努力工作、從來不問問題。你可能正在填報銷售訂單、盤點庫存和存貨，或是捍衛你的工作和保障你的投資獲利。從另一個角度來解釋，這張牌也可以代表健美塑身、鍛鍊體能或是為某個表演預先練習。事實上，任何類型的分數累積、反覆進行的工作任務，或是每天的點滴進步，都適用於這張牌的解釋，此外也可代表堅持不懈、勤奮努力、循序漸進的發展。不過，任何的新技能，久而久之也會變成重複動作、呆板乏味、無聊無趣。或許你可以試著提高效率並精簡生產流程，但是不久之後，一樣要回來做日常維護。

黃金黎明學派認為，這張牌是代表「小錢仔細，大錢揮霍」，省小錢花大錢的意思。這張牌也跟保持身體健康有關，包括：正確飲食、計算卡路里、運動健身，以及如《托特牌》所描繪的，要小心翼翼謹慎保護，以免那些花朵被太陽曬到枯乾。

傳統牌義：黑髮女子。貞潔、純真、端莊。率直、坦白、務實。平等。公平分配財產和遺產。晚婚。好職位。意志堅定。學徒制、獎學金、學習。

錢幣八逆位

出現**錢幣八逆位**，你可能是對工作厭倦了、工作太過辛勞，或是覺得這份工作毫無前途。你可能想要換工作或轉職，或是建立新的工作習慣。或許對於你想要從事的工作，你尚未接受過培訓。正位牌代表謹慎、深謀遠慮，因此逆位牌也可能就是輕率和

魯莽、不顧後果。在傳統牌義解釋上，這張牌的意思是虛榮浮華、對金錢的渴求，以及因為缺乏雄心壯志導致從事毫無意義的工作。收入可能是短期的、維持不久。沉悶無聊的工作讓你變得麻木與反應遲鈍，結果生產出許多劣質產品、甚至偷工減料，還造成工作意外事故。你的注意力無法集中，真的該休息一下了。從另一個角度來解釋，你也可能很空閒或是失業。可能會發生罷工，或是幾乎沒有工作機會。

你可能會用奉承拍馬屁、假仁假義，以及耍陰謀詭計來讓自己出頭。這張逆位牌也可以代表多層次傳銷，你或某人正在說服別人來投資。

如果你手上有受委託的工作，則可能無法如期完成，或是會遇到困難。帳單可能把你壓得喘不過氣，你的信用卡額度也可能已經用完了。

如果你將這張牌投射到其他人身上，可能認為他們就像童話故事裡的那隻螞蟻，而你是蚱蜢，或是兩者倒過來——總之不是太過勤奮、就是太過輕佻不負責任。從內在心理層面來說，你可能正在接受治療、正在面對和處理過去的行為模式，或是你可能每天都會寫日記。另一種情況是，你可能一直在記錄自己到底得到了多少讚美、是否被人冷落輕視，或是得到多少成就。

從薩滿巫術或魔法的角度來看，這張牌跟製作和供奉神聖用具、預備神聖藥水藥物有關。這是一份相當細膩、需要非常注重細節的工作，要用最好的材料、做適當的排列，然後注入正確的意念和祈禱符咒。你可能是熱心過頭的巫師學徒。土狼可能會說，你太嚴肅了，把自己看得太重要嘍（譯注：土狼，Coyote，是薩滿藥輪中的南方靈性守護者）。

傳統逆位牌義：空虛。空洞無聊。貪心。放高利貸。奉承拍馬屁、假仁假義。虛榮自負、驕傲自大。不可靠、懶散。不真誠。輕率躁進。缺乏鍛鍊。缺乏雄心壯志。陰謀詭計、不誠實。小風險。工作上的問題。

錢幣九（Nine of Pentacles）

錢幣九代表了前面幾張牌已經結出豐盛果實，呈現出繁榮富裕的景象。你現在可以安心。除了獲得物質上的回報，也可以好好享受悠閒時光。這張牌可以代表退休、度假，或是在自己的花園中度過一個輕鬆愉快的午後。偉特牌圖案中的人物穿著優雅高尚，葡萄成熟，果實纍纍，獵鷹也已經就位——這些都是奢華生活、感官享樂以及興趣嗜好的象徵。它預示著此人健康狀況良好，以及各種形式的幸福和安心滿足。**九號**也是**隱士牌**的編號，所以也代表你可以培養獨處的快樂或追求自我實現。土地和財產也是這張牌很重要的象徵，因此代表你可能正在購買或照料這類東西。

偉特牌的圖案也同時存在著幾處矛盾。這位女士的長袍上繡著金星符號，但她卻是獨自一人。鳥類通常代表靈性和自由，但這隻鳥卻是一隻蒙面的食肉老鷹。處處都有封閉圈圍的跡象：寬鬆的長袍、圍牆高築的花園、手套以及老鷹頭上戴的遮罩——每一樣東西都具有保護作用，卻同時也是圈閉限制。圖案最前方有一隻蝸牛在地上爬，小心翼翼扛著牠的殼；但這隻看起來弱小的低等生物，卻足以侵蝕整座花園。安心和優雅與隱密的貪婪本能形成強烈對比，看來，你內心可能有一股追求自由的渴望，必須去正視這個課題。這張牌也代表一種內在本具的秩序和紀律。

傳統牌義：效果、後果、結果。實現。成就、圓滿達成。成功。審慎、慎重、深謀遠慮。辨別力。流浪者性格。財產。安心滿足。業務拓展。成熟完備。祖母。

錢幣九逆位

錢幣九逆位代表可能有一種愈來愈被困住的感覺，渴望得到自由。你可能正在拒絕財富的誘惑，抵抗奢侈隱居生活的引誘。繁榮景象依舊，但價值觀念似乎是錯誤的，或是掩蓋了某種內心的惶惶不安。或許你的一切環境並沒有那麼好。你可能感到很無聊，或對別種生活方式感到好奇，很想要到處流浪閒晃。抑或，你可能正在被人利用。別人可能認為你是個很容易上當受騙的人，因此把你當成獵物。滿足感和安全感可能會受到威脅，無論這是來自你自己內心，還是外部環境使然。可能會有財產上的損失，可能是因為大自然災害所導致，也可能是因為你做生意不老實。環境問題可能會影響你的身體健康。你可能是詐欺手法的受害者，也可能你用了詭計騙術而獲得某些東西。可能會有詐騙和搶劫這類事情發生。如果你要購買房地產，可能需要再謹慎評估、觀察一下局勢。

有的時候，這張牌也代表一個人否認自己擁有的幸福或好運好命。或是相反情況，豐盛財富對這個人似乎永遠遙不可及。你可能發現很難讓自己放鬆下來，即使你早已賺夠、可以鬆口氣了。你可能沒有時間去度假或發展你的嗜好興趣。另一個角度來說，你可能完全放縱自己、非常任性；你認為一切都是你理所當然應得的，想要什麼就有什麼。健康方面，你可能運動量不足。

如果是將這張牌投射到其他人身上，你可能會認為他們什麼都有了，可能是生下來就咬著金湯匙，或認為他們是做了一些卑鄙齷齪的勾當才得到那些東西。或者，你可能認為他們在覬覦你所擁有的。從內在療癒來說，你可能會經驗到一種平靜安寧的感覺。

在薩滿巫術或魔法層面，這張牌代表仙界皇后或冥后，她們擁有奇妙的恩賜能力，但也同時付出對等的巨大代價。從完全不同的角度來看，這張牌也可以代表與動物盟友或妖精魔寵一起共同合作。

傳統逆位牌義：詐騙、盜賊。欺騙、不老實。詭計。罪責。小偷。失望。空頭承諾。計畫中途夭折。安全受到威脅。風暴。損失。放縱任性。表面而非實際收穫。

錢幣十（Ten of Pentacles）

在**錢幣九**達成的興旺繁榮，到了**錢幣十**變成了「家族財富」和「家族的價值標準」。雖然這張牌有時也被認為是代表財富和繁榮，但更多時候它跟廣義的財產繼承和遺產比較有關。它指的是可以永久持續傳承下去的東西。目前你可能在關心跟財務、遺傳基因或文化遺產有關的事情，或是智慧與知識的傳承。所涉範圍非常廣，包括家族、朋友圈、社區以及文化傳統等事務。家庭事務、人際感情關係和財產都可能出現了一些危機。古董寶物可能會升值。你可能正在追溯自己的家譜，或是檢視家族裡的一些文件檔案。你可能會出席家族團圓聚會。基於對家人的責任，你可能正在思考關於遺產和保險的問題，或是其他可以讓後代子孫受益的事情。

有一些跟機構、公司或家族企業有關的事情，可能會影響你個人。這張牌有時也會牽涉到忠誠度的問題。由於你想要有一種「歸屬感」，或是希望不要被當成外人，可能會影響你的決定。有一名男性個案，他希望已故父親能夠認可他現在的一切成就，而這張牌上面畫的，就是他們夫妻、兩個年幼的兒子、兩條狗，還有他們家經營的老旅館。

你可能是遺囑的執行人或受益人，或是需要照顧年邁的父母。這張牌的重點就是家。是關於你如何為你所愛的人提供一個安穩的環境。你可能剛結束一段旅程返回家中，可能會搬到一個更好的房子，或是你的家庭成員可能會增加。以「大」字為開頭的詞，涉及「廣大」、「整體」意義的詞彙，都有可能跟這張牌的含義相關。

傳統牌義：房屋、住所、住宅、家。家族、種族、血統、後代。文件檔案、記錄。財富、經濟條件、存款。一項遺產。遺囑、契約書、養老金、保險。智慧。安全。榮譽。旅行。

錢幣十逆位

錢幣十逆位代表離家或拒絕家族傳統。你可能在家族中不受歡迎，要不然就是跟家族信仰和傳統很疏離。你跟家人、社區圈子或是組織機構經常有相處上的問題。包括爭吵、意見不合，或是夫妻相處困難。你可能會陷入忠誠度的衝突，你會覺得自己像個局外人。或是，你可能得不到家族的援助或財產。智慧和建議不被重視。

從完全相反的角度來說，你或許會保留你的才幹和技術，或是另一種極端情況，將物質世界有形財產視為你的最終極依靠。舉例來說，當偉特牌的**錢幣十**呈現逆位，牌面上那棵生命之樹圖形中，代表物質世界的「瑪互特」（Malkuth）就反過來跑到牌面最頂端了。因此，出現這張逆位牌，你有可能是被困在物質當中，也有可能開始回歸大靈懷抱，展開精神進化之旅，把物質紅塵俗事拋在腦後。

如果你是將這張牌投射到另一個人身上，可能會認為他們是需要照顧的老人、是沉重負擔，或是被家族包袱和家庭義務拖累的人。從內在心理層面來說，外在有形世界的一切都是你內在各種自我面貌的映射，而且也跟整個大宇宙存在著對應關係。

如果牌陣中有其他牌作為呼應，有可能代表你會有重大損失，而且跟家庭、家人或儲蓄存款有關。家族遺產或寶物可能被證明是沒有價值的。也有可能你會因為玩樂透彩或賭博把所有家產都敗光。你可能覺得命運在跟你作對，或是老天爺在跟你開玩笑，不過，也有可能你只是把家裡的二手物品拿出來拍賣而已！健康問題方面，請多小心家族遺傳方面的問題。同時也檢查一下，你包包裡裝了多少來自家人的情感包袱。

在薩滿巫術或魔法層面，這張牌的豐盛財富是指靈性祝福。代表來自祖先對其後代部族的關懷關心。這張牌也是一扇進入你內心風景的門，進入到那個世界，就能夠與你的真實心靈會面，或與過世已久的人溝通。

傳統逆位牌義：機會、風險、財運、天命、命運。遊戲、賭博。家財散盡。搶劫、損失。繳稅。有爭議或毫無價值的遺產。禮物、嫁妝、養老金。不安定、沒有安全感。

注釋

1 這是《祖先之路塔羅牌》(Ancestral Path Tarot) 的創作者茱莉 (Julie Cuccia-Watts) 提出的觀點。

2 感謝紐約市塔羅學院的露絲・布勞薩。

3 這些健康方面的問題是塔羅學院的露絲・布勞薩提出的。

4 摘自格里莫出版的《大伊特拉塔羅》(Grand Etteilla Tarot)。

5 感謝 TarotL 社群的伊莉莎白。

6 英國女演員佛羅倫絲・法爾 (Florence Farr) 曾經是黃金黎明赫密斯派修會倫敦神殿的主席。理查・卡文迪什 (Richard Cavendish) 是《塔羅》(The Tarot) 和《黑色藝術》(The Black Arts) 的作者。

7 見第一章歷史部分關於伊特拉的評述。

8 感謝伊莉莎白在 TarotL 社群上提到這一點。

9 感謝克莉絲汀・佩恩托勒 (Christine Payne-Towler) 提出這個洞見，她對塔羅傳統含義之價值的理解，讓我第一次重新思考其用處。

10 波因索 (M. C. Poinsot) 是《祕術學大百科》(The Encyclopedia of the Occult Sciences) 主編。他為十九世紀法國作者的詮釋做出總結，特別是埃利・阿爾塔 (Elie Alta) 和尤德・皮卡 (Eudes Picard) 的論點。

11 感謝詹姆斯・里克爾夫 (James Ricklef，又名夜鷹) 指出這一點。

小阿爾克那
宮廷牌

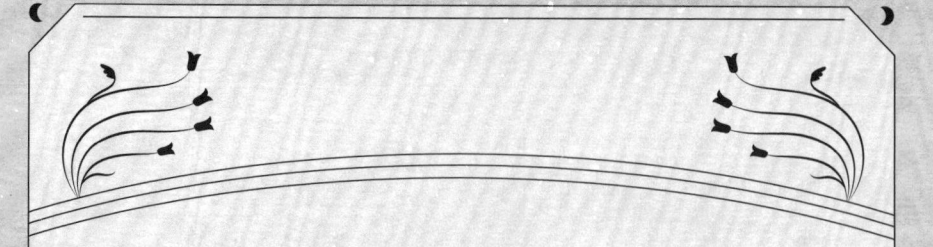

Minor Arcana Interpretations
The Court Card

權杖侍者／公主（Page/or Princess of Wands）

權杖侍者是一個自由的靈魂——個性火熱、熾烈，又充滿熱情，具有火象星座（牡羊、獅子、射手）特有的年輕氣盛與不成熟。雖然所有的**侍者牌**都是代表消息和資訊，但這位權杖侍者尤其帶有使者、媒介或消息提供者的意涵。你或你認識的某個人可能對於特定對象或目標感到好奇或關注。你可能會被新的想法點子吸引，或對新的嗜好感到興趣濃厚，一有機會就會去嘗試具有刺激性或冒險性的東西。你內心有一種強烈欲望想要了解自己，會去尋找可以讓自己成長和進步的新方向。可能有一個人現在讓你非常仰慕和敬佩。你目前的位階可能比較低，是別人的下屬，但你雄心勃勃，努力想要往上爬到頂峰。你個性坦率又爽朗、單純天真、自然不造作。你會帶著一種無所畏懼的優雅去探索身邊一切事物，而且能夠在不尋常的陌生環境中悠然自處，深深沉浸其中。這張牌也象徵著熱烈行動的開端，或是一名年輕人對某位人士的理想化崇拜。你可能會親身經驗到什麼叫做粉絲或狂粉的熱情，或是對某項嗜好好深深著迷。無論是代表消息本身或是一名信使，這張牌都暗示著可能會有意想不到的資訊、驚喜，以及新的可能性，需要你立即採取行動。通常，這個消息本身或是攜帶這個消息的媒介，都會像催化劑一樣帶來正向積極的改變。如果這張牌是代表一個小孩子，那這個小孩會比其他孩子精力更旺盛、外向，特別需要人去關心注意。

傳統牌義：陌生人。無名小卒、默默無聞的人。不同凡響、不尋常、前所未有。驚喜、美妙、令人讚嘆。天才。插曲、題外話、故事、童話。使者、密使、信差。奇怪的消息。忠實、始終如一。開心、滿足。災難。次等的。

權杖侍者／公主逆位

如果沒有得到她（或他）想要的東西，或是有人把她的玩具拿走，**逆位的權杖侍者**可能會大發脾氣。也可能她覺得累了、已經沒什麼興致，不想繼續玩下去。你或你認識的某個人，可能在抗拒什麼新的事情，或是害怕改變、擔心結果會讓人失望。你可能拒絕一項機會或計畫，但感覺像是你被拒絕一樣。你可能缺乏好奇心或專注力，對細節和單調沉悶的工作感到厭煩。你可能認為從頭幹起有失自己的身分，或是需要花太多功夫。你可能不想讓人看起來很幼稚、天真或容易上當受騙。或許你會表現出一副很有學問、傲慢的優越態度、瞧不起人。或是，你可能粗心大意、魯莽躁進或感覺遲鈍。

另一種情況是，你或許什麼事情都願意嘗試，但是很急躁、沒耐性、隨隨便便不加選擇。因為現在就要得到，你可能不會花時間去做出好的判斷。你可能很享受冒險和賭博帶來的刺激感，喜歡腎上腺素激增的感覺。因為個性草率隨便，你可能看不到那些有價值的東西，無法欣賞事物的細膩之處。這張逆位牌講的就是那種雖然人生經驗豐富但卻沒什麼品味、一知半解卻半瓶醋響叮噹、只會有樣學樣卻只是一時跟風的人。因為不知道自己在追尋什麼，以致變得靠不住，人際交往很隨便、飄忽不定。另一種情況是，在某件事情上，你已經越過靈感發想階段，要著手進行。

如果這張牌代表小孩子，那他們可能相當任性，或是個不良青少年。如果你是這個小孩，很可能你喜歡的事情根本沒人能懂，只要你要求什麼東西，就會有苦頭吃或是被搧耳光。另一種情況是，你會我行我素、隨心所欲，變成一個被寵壞、過度驕縱的孩子。

如果這張牌代表一名信使，表示她（或他）帶來的通常是壞消息，比如一封拒絕的信。或是那些消息可能只描述了事情的開頭或一部分，不盡完整。也可能代表一個很會胡說八道、胡亂吹牛的人。

健康方面，可能會有燒燙傷、輕微意外、脫水的情形發生。也可能過動或注意力無法集中，或是相反，缺乏活力。在薩滿巫術和魔法層面，這張牌是代表巫師的學徒，但他們承擔的工作超出了他們的能力範圍。也可能是一位初出茅廬的吟遊詩人，講述著遙遠國度的傳說、奇珍異獸的神話以及怪聞軼事。

傳統逆位牌義：壞消息，比如敗訴。猶豫不決、不穩定、前後不一。無能為力。不悅。公告、通知。指示、建議、警告。軼事、記事、故事、歷史、傳說、寓言。評論、教導、規戒。不忠。江湖術士。擔憂。

權杖騎士／王子（Knight/or Prince of Wands）

權杖騎士是一位大膽的冒險家——衝動隨興、點子很多、魯莽性急——代表了火象星座（牡羊、獅子、射手）的活躍能量。他也是一個充滿熱情、行事衝動、又非常帶勁的情人。他善於製造火花，卻不想許下承諾。你或是你認識的某個人，可能遇到一名非常熱情的對象，或是對這樣一個人很感興趣。也有可能，你會帶著滿心期待和熱力，突然衝動地投入某些計畫，實際上完成的很少。或許你很想要擁有行動上的自由，渴望有機會探索新的領域。對於你想要得到的東西，你絕不允許中間存在任何阻礙。若是遇到困難挑戰，你會臨機應變馬上想出辦法去迎戰，不過，就像一名衝動的聖戰士，不太能處理跟細節和流程有關的事情，而且很難貫徹到底。你可能很抗拒那些陳腐古板或過時的東西，因此會想要大肆改革一個體制或流程。你可能會鼓動其他人要更隨興自發、更有實驗精神去做不同的嘗試。你可能會表現得有點喜歡炫耀賣弄、行事急就章、態度傲慢、變幻莫測或是沒有耐性。你習慣像個小丑一樣，喜歡搞笑或娛樂大家。你可能對商業銷售、競技體育或是戲劇很有興趣。你可能比較喜歡賣點子勝過賣東西，而且正努力為新的目標和挑戰而奮鬥。這張牌的出現代表你具備前瞻性思維和遠見，而且善於鼓勵人們要有叛逆精神、大膽去追求。這張牌也可以代表出外旅行、住處變動或是將想法付諸行動。你可能正在四處旅行、遇到許多有趣的人，面臨需要就地即興發揮的挑戰。它也可以代表炎熱乾燥的天氣，或是駕著內燃機發動的車輛在陸上旅行。

傳統牌義：出發、飛行、移動、分開、距離。旅行、旅程、住處變更。拋棄、遺棄、移民。關係疏遠、缺席、陌生異域。進入未知。調換、轉譯、移植。改動。逃避。變換位置。

權杖騎士／王子逆位

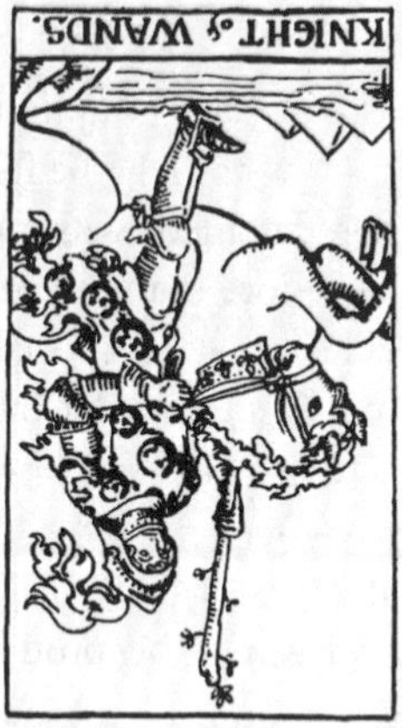

逆位的權杖騎士可以代表一個業餘半吊子或遊手好閒的流氓、一名優勝的勇士，或無緣無故搞叛逆的人；一個敢於為私利冒險和喜歡賣弄炫耀的人，或是一個粗暴又愛吵架的惡霸。

你可能無處可去，也沒有精神走出去。要不然就是精力過剩、魯莽愚勇。你可能像閃火一樣，不管碰到什麼東西都會被你燒焦。因為沒耐性、性子魯莽或粗心大意，你可能會把一件事情搞得亂七八糟，又跟人相處不和，結果搞到事情破局、分手收場。你甚至有可能捲入幫派。這張牌描述了一種混亂狀態，事情表面之下有欲望在沸騰和醞釀，但卻找不到焦點目標、也沒有疏導的出口，或是任意流竄到表面，完全無法預測去向。你可能會陷入一種「始亂終棄」的情況，對你來說，性愛只是一種娛樂或競賽。熱戀激情要不是裝出來的，就是曇花一現。假如事情進展得太慢、讓你感到氣餒，你可能馬上動氣、大為震怒。意見不合導致爭吵、爭論，還心生嫉妒。你可能感到煩躁和不安。

另一種情況是，火點不著。你可能會抗拒或拒絕掉一些可以為你帶來改變和振奮情緒的機會，一有什麼新的發展你馬上就踩煞車把它壓下來。熱情一受到威脅，你就馬上轉身揚長而去。一趟旅程可能會被取消、延期或受干擾。你可以掌控你心中的衝動和欲望。當你把速度放慢，就能停下來「聞聞花香」，專注於眼前當下，不會老是想著未來會怎麼發展。逆位牌的緩慢速度可以讓你更有效率，也對事情有更深刻的體會。不過，拖延的毛病也可能讓你一事無成。有句看似矛盾的話是這樣說的：「慢慢來最快」，應該很適合這個情況。逆位牌面圖案中的火蜥蜴現在變成重點，此人可能會變成一個激情的催化劑，而不是他本身熱烈多情。

在健康方面，身體可能會突然冒出水疱、瘡、疹子，或是發炎。在薩滿巫術和魔法層面，這張牌就像赤腳過火儀式，你將心中一切恐懼餵入火中便得以毫髮無傷在火中行走。這張牌也代表一名深入內在世界的探險先鋒，他們想知道自己身上帶的這些魔符、護身法寶和密語能帶他們走到多遠。

傳統逆位牌義：不團結、爭吵、失和。誤會、隔閡。爭吵、爭執、破裂。分歧、分裂、分開、分離。衝突、紛爭。競賽。派系或黨派。中斷、干擾。關係破裂。貸款未還。意想不到的變化。

權杖王后（Queen of Wands）

權杖王后喜歡用戲劇天分扮演浪漫愛情的主角，希望生活充滿激情和刺激。這張牌代表的是熱情如火的女性能量，具有火象星座（牡羊、獅子、射手）的特質。跟其他牌組的王后牌比起來，**權杖王后**擁有更強大的領導力和更堅定的決心，能夠自己做出決定，或按自己的想法行事，同時保有和善與樂觀的態度。當你或你認識的某個人表現出**權杖王后**的性格，你們會抱定決心去追求自己想要的東西，大膽展現你的熱情天性，自信地向人說出自己的創意願景和最初想法。你可能正擔任某個委員會的主席，或是一項大型製作的監督。偉特牌圖案中的那根向日葵權杖代表著你光芒四射、外向活潑的個性，喜歡站在舞台正中央，而且很愛把事情搞得很誇張。你樂觀正向、點子爆多，整個人充滿活力和自信。你會秉持積極創業的精神來推廣一項產品或服務，為它背書。如果你是比較關心個人發展的人，可能會被各種靈修法門和具有啟示性的哲學思想吸引。雖然你會用盡全力追求自己的利益，但你也擁有影響他人的力量。牌面上那隻黑貓代表獨立、泰然自若，以及不受約束。此外，當你受到攻擊或是要保護他人時，你可能也會變得非常凶猛。在愛情當中你既熱情又忠實。身為母親和伴侶角色，你溫暖、勇敢而且充滿愛心，但有時也會變得傲慢、霸道，而且可能會過度控制孩子的生活和未來。

傳統牌義：自然純樸的女人。伴侶、配偶。品德高尚、賢慧、值得尊敬。女性的魅力和優雅。有同情心、善體人意。和善、充滿愛心。有教養、有禮貌。甜美、溫順溫和、個性善良。貞潔的。愛錢。事業成功。節儉、儉樸、精打細算。

權杖王后逆位

逆位的權杖王后是一名充滿魅惑力又具有危險心機的陰謀家，就像英格蘭王后安妮．博林（Anne Boleyn）一樣，跟她的女兒伊莉莎白一世代表的正位牌剛好性格相反。正位牌的活躍魄力與成就，顛倒成逆位牌之後，變成了女巫、婊子、壞女人。而且，跟宙斯的妻子赫拉一樣，多疑善妒、報復心很強，因為她長期以來被丈夫背叛、飽受屈辱，而且又被強行賦予造物者的力量。她從熱情如火變成了具有強大破壞力量的熊熊大火與冷酷的冰。

在個人的成長和自我發展上你可能遇到困難和限制。你的理想抱負可能會受挫和失敗，或是你可能缺少機會來證明和挑戰自己的能力。那些嫉妒你或是希望你「永遠停留在原地」的人可能會故意破壞你的成長計畫或搶你的工作。敵對和競爭會破壞一個人的意志力。最後，你要不是感覺抓不到方向、意志消沉，就是變成自我中心、霸道、憤怒，甚至歇斯底里。

你或你認識的人可能表現出一副自以為是、咄咄逼人的樣子，不然就是尖酸刻薄又惡毒。逆位牌帶有某種不可預測性，因此當你的能量改變時，你可能會忽冷忽熱，變得反覆無常。或是，也有可能會出現一種危險傾向，你會把注意力全部放在未來的發展，而忽略眼前的情況和當前立即的需求。或是你會拖延、逃避做決定，或推遲改變。

狂野不羈的熱情可能會讓你陷入濫交、不忠或欺騙。整個人可能變得反覆無常或有出現誇大行為的傾向。跟人的互動可能會升級為相互對抗，要不然就是你會退縮起來與人保持距離。可能會變得更加自私自利，要不然就是相反，你會放棄自己的決定權，變得虛弱無能。你的意志會潰散，或是原本頑強的意志最後完全撐不下去。也有可能完全相反，你會把自己的需要暫時放在一邊，而去服務他人。如果這張牌代表一位母親或伴侶，你可能會過於霸道、易怒、自以為是、只關心自己，或是不負責任。

健康方面，可能會出現發燒、熱潮紅、病毒、感染、腫瘤以及躁鬱症行為，但是也會自己痊癒。

在薩滿巫術和魔法層面，這張牌代表身上帶著符咒、魔咒、會施法術、會念咒語的薩滿女巫／女魔法師。也代表凶猛、具有破壞性和強大掠奪性的大自然力量，這些力量對於抑制過度生長是必要的。

傳統逆位牌義：好女人。善良、仁慈。懇切熱心、樂於助人。利益、恩惠。禮節、義務。可能的欺騙、不忠、嫉妒、反覆無常、易變。阻礙、障礙、阻力。愛心放錯對象。奢華揮霍（有時也適用於正位牌）。

權杖國王（King of Wands）

權杖國王展現的是火象星座（牡羊、獅子、射手）的穩定成熟，也代表了傳奇歷史人物「獅心理查」的慷慨、勇敢以及寬宏大度的性格。他高貴、莊嚴、威風凜凜，是凜然的獨裁者或暴君，帶點專橫跋扈，會為他所信仰的理念赴湯蹈火在所不惜。手上握有極大權力。

你可能是一個藉由冒險和創造力達到事業頂峰的企業家。你會憑藉你的氣勢和自信來主導一件事情的局面，而且你可能會顯得咄咄逼人、攻擊性很強，直到你清楚建立起自己的版圖和事業為止。或許你正在觀察是否有新的工作案子、活動或計畫。你或你認識的某個人可能表現得自信滿滿，並擔當領導者角色，靠著強勢的意志或你擅長的專業知識來統御別人。你可能會被要求做出重要決策並設定目標，而你可能試圖自己一人掌控全局。你可能正在為某些團體或個人提供建議，為他們提供支持。你可能帶著自豪、自尊和自信的態度處理某件事情，或是因為你的能力而受到公眾的認可。你的內心經常有一種強烈欲望想要表達你自己、說出你的想法，並創造出能讓你與眾不同的東西。

如果是作為父母親或伴侶角色，這張牌就是代表「爸爸都了解」的最佳體現——嚴格、有控制欲，但又鼓勵、寵愛、關懷備至。如果代表一件事情的發展階段，那可能是已經形成既定範式，已經出現一個具有主導性的意見，但它背後的假設可能需要被挑戰。

傳統牌義：鄉紳。一名好心、行事端正、心思純正的男人。嚴肅、嚴厲。誠實、立意良善。良心、正直。農民、勞工、農業家。已婚男子以及／或是父親。才華洋溢、天才。知識、教育。

權杖國王逆位

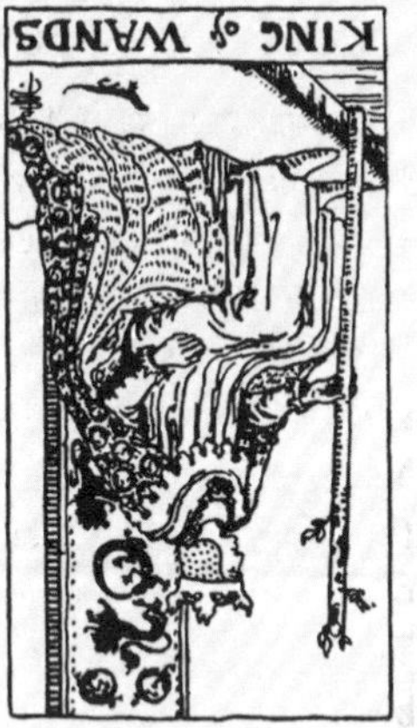

逆位的權杖國王因為帝王性格太過頭，使他變成傲慢、專制和獨裁。他不能容忍別人干涉他，而且自以為有理、堅持自己的權威地位。火象星座特有的自負個性變成了盛氣凌人的霸道。在此表象之下，他其實是「沒穿衣服的國王」；他的權力、自負以及虛榮，都是建立在咆哮、炫耀、別人的曲意奉承之上。

你或你認識的某個人，可能誤用了權力或做出了愚蠢的決定。你之所以反對別人，只是為了顯示你比別人優越。你有很強的攻擊性，像個惡霸或毫無人性的總司令，隨便謾罵霸凌別人。如果再多施點壓力，你可能整個人就抓狂了。界限和分寸的拿捏對你來說往往很困難，不是過於霸道、手段強硬，就是力道薄弱沒什麼效果，起不了作用。你可能很難適應退休或失業的日子。就跟李爾王一樣，放棄了統治權之後就不知道自己是誰了，看起來有點可笑。當你的世界不再按照你預期的樣子運轉，你可能就變得很無能。看似不重要的事情，會被你整個忽略或過分放大，不然就是暴露出你的判斷力錯誤百出，導致你的地位受到質疑和弱化。你可能把全部的精力投注在控制一個非常小的市場或勢力範圍，完全沒有注意到，從更大的世界來看，你已經跌落神壇。最壞的情況是，只要一次滑倒、一次失算，整個帝國就跟著崩塌了。

從另一個角度來看，你可能已經退出權力職位，交給其他人去負責，你寧願當個追隨者而不是領導人。或是，你可能意識到自己缺乏專業度和知識，然後決定放棄控制權。對於別人強加給你的地位或職位感到不自在，你可能會推辭掉這份權力。另一種情況是，你會想辦法推翻一個領導者或一種意見。

身為一位老闆或父親，你可能會是絕對的權威者，要求絕對服從。或是，跟其他**逆位國王**一樣，**權杖國王逆位**也可能代表一位缺席的父親，或是缺少一位積極進取的男性榜樣。從另一個角度來說，你也可能過於寬大仁慈，太好講話。健康方面，可能會有心臟的毛病和中風。在薩滿巫術和魔法層面，這張牌代表一名能夠純熟掌握火能量的巫士，比如會吞火，而且提醒我們，帝王的智慧經常懷抱著愚者的智慧，要知道自己也有愚蠢的一面。

傳統逆位牌義：一個好心又嚴肅認真的人。寬大、寬容、正確、容忍、順從遷就。錯誤投資。過分和誇張的點子想法。顧問、建議。教條主義。嚴格、嚴厲。惡毒。

聖杯侍者／公主（Page/or Princess of Cups）

聖杯侍者是一個浪漫的夢想家，或是一個具有水象星座（巨蟹、天蠍、雙魚）特質的小孩子或年輕人：富有同情心、敏感、很配合，又可愛迷人。你可能會注意到來自你的夢境、直覺或潛意識的聲音。或者對你的朋友來說，你可能是一名很好的傾聽者。你會以提供對方支持和關心照顧別人來表現你的愛心。你可能會被要求保守祕密。或許，你對戀愛關係是持開放態度。感覺有點像是青春初戀，或是即將有第一次約會，在一段長期的關係之後現在重新展開一段戀情。你可能在情感上很脆弱或天真。有一種將人際關係理想化，或渴望浪漫愛情的傾向。你會用你的輕鬆調皮、友誼以及服務他人的願望，為別人的生活帶來喜悅和歡樂。你可能很希望避免衝突或不愉快，促進彼此的和諧與美好感覺。你可能會得到別人的建議，或是你會想要得到別人的讚美。有時候，這張牌也可以代表盛裝打扮和美容化妝。

如果這張牌代表一名學生，在共同分享和愛的氛圍中，當你也投入自己的感情時，學習效果最好。如果代表一個消息，那可能是一張聚會邀請函、情書，或是訂婚、婚姻、懷孕或小孩出生的消息。如果有其他牌作為呼應，也可能代表生育。它也可以代表閒言八卦，或是閱讀愛情小說。這張牌也可能代表你生活中一個生性敏感、想像力豐富，又充滿愛心的小孩子。

傳統牌義：金髮藍眼的少年。好學。忠心耿耿。心志專一。學習。應用。工作、職業。反思、觀察、思索、冥想、沉思。正直誠實。謹慎、老實。自願服務別人。

聖杯侍者／公主逆位

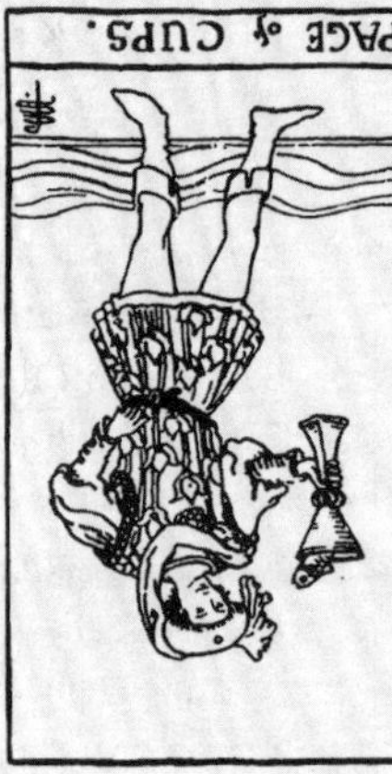

逆位的聖杯侍者可能對愛情懷有恐懼心理，抗拒談戀愛，或是否認自己在情感上很脆弱。有時候，這張牌也代表失去純真和信任。相反情況是，代表性經驗豐富、男花痴／女花痴、或是需要對方不斷向你保證你是被愛的。你可能因為被某人吸引而感到苦惱，或是會用誘惑和奉承來讓自己受歡迎。你的舉止可能過度浮誇，或者你可能會在別人都穿牛仔褲的時候偏偏盛裝打扮，或是你可能愛上「跟自己身分不相配」的人。這張牌也可以意指過度敏感、以及敏感度過高而無法過正常生活。另一種情況是，當對方向你抗議說你不夠愛他（她）時，你可能反而會變得很冷淡、冷酷無情。你可能已經決定永遠不要再讓自己受傷。

你可能正從一個人身邊或某個情況中逃開。你可能拒絕聽取建議、不想聽別人說故事、不想聽到任何消息。你的直覺可能在告訴一些你不該聽到或原本不會知道的事情。或者，你可能沉迷於指導靈、靈體、碟仙以及占卜法術，或是被靈體附身。你可能會退回到自己的幻想或浪漫想法中，或是沉浸在自己的私人王國，裡面都是自己想像出來的朋友。

這張牌也可能指一個在過去曾經對別人伸出友誼的手，卻被人唾棄或嘲笑的孩子。他們很容易受別人影響、被別人傷害。如果讓他們去接觸他們感到興趣的事物、讓他們充分發揮想像力，他們會學到最多東西。從內在心理層面來說，這張牌告訴你，要聆聽你的夢，即使那些畫面讓你感到不安或恐懼，要學習去傾聽、去愛、去安慰你的內在小孩。

健康方面，這張牌代表因愛而憔悴，甚至害相思病，出現噁心、昏厥以及胃不舒服。如果代表消息，那可能是一封分手信，或是某項邀約和社交聚會的邀請被取消。這些消息影響的是你的情感面，而不是理智面。接收到的通靈訊息後來可能被證明是錯誤的。

在薩滿巫術和魔法層面，這張牌代表青春期與初經儀式。在某個文化傳統中，這張牌象徵啟蒙儀式使用的「玉米娃娃」(或稻穀女神)，可能代表部落收成年年豐收、財運亨通。

傳統逆位牌義：一個很容易受人影響的柔弱少年。傾向、嗜好、習性。偏好、品味、風格。同情心、感情、依戀。愛。心痛、羨慕、嫉妒。吸引力、魅力、誘惑。邀請、同意。奉承、諂媚、阿諛。

聖杯騎士／王子（Knight/or Prince of Cups）

以最好的情況來說，**聖杯騎士**是一名追求精神上的純潔完美、致力尋找聖杯的武士，也是將自己全部奉獻給愛的吟遊詩人。他是一名充滿理想的夢想家，受內在價值觀和情感的支配，在浪漫的感官享樂世界中冒險前進。你或你認識的某個人，目前可能處於愛心滿滿的狀態，表現出水象星座（巨蟹、天蠍、雙魚）特有的平靜、溫柔、詩意和藝術天性。豪爽義氣又和藹可親的你，可能正在建立人脈、提出建議案或參加活動邀請。包括音樂會、舞會、靈性成長和宗教修持、諮商、聚餐，以及幻想式娛樂（比如電影）等各方面。你可能會用禮物和獻殷勤來向某人求愛，設宴款待你愛慕的對象。你可能想對他們獻出你最深的感情、展現你的創意想像力、從事精神方面的消遣娛樂、滿足他們心靈和情感的需求。你可能對別人的情緒特別敏感，也在練習取悅他人的技巧來促進人際和諧、避免衝突。不過，你也可能會把愛情當作一種手段，把愛慕和奉承變成工具來達成你的目標。就算是正位牌，也可能代表「始亂終棄」型的愛，因為「征服」就是你的目標。另一種情況是，你在「尋找」一種氣味相投或是能激發你藝術靈感的環境，或是將某個價值非凡的東西運送到一個新的地點。你可能會收到一個心靈影像或異世界異象的指引，或是擁有通靈意識能力，以及正在追尋靈性和療癒方法來解決現實生活中的難題。這張牌也可以代表水路旅程或是在潮濕的天氣出外旅行。

傳統牌義：一名魅力誘人、令人著迷的情人。邀請、提議。來臨、到達、接近。吸引力。征服。登陸。會面。接待、歡迎、歡喜迎接。接通。相吸或匯聚。合意、承諾、意氣相投。加入、追隨、結盟。富裕。比較、同類型。

聖杯騎士／王子逆位

逆位的聖杯騎士可能是一個詭計多端的陰謀家，或是一個過度感性、追求幻想愛情的唯美主義者。他可能很容易表露自己的感情，隱藏他的真心愛意，或是利用愛情，只為達到自己的目的。事實上，這張逆位牌還有一個傳統解釋是「不敢說出口的愛」——這是

十九世紀對於同性戀的委婉說法。通常一張逆位牌強調的是溫柔與祕密的那一面。如果這張逆位牌的出現，你反而變得更豪爽直率，那麼它可能暗指「出櫃」，無論你長久以來隱瞞的是什麼事情。另一種情況是，某項邀約可能會被取消，或是你可能會帶著適度的懷疑和冷靜頭腦來看待一項提議。你的感情可能是單戀，也可能被騙和有所隱瞞。事情往往不是表面看起來的那樣。你或你認識的某個人，可能抱著小心謹慎的態度看待承諾。也許你在情感上並不誠實，你會討好和奉承阿諛、不真心或像牆頭草。這可能是因為你一直飄浮不定，必須一直去適應各種情況，見人說人話、見鬼說鬼話，讓你變得很難侷限於一處或

被人掌握。你可能只是「愛上戀愛的感覺」，或者說，你很自戀，只愛你自己，因此無法對別人付出真心。你可能會有喜怒無常的情緒、整日眼淚汪汪、緬懷過去，或覺得沒有安全感，覺得快要無法忍受。你可能會變得無精打采，整天做夢和幻想。也許你不想要談任何感情。

健康方面，如果有其他牌作為呼應，你可能會性濫交、濫用藥物或是酗酒，來獲得感官快樂或逃避殘酷的現實。失衡會造成貧血或浮腫、容易感冒流鼻涕、噁心想吐、宿醉、精神混亂。如果這張逆位牌代表內心的真實感受，就如牌面上那件有金魚圖案的袍子，以及牌面最上方的水流所顯示，你可能認為自己只是別人借精生子的媒介，或是對方下意識裡的替代品，而不是一個真真實實的人。因此，你可能突然感覺難以承受，原來自己過去一直沉浸在詩意浪漫幻想中，淹沒在注重心靈感受和感情用事的海底世界裡。

在薩滿巫術和魔法層面，這張牌代表靈魂復原的旅程，或是夢境治療，你可以在其中探索夢的符號以了解它們更深層次的含義。也可以代表以描寫性愛來隱喻精神結合的奧祕詩人。

傳統逆位牌義：詭計、誘惑、欺騙、欺詐、狡詐。作弊、惡棍。策略。用計謀、權計、詭詐。感性。足智多謀。態度柔軟、順從。狡猾。令人髮指、殘暴、背叛、詆毀。

聖杯王后（Queen of Cups）

聖杯王后就像象牙塔裡的少女：感性、浪漫、愛做夢、喜歡沉思，帶有很深沉的情感。她可能很有愛心、親切優雅、善良、充滿關懷、有美感，對詩歌、美學、藝術擁有精緻的鑑賞力。她也可能自我耽溺、不切實際、無法專注、離塵脫俗。你或你認識的某個人，可能會用情緒反應和個人價值觀來評判事情。你可以感受別人細微的情感和潛在的情緒，你特別容易受到情緒和感覺的影響——包括你自己的和別人的。人們可能會來向你詢問你的直覺感應；或許你會使用通靈和同理心的能力來了解他們。由於你感受很敏銳，而且會想要取悅別人，你可能會變成對方的投射，將他們潛意識裡的女性面向反映給他們看。你可能很難了解真正的自己，因為你會像水注入各種形狀的容器中，隨因緣變化出各種形態的自己，只要你在那裡面覺得自在和安全。對某些人來說，這種敏感多變看起來會像是一種掩飾和偽裝。或者，你會讓自己變得內向矜持和獨來獨往，來保護自己這種敏感的個性。你可能更在意的是自己內在的節奏和流動，而不是時鐘上的時間。這張牌暗示了你是害羞、多愁善感、容易上當受騙、異想天開、愛做夢的人。你可能比較喜歡平靜與和諧的環境，但你也一樣可以在幻想和想像的世界中過得很好。有時候會對神祕主義著迷。

或許在別人看來，你是個充滿魅力、非常迷人、能使人神魂顛倒的人。你現在跟你心愛的人感情很好，也可能在夢想著有這樣一個對象。在情感關係中，你想要被珍惜、被寵愛和捧在手心。如果這張牌代表母親和伴侶，你會認為你所愛的人沒有任何缺點，會為他們創造一個充滿藝術氣息的美好環境。

傳統牌義：一名金髮藍眼的女人。善良、品德高尚、賢慧、熱心。可敬、端莊、體面、貞潔、誠實。好看、長相姣好。高雅、忠實、秀麗。美德的典範。

聖杯王后逆位

逆位的聖杯王后看起來就像天使般空靈飄逸，彷佛不屬於這個塵世。諷刺的是，她也可能是墮落的女人或是一個會勾引男人的女子。在維多利亞時代的文學作品中，她受到愛情誘惑，卻遭男人背叛，最後她選擇跳海自殺，變成水鬼海妖，引誘男人步向毀滅。

一方面，她是個蕩婦；另一面，她又欲語還休。

逆位牌暗示你可能在否認自己的情緒感受，又或者整個人沒有活力、虛弱無力、意志薄弱。它同時也代表你死也不肯裝腔作勢，拒絕你無法接受的信念。一個極端是，你可能會完全縮回不切實際的幻想和自怨自艾裡，酗酒或嗑藥。因為太過渴望和你喜歡的對象精神結合，可能會讓你整天魂不守舍，結果被其他靈體附身，或是染上惡習。另一種極端是，你可能敏銳機警而且能幹，不讓任何人來占你便宜，你克服自己的虛妄幻想，拒絕被感情所左右。

你可能不切實際，對別人的批評過於敏感，或是沒有時間觀念，對於規定視而不見。你可能輕浮、反覆無常，也可能會為了維持自己的生存而榨乾別人的精神能量。你可能會用消極抵抗的方式、生悶氣或用性愛來獲得你想要的東西。情感上的不安全感讓你容易吃醋、嫉妒、充滿敵對和恨意，而且可能產生報復心理，對感情非常執著，緊緊抓著不放。要不然就是，你會把自己封閉起來，變得無血無淚、冷漠無情、報復心很強。你可能會把你的愛藏起來。

健康方面，可能會有消化不良的症狀、心情鬱悶、水腫或是貧血。如果這張牌代表父母親或伴侶角色，這位王后可能很孤僻、心中充滿怨恨、自私自利，而且可能會把自己的不快樂歸咎於別人。她會用情感勒索或依賴，讓她所愛的人喘不過氣。從內在心理層面來說，這張牌也代表一種深層的奧祕聯繫，將自己完全奉獻給上帝或大靈，以致可能會否認自己的真實感官經驗。

在薩滿巫術和魔法層面上，這是一張代表靈媒、通靈能力，以及透過承擔他人的疾病或痛苦來治療心靈的牌。在某些薩滿附身形式中，她會嫁給一位仁慈的冥夫，或墮入惡魔情人的魔掌中。這張牌也可以象徵藥草茶和酊劑。

傳統逆位牌義：一名階級尊貴的女性。賢慧的女人。也有邪惡、不光彩、不誠實、墮落、粗魯的一面。傷風敗俗。腐敗、醜聞、放蕩、放縱、私通。反覆無常和善變。一名地位崇高的已婚婦女獻出她的愛。

聖杯國王（King of Cups）

聖杯國王這張牌讓人聯想到狂野放縱的希臘酒神與詩神狄俄尼索斯（Dionysus），但其實他只喝醉過一次，而且跟其他希臘諸神完全不一樣，他對妻子始終保持忠貞。他也像海神波賽冬（Poseidon），整個人充滿潛藏的深度和深沉的暗流，擁有如水象星座（巨蟹、天蠍、雙魚）一般的成熟權威形象。你可能正努力在激烈的情緒波動中保持穩定。若你是擁有權威地位的人，目前的文化幾乎不會鼓勵像你這樣的人展現出你的藝術才能、對人的深情愛意、直覺能力以及溫柔照顧的一面，因為如果你這樣做，可能會被認為是一個軟弱的人。為了不讓自己被情緒淹沒，你可能需要嚴格自我克制，讓自己像國王脖子上掛的那條魚一樣冷冰冰。不過也有可能，你會展現出值得信靠、感性、有愛心、富有同情心的行事風格，也可能會是一名和藹可親的主人、好朋友、別人的知己。這張牌也可以代表詩人或藝術家、商業鉅子、神職人員或牧師、家庭醫生或是顧問、諮商師。

你或是你認識的某個人，可能是一個相當能夠考慮和滿足別人需求的人，或者成為別人的慰藉。你可能正在主導某些文化活動，提供既慈悲又明智的建議，也可能刻意煽動他人的情緒，讓他們同情你的活動目標。你可能有懷舊的傾向，信奉老派的價值觀。如果這張牌代表一位父親，這個**聖杯國王**父親若不是非常慈愛、很會照顧人，就是會因為文化背景教育因素，害怕表現出自己對孩子的關心。

傳統牌義：一名金髮藍眼品德高尚的男人。誠實和正直。平等、公正。藝術家。科學家。律師。對宗教非常虔誠。公平交易、善良、負責、體貼。給別人支持、情深意重。

聖杯國王逆位

逆位的聖杯國王可能會把自己封閉起來不與人接觸，似乎冷酷無情，或是他會深入去探究自己的心——但代價是犧牲了外部人際關係。你也可能會多愁善感、容易流淚。另一種情況是，你會表現出男子氣概，以免讓人覺得你很懦弱、軟弱、無能。由於受到情緒波動的折騰，你有點害怕自己會情緒失控。你可能對自己感到失望，因此憂鬱和沮喪，對什麼事情都提不起勁。

你可能會在完全錯誤的地方尋找你的愛情，也可能會非常疼愛你的愛人，就像約翰·藍儂對小野洋子一樣，對妻子獻出全部的愛。或是也有可能相反，你或許相信只要坐著等待，愛情應該就會自己到來。由於你認為這個世界就是冷漠和剝削利用，因此你可能也會去利用別人——所以這張牌的傳統含義也帶有貪汙和詐騙的意思在內。你可能會躲在愛心的假面具背後，或者對外人假裝迎合。如果你一直戴著假面具來滿足別人的需求，最後你可能連自己是誰都忘了。或許你覺得自己為家人的犧牲都沒有被感謝。你可能只是想要得到別人的同情。很像電影《白日夢冒險王》裡的那位主角華特·米堤，一個怕老婆的老公躲進幻想世界裡做白日夢。

如果牌陣中還出現其他**聖杯牌**，那你可能有嗑藥、酗酒或工作狂的傾向。你可能會抱著「我好可憐」的心態，沉溺在消極抵抗的自怨自艾中。因為很難正面採取行動，你可能會偷偷摸摸做一些事。或是，你可能會消極地隨波逐流。

如果這張牌代表一位父親或伴侶，這個逆位狀態可能會讓你對家人過分溺愛、讓人窒息，或是完全沒辦法給家人情緒支持（可能因為酗酒的關係），而且喜怒無常。可能會用性愛來勒索對方，要不然就是性變態和到處偷腥。另一個角度來說，這張逆位也可以代表突破男性角色在照顧家人與男性友誼方面的社會觀念。健康方面，你可能在考慮使用非傳統的治療方法。這張逆位牌也意指找出「不適」或不和諧的潛在原因。單純從圖面看來，你可能有暈船或生育方面的問題。

在薩滿巫術和魔法層面，這張牌代表獻身於實際行動的祭司角色。也是指亞瑟王聖杯傳說中那位負傷的漁夫王（Fisher King），直到有人向他問起：「這聖杯是要服事誰呢？」他的傷才得以痊癒。

傳統逆位牌義：一名男性商人或坐辦公室的男性職員。一個不名譽的男人。狡詐的雙面人。敲詐勒索。盜用公款。賄賂。不公正。攔路搶劫、強盜，小偷。流氓、騙子、詐騙。罪惡、腐敗、不公不義、醜聞。荒廢。

寶劍侍者／公主（Page/or Princess of Swords）

寶劍侍者看起來就像一個棒球打擊手，他（或她）的眼睛緊緊盯著球，等著投手把球投出。你或是你認識的某個人，可能對接下來會發生什麼感到好奇，如果是跟人有衝突，那就是處於防守和戒備狀態。或者你可能大膽魯莽行事。在人際互動中，你相當警覺、機智、反應敏捷，但如果受到威脅，你也會變得很尖銳或是懷恨在心。你可能正在嘗試必須迅速適應的新點子或新技術，或是正在玩一場同時挑戰身體和頭腦的遊戲，需要靈活機敏的技巧。你可能在幫忙解決紛爭或處理危機，或是收集事實和數據來決定要不要接下一份工作或案子。你可能正在學習或是使用邏輯、語言、寫作，以及演講、研究、設計、調查、電腦和技術。或是，你可能參與了間諜活動或監視工作。以最好的情況來說，你已經培養了辨識力、反應能力和機智，能夠「飛快」即興創作。你已準備把握時機，好好運用你的精神實力以及如劍般精準的策略。

從表層含義來說，這張牌可以代表使用刀、劍或其他切割工具。你可能需要保持警戒和警覺。如果**寶劍侍者**這張牌代表一個小孩子，那這個小孩可能防衛心很強或多疑，可能是因為早年被人遺棄或受過傷。這張牌也可以代表早熟和充滿好奇心的小孩子，或行事帶有風象星座（雙子、天秤、水瓶）不成熟傾向的人。如果代表消息，那這個消息可能跟困難、談判、合約簽訂或是法律問題有關，或是關於八卦和傳說。一般也可以代表對於新想法、新意見保持開放和渴望的心態。

傳統牌義：間諜、保密、好奇。監視。監視者、調查員、警戒。財產管理人、財務主管。檢查、記錄。推測、測量、計算、數值。博學多聞、學者、科學家、演員。

寶劍侍者／公主逆位

逆位的寶劍侍者可能很尖酸刻薄、喜歡罵人、毫不留情，但也可能非常脆弱、不擅言語。你可能會放鬆警戒，或是放下手上的劍。你可能發現自己很難站出來捍衛自己的立場。或是你會使用拖延策略來把問題想清楚。

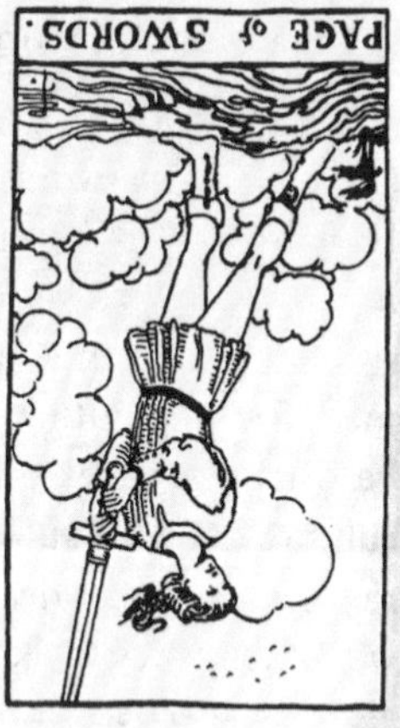

寶劍侍者的防禦姿態可能顯示出童年時期受過創傷，以及無法真正化解過去的傷害。你，或者你認識的某個人，可能會無預警發出猛烈抨擊，而且可能會靠著傷害和貶低他人來獲得心理上的滿足。可能會有人想用謠言緋聞來惡意中傷和誹謗。你可能純粹因為喜歡爭論而爭論，也可能心存報復使然。但是也有可能，你完全不知道自己的言語和行為會造成什麼樣的後果。

你可能會逃避社交或人際往來，不太想在眾人面前發言或分享想法，你會變得舌頭打結。你可能行事詭祕，或是在隱瞞跟自己有關的消息。也可能完全相反，你會隨便胡謅，講話不合邏輯。你的虛張聲勢可能會被認為是刻意擺出的姿態。

可能會發生口頭上或書面文字上的誤解，你可能會在工作中抄捷徑、圖省事。你可能沒有什麼信心講出自己真正的想法。如果你把這張牌投射到其他人身上，會認為這個人很狡猾、殘忍、喜歡撒謊，有可能會背地裡捅你一刀。或者你把每一件事情都當成背後有陰謀。你可能認為自己還沒準備好，還缺乏某種心理或技術上的能力，因此會過度防衛。

這張牌也可能代表一個年輕人遇到法律上的問題，或是受到父母離婚或分居的負面影響。他們可能感覺自己被看輕、嘲笑和羞辱，而且可能會拒絕跟人溝通互動，也有可能這個人正在試圖克服以上這些狀況。

健康方面，這張牌代表可能有言語表達上的困難、自閉症、口吃，以及受到心理或身體上的虐待。也可能意指免疫系統低下。如果有其他牌作為呼應，可能會有自殺念頭。如果代表消息，那這個消息可能非常突然、不在預期之中——因為突如其來而造成痛苦和不安。某項計畫或事情流程無法「起步」，因為它缺乏邏輯或詳細計畫，或是陷入意見上的分歧。

在薩滿巫術和魔法層面，這張牌代表成年的考驗，就像亞瑟王拔出石中劍，或是美洲原住民在青少年成年之際進行的靈境追尋（vision quests）。這張牌也可以代表具有想像異世界現實的能力。

傳統逆位牌義：一個虛弱無力的人。冒名頂替者。缺乏防禦力。生病。一個陰謀、攻擊。突如其來、瞬間發生。意料之外、冷不防。令人吃驚、令人驚訝、不同凡響。沒有做好準備就開口說話和行動。

寶劍騎士／王子（Knight/or Prince of Swords）

寶劍騎士「不顧一切」騎馬衝鋒陷陣，就像誓言斬殺巨龍的英雄，也可能是一個帶著警告訊息急急前往某地的信差。他展現了風象星座（雙子、天秤、水瓶）的革命精神，特別是專注於心理和言語的行動。這張牌也代表你自己或其他人的一個性格面向，能夠對每一件事情批判性思考、分析、區辨、衡量的那一面。你可能很果決、很有說服力，但也很剛愎自用、沒有耐性。或許你正在努力修正錯誤或掃除某些障礙。你可能有心要說出自己的觀點，或是跟別人傳達你的想法或哲學觀，但由於太過急躁、衝動，而有一種「自以為無所不知」的傾向，你可能沒辦法停下來傾聽別人的觀點，或是停下來看一下自己究竟要往哪裡去。你可能正在訂立原則或對事物分類。從另一個角度來說，你可能處在一種會讓你憤世嫉俗和挖苦嘲諷的情境中。你可能會自以為是地捍衛你所認為的真理，或是以解開那些幾乎無解的想法為樂。你可能會急於為爭論而爭論。你可能將邏輯、批評和分析當作武器，來掃蕩非理性和模糊不清的論述。這張牌也代表對於研究和分析工作、公關企劃、執法或是溝通感到興趣，或是有機會接觸這類事情。你可能會帶領一支作戰隊伍或聲援捍衛一項議題。或許你腦筋轉得很快，想要節省時間或免除一些沒有效果的行為。如果這張牌代表一種移動方式，那就是搭乘飛機、騎摩托車或是急著趕去某個地方。天氣的話，有可能起風或有暴風雨。

傳統牌義：劍客、軍人、追隨者、惡霸、刺客。鬥士。敵人。爭吵、戰爭、戰役、決鬥。英勇的行為。狂熱。攻擊。防禦。對立、破壞、毀滅。魯莽衝動。推翻。粗魯。仇恨、惡意、怨恨。生氣、憤怒、勃然大怒。技能。勇氣、勇敢、英勇。

寶劍騎士／王子逆位

逆位的寶劍騎士會非常狂熱、無法控制自己，最後搞得自己筋疲力盡。就像一名足球員努力往前衝想要達陣，但是卻跑錯邊，又像活在錯覺裡的唐吉訶德，騎著馬奮力衝向風車、要跟風車對戰。最後，這名騎士得到的評語就是荒唐可笑、魯莽、無能。你或

是你認識的某個人，可能是個不切實際、只會講空話的吹牛大王，每天跟雲作戰、對著稻草編成的馬亂揍一通，爭論些無關緊要或空泛的理論。你可能因為一些不公道或不公平的事情大發雷霆，卻沒有實際去查證事實或消息來源。你的話聽起來像是在胡說八道，論點完全不合情理。或是，你身上可能已經千瘡百孔，或被犀利尖銳的言詞所傷，你只想從前線撤退，放下手上的劍。你可能很努力要克服你的衝動，或是馴服你內心那匹「脫韁野馬」，無論是指你的本能還是想法。你可能會刻意讓自己變得更加深思熟慮、更謹慎，而不是魯莽衝動。

不過，你可能還是會發脾氣，貿然就造成痛苦和傷害。你可能會變得冷酷無情，或是報復心很強，老是將錯誤歸咎於他人，或是用殘酷的理由來製造毀滅。如果行事太過匆促，你可能會發現根本是在浪費時間，而且會犯上一堆錯誤。當你在炫耀時，可能會不小心讓別人陷入危險。偉特牌上的那匹馬在逆位牌中看起來比正位還要生氣，代表你根本不聽別人建議就一股腦兒往前衝。你可能認為自己動作比別人迅速、頭腦比別人聰明，因此可以「僥倖脫逃」一個圈套或一場騙局。或是完全相反，你發現自己被這樣的人陷害了。你可能會因為一些不公不義的事情感到憤怒，想要報復。另一個角度來說，你也可能是在後退而不是前進，急急忙忙從某個危險情境中逃走。這張逆位牌對運輪移動來說並不是好牌；可能會火車出軌、被趕下飛機或繞遠路。

健康方面，可能會有肢體暴力的傾向、會發生意外事故、受傷，尤其是手臂或腿部，而且是在跟速度有關的地方。也可能意指中風（也稱為腦內風暴）。在薩滿巫術和魔法層面，這張牌代表靈魂戰士，在上層世界努力奮戰。也可以代表心靈上的自我防禦。

傳統逆位牌義：扒手、騙子、詐賭。裝傻。輕率。無能、笨拙、無知。軟弱。因衝動造成錯誤。愚蠢、單純、愚笨。胡説八道、嘲諷。自負、虛榮。揮霍。靠小聰明過活。災難消息。

寶劍王后（Queen of Swords）

寶劍王后在傳統含義上是代表一個離婚或喪偶守寡的女人，或是老處女。雖然聰明而且能夠明辨是非，卻含蓄矜持且超然冷淡，是一個冰雪女王。她那嚴肅不苟言笑的自信模樣，可能讓人望而生畏，但你絕對可以信賴她會坦誠相待、誠實以告，還會剪除那些無關緊要的枝枝節節，因此不管任何事情都能精準直指核心，絕無廢言。她可能會穿著一身如黑色喪服般簡潔俐落的套裝。她勇敢從痛苦中記取教訓、面對悲傷和失落來獲得智慧，就像牌面背景中那些浮在空中的雲。她的複雜心思也讓她有能力應付複雜的狀況。她秉持嚴格的專業精神，堅持真理與原則，不太在乎他人感受。她精心鍛鍊過的頭腦和自律使她能夠執行誠實且嚴謹的評論、研究、寫作或商業交易。你可能會要求別人誠實，同時挑戰他們的能力、效率、能耐以及進取精神。你可能會提供明智的指引，但要達到你的完美主義標準可能很困難。你會公正不阿地處理各種狀況，也善於應付別人的失望情緒。個人自由和意見獨立、不受人左右，是你非常看重的品質。你可能非常果斷、嚴厲、有很強的批判性而且頑強不屈，如果有必要，你甚至會與人斷絕聯繫，雖然你也會因為失去他們而感到哀傷。不過，你可能也會適時斬斷自己的情緒，不讓自己陷入悲傷。在伴侶關係中，敞開心房的溝通對你來說非常重要，雖然你可能會沒完沒了地向對方剖析一段感情。如果這張牌代表一位母親，你對你期待的事情要求很高、很挑剔，而且絲毫不讓步。

傳統牌義：守寡、悲傷、哀愁。喪失、匱乏、缺席、分離、缺少。貧瘠、貧窮、窮困、不幸。空虛、空缺、沒有東西、空的、閒置、休眠、空閒。

寶劍王后逆位

從傳統牌義來看，**逆位的寶劍王后**就像莎士比亞筆下的馬克白夫人或白雪公主的後母。她會用欺騙和詭計來達到她的瘋狂目的。不過，若僅僅將她看做壞人，那這齣戲就太通俗無奇了，沒辦法看到一個性格上有致命缺陷的人身後的更大悲劇。個性殘忍、心胸狹隘通常不是這個人真的惡毒，而是因為內心深沉的絕望和自我欺騙所導致。壞脾氣與惡劣行為很可能是因為雄心抱負無法施展、理想受挫，以及能力被犧牲或沒有好好利用所致。另一種可能是，這位王后逆位之後反而變得更有愛心、更感性，沒那麼不近人情，也比較能夠依賴別人，而且會讓她卸下防衛之心。

一個極端是，你可能會將自己的才華與能力藏在奸詐的面具之下。另一個極端是，你可能是一個拒絕舒適度日和群居生活的苦行僧。你壓抑哀痛，抗拒憂傷。離群索居、自我限制、對人不寬容，都可能是因為心碎和失望。你可能會對他人表現出過分批評的態度，或是嚴厲自我批評。這張牌也可以代表拒絕劃下句點，或想要延遲決定。你可能害怕孤獨或被拒絕，卻又將自己與身邊的人隔絕開來。你可能不希望自己過度理智化，拒絕玩心理遊戲，或是想要克服因為父母或上司對你冷淡、漠不關心而帶來的痛苦。如果有其他牌作為呼應，這張牌也可能代表死亡、離婚或分居帶給你的難題，因為它們可能不會「切得乾淨淨」。在個人情感關係中，可能存在積壓的憤怒和殘忍行為，或缺乏骨氣和辨識力。如果代表一位母親，她可能因為內心帶著極大的悲傷，而表現在外是卻是同情心或冷漠和距離。她可能不寬容、不講道理，也可能優柔寡斷和冷淡遲鈍。

在健康方面，這張逆位牌代表氣喘症狀、過敏（尤其是對黴菌過敏），以及環境的危害。在薩滿巫術和魔法層面，這張牌代表有能力設下結界、界定工作內容，或是清楚知道哪些事情不該攬在自己身上。也可以代表熟悉毒物知識，知道哪些會使人沒命、哪些可救人性命。它也可以包括為亡者準備後事以及執行儀式，傳統上會透過女性耆老的靈視預先得知。

傳統逆位牌義：一名邪惡、壞心肝、惡毒的女人。惡毒、惡意、報復心。欺騙、詭計、矇騙、欺瞞、用計、計略。偏執、假正經、虛偽、不寬容。狂熱。心胸狹隘。離群索居。

寶劍國王（King of Swords）

寶劍國王正在「執行其職責」。他是嚴厲的法官、堅定無畏的士兵、書籍主編、外科醫生、法官或是一位哲學家。正所謂「以刀劍治國」，意思是，他有一套如鐵般嚴格的標準在衡量事情。像其他牌組的國王牌一樣，他也是真理與正義的公平仲裁者；該他負的責任他絕不推辭。他具體展現了風象星座（雙子、天秤、水瓶）的外在專業素養。因此，他是一個會依據邏輯、理性、倫理、原則以及事實來決策的人。這張牌最好的情況是，他會努力做到誠實、公平、嚴格和精準界定，遵循絕對的規則與指導方針。這張牌代表要處理法律事件、訴訟判決以及談判，或是跟警政和軍事相關的事務。你或你認識的某個人，可能非常堅持做事的標準或時程，或是正在評論一件作品，找出它的瑕疵、錯誤或缺點。你對你的工作有非常嚴格的要求。可能會為自己設下界限，必要時不惜放棄自己想要的東西，以尊重某個原則或決定。面對事情時你總是非常乾脆而且冷靜，以求達到最大效率、最高的精確度和秩序。紀律是絕對必要的。你會謹慎評估計畫行動的後果。如果有必要，你會毅然斬除任何不需要的東西，即使這表示你自己可能得犧牲。如果這張牌代表一位父親，那麼這位國王會設定極高的標準，教導他的小孩每一個行動都會有其後果。如果代表配偶，此人可能非常聰明、誠實，有原則，但也可能有點愛挑剔，又要求很多。

傳統牌義：神職人員或律師。法官、議員、參議員、商人、醫生、法律學者、訴訟當事人。法理法學。權力、命令、情報。武力。

寶劍國王逆位

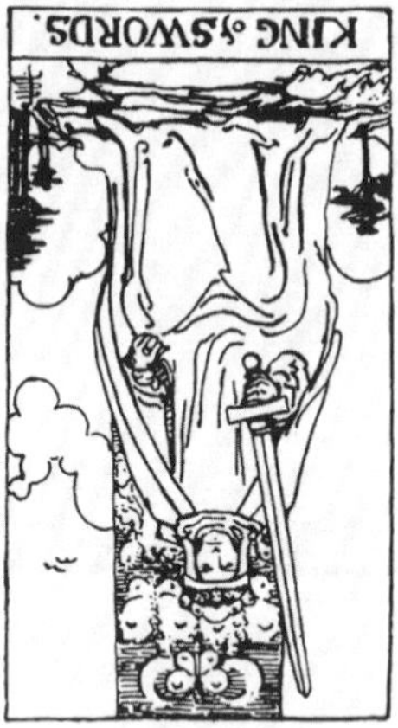

逆位的寶劍國王藉著發怒或讓自己變得不近人情，將秩序和紀律發揮到一種非常極端的地步，他的行為絲毫不帶同情、非常冷酷，而且堅決不動搖。他的訓練可說非常嚴厲冷酷，毫無憐憫之心。但另一種可能情況是，此人無法為任何事情挺身而出，他的意志力非常薄弱、個性鬆散馬虎、無法做決定。這張逆位牌也可能代表所謂的「心不在焉大教授」：在某些地方非常敏銳，但在其他地方完全沒神經，或者，也可能代表一個缺乏才智能力的人。

你可能會跟無恥或狡猾的人打交道，尤其是跟法律有關的事情。或是，你可能會做出違法或犯罪的事。有時你會有思考上的錯誤，或是將偏見當作事實。它也可能是在告訴你，輕鬆點、開個玩笑亦無妨。

世界可能看起來相當不公平而且腐敗。你或你認識的某個人，可能對司法體系、政治，商場上的理想破滅。你可能有操守卻感到孤單。或許你一直承受不公平的對待。判決和決策可能不會如你所願，甚至會有不公平和偏袒的事發生。你可能很努力要「打擊體制」，或是想要避免先前行為造成的後果。你可能無法堅持自己的信念或實現你的目標，除非使用詭計花招。你可能會做出反常行為或傷害某人，無論是故意還是無心。你可能過分挑剔、喜歡挖苦人、冷酷無情、不願寬恕別人。

這張逆位牌也可以代表企圖駁回不人道或不公平的規則。你可能想要讓一件法律訴訟翻案、想要讓你的上司丟官，或是罷免一位民意代表。也可能代表政治異議分子或激進行動，因為你可能對專制政權感到不安。

健康方面，可能有精神退化或衰老的現象。身體上可能出現疼痛，或許是因為僵硬、舊傷或背部毛病引起的。

這是一個脾氣暴躁的父親，可能會跟自己的孩子斷絕父子關係或拒絕往來，或是施加不合理的懲罰。另一種情況是，他沒辦法挺身而出去對抗任何人或任何事情。他要不是過度紀律嚴明，就是根本毫無底線。

在薩滿巫術和魔法層面上，這是一張代表面對嚴峻考驗和血咒為誓的牌。也可以代表堅守宇宙法則的靈魂戰士。

傳統逆位牌義：心念邪惡。一個危險人物。敵人。惡毒、惡意。惡作劇。脾氣暴躁。任性、背信忘義。犯罪。殘忍、不人道、暴行。虐待狂。擔憂、悲痛。衝突、干擾。一場官司敗訴。

錢幣侍者／公主（Page/or Princess of Pentacles）

錢幣侍者是一名學生或學徒，代表的是土象星座（金牛、處女、摩羯）的不成熟特質。他（或她）行事謹慎而務實、忠誠而堅定，只有當他親眼看到和親手摸到他才會真正相信一件事情。你或者你認識的某個人，可能帶著驚嘆與好奇在檢視某件事情，當然也會根據普通常識來判斷。也許你正在尋找事實、收集數據資料觀察一個過程或實驗。你可能在上課、思考要從事什麼職業，或是在學習新的技能，可能是透過職業培訓，或是在應徵工作。你可能被一些新技術或其他令人驚奇的事物吸引，感到著迷。當你要購買某樣東西，會仔細檢查它的品質和做工。你會收集一些東西，比如海灘上的貝殼。你願意冒險，但前提是它必須有實際目的，而且要能符合特定目標和標準。偶爾，你也會感覺有些欲望和渴望沒有得到滿足。

如果這張牌代表一名信使，那他可能是要告訴你，特別注意有形的東西，比如你的身體、健康、財產，以及一些具體實際的東西。你可能需要非常仔細地閱讀業務上或財務方面的通知或合約，要小心遵照說明文字或圖表的內容。這張牌也可以代表資訊和數據的收集和傳播。

如果這張牌代表小孩子，那他會是警覺心很強、學習認真、務實的小孩，而且對大自然特別感到好奇。他們常常可以自己一個人玩得很快樂，而且可能很喜歡把東西拆開，看看內部結構是怎麼運作，然後再拼回去。

傳統牌義：一名膚色和髮色較深的年輕男性屬下。學習、指導、應用、冥想、反思、專注。工作、職業、學徒制。學校、門徒、門生、學術研究、學徒、業餘人士。投機商人、貿易家、談判家。投機公司。

錢幣侍者／公主逆位

逆位的錢幣侍者可能會注意力不集中、不再認真學習，或是乾脆逃學蹺課，而且通常會變得很不實際，無法腳踏實地。機會可能無法實現，期望或計畫會落空，比如失去工作上的升遷機會——或是你會自己把它拒絕。你可能會很難學習新事物，很難掌握必要的資訊或事實。你可能會對某件值得花時間或非常重要的事情失去耐性和興趣，結果犯下嚴重錯誤、把事情搞砸。也可能你會改變心意，過去你想要得到的東西，現在你發現那對你已經沒有吸引力。有時候，這張牌也可以代表過度找碴。

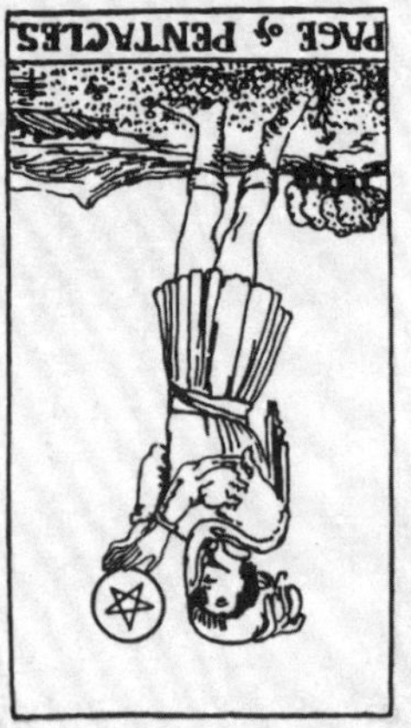

你可能貪求金錢和財產到一種地步，變成你被它們占有、受金錢支配。你可能會對你認識的人產生不成熟或神經質的依戀。你會發現你擁有的東西比你想的還要多，你參與的事情也超出你所知，你不知道該怎麼辦。

另一種可能是，你會遠離一切有形物質的追求，將注意力轉移到靈性和轉瞬即逝的事物上。內在靈視力可能變得比物理上的視覺還重要，因此你可能會對占卜、水晶球或是碟仙、顯靈板等這些東西著迷。你可能不會想讓別人知道你有這類興趣。

你可能忽略了你的健康或衛生問題。再擴大一點來說，你可能也會忽視或不尊重地球母親，所以你會製造垃圾、亂丟垃圾、破壞你身邊的環境。你的視力可能會受損，無論是實際身體上的還是隱喻上的。你可能全神貫注於日常瑣事，以致感覺好像陷入某種困境。或是完全相反，你可能會決定擺脫瑣碎的執念，然後發現有一個全新視野的世界在等待著你。

健康方面，這張牌代表因為工作過度勞累而導致抑鬱和疲憊。也可以代表一般的兒童疾病。如果是代表消息，那這位信差帶來的可能都是壞消息，比如原本的計畫遭到取消。如果你將這張牌投射到另一個人身上，你可能認為他們太過物質主義，要不然就是與現實脫節。

在薩滿巫術或魔法層面，這張牌代表學徒，或是童話故事裡那個年紀最小的弟弟或妹妹，他發現了一樣東西，但完全不知道那是價值非凡的寶物，只是覺得開心和好奇，一直把它帶在身上。

傳統逆位牌義：專業。慷慨、大方、奢華。多到有剩。自由、仁慈。人群、群眾、多數。降職、貶低。損壞、破壞、掠奪。損耗殆盡。叛逆。帶來壞消息的人。插手管別人的事。

錢幣騎士／王子（Knight/or Prince of Pentacles）

錢幣騎士很好用。他絕對是你可以信靠的人，只要他說他會幫，就一定做到，而且他一定會待到把所有工作都完成。他要不是很會修東西，就是一定會去弄清楚狀況，而且有時可能還是一位具有強大審美觀的老練技術工匠。他具備土象星座（金牛、處女、摩羯）的特質，是一個舉足輕重的人：他可能不會經常變動，但只要一有動作，就會堅持到底。他頭盔上的那些橡樹葉告訴我們，他的力量和智慧來自大地，而且他關注著這片土地以及土地上的所有問題。他盡忠職守、為人可靠，但也非常性感，對身體感官享樂有適當健康的慾望。我們看到他對那片犁得很整齊的田感到自豪，他會花時間仔細觀察事物。在情感關係中，他很重視對方、能給對方安全感、井然有序、又相當可靠，有人可能非常欣賞這些特質，但也有一些人則覺得這種人很乏味無趣。你或你認識的某個人，可能會以一種務實、有條不紊的態度去處理一項工作，或是對另一個人展現你的忠誠、提供你的服務。資源保護、投資或財產管理可能是你關心的事情。你可能會運用你的常識，仔細驗證事實和細節，全神貫注於真正可以實現的目標。藉由運動和營養來保持身體健康，對你來說可能很重要。不夠主動和固執己見可能會阻礙你前進的速度。如果這張牌代表旅行，它會建議你搭乘公車或火車在陸路移動；不過，首選交通工具當然是四輪傳動越野吉普車，或是黑色賓士轎車。

傳統牌義：積極主動的人。很好用、耐用、有益。實用。利己、關心。感興趣。有利可圖、價格誘人。優厚待遇、收益、利潤。重要、必要。樂於助人、善良、熱心相助。成功源於力量、毅力、意志。

錢幣騎士／王子逆位

逆位的錢幣騎士可能太過沉迷於唯物主義和物質世界，以致沒有多餘的時間跟人互動、做白日夢或是從事休閒娛樂。他把所有精力都放在本季勞動成果、或下一季採收上。他可能是一個反應遲鈍、古板守舊的人，在社交聚會上像個木頭人，要不然就是沙發馬鈴

薯——他的世界就只有電視、啤酒和零嘴。但也有可能，他只對運動和健身非常投入。

你或你認識的某個人，可能非常固執、心胸狹隘，或是脾氣暴躁、反社會。你可能感到非常疲累、整個人無精打采、提不起勁。這種倦怠和無聊的感覺，通常會在你對工作和生活覺得毫無意義和用處時出現。你可能缺乏堅持下去的毅力、失去興致，以致你可能會拋下某些人、某些工作，或是不想再努力，因而錯過了一些機會。可能發生的情況包括：失業、困在沒有出路的工作中、缺乏方向，或是失去動力。你擔心你會一無所獲。預期的援助可能無法實現。時間、精力以及資源可能會被浪費，或是因為粗心或疏忽而錯失一個

機會。如果沒有人在旁邊敦促，你可能根本沒有動力去做某件事。

另一種可能是，你會放下對物質的執著，專注於內在有價值的東西，追求精神上的安心感。你會練習打坐冥想，尋求內心的平靜和安寧。這張逆位牌也可能代表工作已經完成，玩樂的時間到了，該好好休閒享受一下了。不過，如果這當中缺乏意義，結果可能就是空洞的玩樂、毫無意義的消遣，反而會讓你分心，看不到自己其實缺乏自信、人生沒有目標。你可能正在挖掘被埋藏的寶藏，或發現了其他人沒注意到的東西。

健康方面，這張牌代表體重過重、缺乏運動，或是運動過度導致肌肉僵硬粗大。生理系統可能運作緩慢而且笨重、動脈阻塞。你可能有慢性疲勞的現象。

在薩滿巫術或魔法層面，**錢幣騎士**代表樹精和橡樹王。它也意指透過仔細觀察大自然來讀出隱微的暗示和預兆。

傳統逆位牌義：和平、休息。嗜睡。無精打采、懶洋洋、停滯、沒有活動力。無所事事閒晃、失業。休閒、娛樂、玩耍。粗心大意。懶惰、怠惰。平穩寧靜。麻木、沒有活力。氣餒。

錢幣王后（Queen of Pentacles）

錢幣王后就像號稱美國最會賺錢又最會生活的女人瑪莎・史都華（Martha Stewart），這張牌講的就是殷勤好客、高尚雅緻的生活、物質充裕無憂。她關心非常實際的資源保護議題，而且對於做生意、大自然、動物、家政、室內或景觀設計都非常感興趣。這張牌經常也被用來作為繁榮興旺的象徵。

錢幣王后代表你自己（或其他關心經濟安全與物質福祉的人）內在的一個性格面向。你可能是個很會照料和照顧自己身體、食物、土地或財產的人。或是正在享受舒適生活，也擁有社會聲望。你為人相當慷慨，願意幫助支持別人。別人也可能會仰仗你提供豐盛的膳食、舒適的環境、治療、照護，甚至文書庶務方面的服務，你甚至還會幫別人付帳單。除此之外，你在商務和企業管理方面也都有實務經驗和能力。也許你現在的生活非常富裕、奢華、豐足。你會從事某種手工藝或自己創作歌曲，或是發展有形的產品或服務。

對於身體感官的歡愉，你雖然大膽而且能夠自然展現，但其中可能帶有一種母愛在內。你會運用務實的普通常識來協助事情順利發展。你可能正在努力保存對你或你的族群具有重大價值的東西。你正用平靜的心情看著事情順利蓬勃發展。你原則性很強，堅持做事的標準，並提供精緻便利的設施。你會把自己的責任擺在第一位，用你的智謀來使生活穩定、有保障，或是提高你的生活水準。如果這張牌代表一位母親，這位女王會希望她的孩子擁有一切物質上的優勢，而且對他們自己有安全感。

傳統牌義：深色皮膚的女性、有錢的女繼承人、交際花或是暴發戶。嚴格但慷慨、心胸開闊、心靈寬廣。經濟自由、安心保障、安全感。豐裕富足、富有、奢華。自信、安心。勇敢、大膽。坦率、真誠。繁榮興旺。社會地位很高。

錢幣王后逆位

逆位的錢幣王后不是一個家庭至上的人，而且討厭鄉下地方。她不會做飯、不會種花，而且要每個人自求多福。你或你認識的某個人，可能很不會照顧自己、不會照料周遭環境。你可能看起來很邋遢，屋子雜亂無章。你可能會拒絕照料他人，也不想成為一位母親或別人的照顧者。你可能有財務上的困難、浪費資源，或是喜歡囤積垃圾。你可能覺得自己的努力永遠達不到標準，食物或生活用品會不夠用，或是有人的需求無法得到滿足。面對基本的管理要求，有時你會感到猶豫和為難。相反的一面是，你可能對家務事非常熱衷，對食物和運動有強迫症，對於你愛的人你會想要霸占，占有欲很強。

逆位的錢幣皇后也表示占有欲愈來愈強，對安全感和地位的渴望日漸加劇，如果有人威脅要把這一切奪走，你可能會想辦法報復他，或決定不惜一切代價把它奪回來。但另一方面，你可能會表現出畏縮、膽怯和自卑。這些反應的背後，其實是一種對於貧窮的深深恐懼。你可能非常渴望擁有安全感或從未真正感受過的自我價值感。你可能感到無助，需要別人的關心，或是沒有花時間好好照顧自己。你的身體可能會用受傷或生病來出賣你。性愛變得很低賤，或只是一種交換的工具。你會變得沒有原則，無法做決定。或是相反情況，你可能會放棄追求安全感或拋棄家庭的價值觀，去追求無憂無慮、冒險的生活。

健康方面，這張牌可以代表任何消化或營養的問題，以及身體的一般護理和照顧。可能會對環境毒素變得很敏感。如果代表一位母親，她的家可能亂七八糟，小孩老是餓肚子而且到處撒野，但這並不表示這位媽媽不愛她的小孩。另一種情況是，這位王后會過度管教和控制她孩子的人生，認為孩子應該乖巧聽話、是她的財產，而且外在表現比他們本身的真實樣貌更重要。

在薩滿巫術或魔法層面，她帶領其他人通過人生階段儀式，是女巫大聚會的領袖，並且精通廚房魔法。

傳統逆位牌義：健康狀況不佳。一個壞心、多疑的女人。懷疑、不信任、不忠。背信忘義。放蕩、輕佻、不穩重。失和。復仇。邪惡。恐懼、恐怖、忐忑不安。膽怯。猶豫不決、優柔寡斷、拿不定主意。不知所措。沒有責任感。女冒險家。

錢幣國王（King of Pentacles）

錢幣國王有一雙仁慈、能夠點石成金之手——凡他所碰過的一切，都會繁榮興旺——只要是在有形物質世界裡面。他為人爽快、保守穩健、踏實、穩重。這張牌也可以代表資金管理方面的能力。事實上，「行情看漲」這句話也適用於這裡，因為它不僅相當能夠代表土象星座的金牛，也代表了對股市上漲抱持樂觀和信心。這位**國王**雖然是一位大家長、供應眾人吃穿，但他可能會將人當作他的財產或可以被轉讓的商品。

你可能是從事金融、商業市場、房地產或投機事業。你把能量都用在追求具體有形事物，以及身體和物質的安穩健康。你追求生活中一切美好的事物，專注於它們的實用性和實際價值。你能欣賞美食美酒、以及美好的生活，藉由你的感官獲得快樂。能夠表現這種土象星座特質的術語還包括：務實、可靠、穩定、堅韌、健壯、堅定、有耐力、精力充沛。當你付出金錢和精力時，你重視的是品質與可靠。有時候，這張牌也代表對土地有一份深沉的愛戀，想要好好去守護它的一切恩賜。你可能會相當關注身體和健康狀況，經常運動和健身。當有人告訴他們，自己因為他們而感到很安心、有價值時，他們就會覺得自己是被愛的。你可以提供一個堅持的結構，來維持一份深厚持久的關係，或是持續為一項計畫努力。這張牌也可以代表保守主義，以及對傳統價值觀的堅持。如果代表一位父親，他會努力追求安穩富裕的生活，來供應和保護他的家人。

傳統牌義：一名黑髮男人。商人、貿易家、銀行家、股票經紀人、會計師、從事投機生意買空賣空的人、放高利貸的人。在體能、數學和科學領域很有才能。講師或教授。忠誠。

錢幣國王逆位

出現**逆位的錢幣國王**，表示你可能有點吝嗇、會剝削別人，或是行為浮誇喜歡炫耀。這張牌可能代表一名運用權力和金錢來操縱政治的腐敗老闆或商界領袖。對他們來說，一切都是買賣，包括權勢地位。你可能對人或事有很強的占有欲或嫉妒心，尤其當你覺得自己沒有受到應有的重視時。另一種情況是，因為不安全感，你可能整個人縮回到一種優越的心態後面，沒有人能靠近你。這張牌也可能單純意指你非常固執己見，拒絕對一個議題妥協。

這張逆位牌也可以代表對土地、資源和人的粗暴洗劫、剝削和濫用，或強烈反對這種濫用。你可能希望藉由拒絕一些代表財富的象徵，來推翻物質主義的價值觀。時候已經到了，現在你該重新去思考，什麼東西對你才是真正重要的。雖然你的生活從外在看起來可能很貧窮，但那可能是最讓你感到安心、滿足，也最幸福的一段時間。有人稱之為簡陋不堪，但也有人稱之為樸實無華。這張牌的另一個極端表現是，會故意誇耀自己的粗魯愚鈍行為，故意表現得很粗俗、粗魯和漠不關心。你可能感覺生活枯燥乏味、心情鬱悶，或是精神萎靡不振、缺乏想像力、覺得人生平凡無奇，或是卡在單調沉悶的事情裡。對於其他人的細膩感情，你似乎顯得太過直接了當或感覺遲鈍、麻木不仁。

金錢收入可能會呈現遲滯狀態，或是你的商業敏銳度可能會下降。鈔票一直從你指尖溜走，你開始對金錢感到擔憂。一般認為這張逆位牌就是代表，因為收支不平衡或無法確實掌握財務和稅務狀況而感到挫折沮喪。你可能對於管理或照顧你的房子、房地產、保險或其他貴重物品感到壓力重大和沒有把握。

健康方面，對美食的熱愛可能讓你暴飲暴食、消化不良。有可能出現衰老症狀，比如精神和體力下降、關節疼痛、關節發炎，以及攝護腺毛病。如果代表一位父親，這個人可能很軟弱、冷淡、無情。他要不是無法養家和保護家人，就是使用鐵腕手段的高壓統治。在薩滿巫術或魔法層面，這張牌代表身上枝葉繁茂的綠巨人，還有侏儒之王或山大王。他可能會送給你大地的寶藏，但也會要求某樣東西作為回報。

傳統逆位牌義：邪惡、貪婪。匱乏、缺失、不足、不完美。軟弱、虛弱。腐敗。生理缺陷、劣根性。不規則、失序、醜陋、畸形、變態。惡臭、臭氣沖天。邪惡的老男人。不忠實。

第3章

牌陣

Spreads

不管是哪一種牌陣，你都可以使用逆位牌。我會在這裡介紹幾個特別好用的牌陣，其中，**吊人牌陣**的設計，是為了讓你更深入了解逆位牌的深層含義以及內在動機因素（motivational factors）。此外，你也會在下一章的解牌範例看到**凱爾特十字牌陣**，每一個陣位代表的意義都會清楚說明。

✦ 提問

用你平常慣用的方式來問問題就可以了。除此之外，有幾件事請特別記住：

我在做塔羅占卜時，大多會問一個能夠涵蓋各層面的概括性問題：「我現在生活中最需要注意的是什麼？」這個問題很容易就能修改成任何一件你特別想要知道的事情，比如：「我在事業上最需要注意的是什麼？」或是：「關於我跟＿＿＿＿（某某人）的關係，我最需要注意的是什麼？」這就是我所說的「問題導向」的提問法。我比較喜歡這種概括性的開放問法，勝過特定範圍的問題，因為太過明確範圍的問題往往會限制你的思考，而且不一定每次都能觸及最能讓你受益的部分。

但如果你是希望得到具體建議，那麼請盡可能提出精準的問題，由於占卜神諭往往會按照你問的字面意思來回答問題，所以，把你要問的問題寫下來，可以確保你的措辭更加精準。大部分占卜解牌的準確性期限最多就是六個月或一年，因為你每次在一個抉擇點做出一個選擇，你的人生就會跟著開啟一組全新的選項。所以，最好是指明時間期限。例如：「接下來的兩個禮拜內，我可以做什麼事來提高我工作的升遷機會？」

一般來說，多使用開放式問法，而不要用「是」或「不是」這樣的問題，會比較好，除非你確定要用「是否牌陣」（參見第 430 頁）。

✦ 全逆位牌陣

就像你可以解讀全部都是正位牌的牌陣，同樣的，你也可以解讀一個全部都是逆位牌的牌陣。解牌方法請參考第 1 章的「**單張逆位解牌法**」，有簡要實例說明。「**全逆位牌陣**」可能特別適用於以下幾類占卜：

- 讓你感到心煩、擔憂、難過，或一直拖延懸而未決的事情。
- 跟疾病或「不適」有關的徵象。

- 你不想承認自己是那樣而把它投射到別人身上的事。
- 你可以突破或翻轉的事情。
- 希望釐清潛在根本原因、動機以及需求。
- 跟薩滿、魔法、夢境有關的事情。
- 想要做帶點「黑色」幽默的占卜。

✦ 基本三張牌牌陣

如果想要立即得到答案，很多人都會使用三張牌牌陣。三張牌牌陣可以顯示一件事情的發展時間序、不同選項，或是中間牌可以調解左右兩邊的牌。以下僅列出幾種可能的應用情況，供你參考。你可以用「**全逆位牌陣**」來問上面提到的幾種適合逆位占卜牌的問題，然後參考以下列出的幾種陣位解釋。

過去	現在	未來
開始	中間過程	結束
正	反	合
身	心	靈
下意識	意識	超意識
困難或課題	阻力	助力
情況	建議	結果
選項一	問題	選項二
自己	雙方關係	對方

✦ 是否牌陣

由於這個牌陣是靠逆位牌或正位牌的含義來獲得答案，而且答案通常可以在事後加以驗證，因此非常適合用來測試你抽到的牌到底準不準。你可以根據你想要獲得的訊息量多寡，來決定你要抽幾張牌，但一定要是奇數；通常是三張、五張或七張牌。先洗牌、切牌，然後從最上面一張開始發牌，由左到右橫向排成一排。

正位牌代表「是」，逆位牌代表「否」。中間牌要算兩份，因此可能會出現正、逆牌份數一樣的平局。如果出現平局，可能代表幾種情況：

ⓐ 此事還無法有確定的結果，
ⓑ 這個時候的答案不符合你的最大利益，或是
ⓒ 你問的問題不夠明確。

算一份　算兩份　算一份

提示：請仔細留意你對答案的反應。有時候你光是觀察自己是鬆了一口氣還是感到失望，就能得到清楚的答案。

得到「是」或「否」的答案之後，再根據基本時間序來解讀每一張牌，最中間牌代表現在，左邊牌（可能多張）代表過去，右邊牌（可能多張）代表未來。在解牌之前，你也可以先幫每一個陣位指派特定含義，例如，每一張牌代表一個選項、一個人，或是一個狀況的其中一個面向。

✦ 人生盤點牌陣[1]

以下七個生活領域，無論在人生哪個時間點，都可能是帶給你力量和幸福的地方，也可能是壓力產生的地方。逆位牌所在的陣位，代表那個部分可能存在著阻力、缺乏能量、發生補償作用，或是生命中的那個領域發生變化。占卜解牌可以幫助你了解自己對這個處境的感受，決定是否有必要調整，並思索如何把問題視為隱藏的祝福。如果你想要改變什麼事情，可以繼續使用下節介紹的「**解決問題牌陣**」，或試著用第2章介紹的「補救逆位牌的方法」。

①	②	③	④	⑤	⑥	⑦
支持 情感關係	養分 吸收 消化	玩樂 歡喜 天真	人生目標 靈性追求	觀想 靜心冥想 做夢	運動健身 身體 能量	工作 義務 責任

陣位①：社會和家庭支持；情感關係
陣位②：養分；你正在吸收和消化的東西
陣位③：玩樂；為你帶來快樂的事情；天真犯傻的好笑事情
陣位④：人生目標；靈性追求
陣位⑤：觀想；靜心冥想；放鬆；直覺；做夢
陣位⑥：運動健身；運用你的身體；擴展的能量
陣位⑦：工作；義務；責任

✦ 解決問題牌陣[2]

你可以單獨使用這個牌陣，也可以跟上一頁介紹的「**人生盤點牌陣**」結合使用。如果選擇後者，請把「**人生盤點牌陣**」中你覺得最不喜歡、最討厭的那張牌放在這個牌陣的陣位①或陣位②，如果無法決定，請直接放在陣位①。重要的是，你認為你抽到的這張牌是代表什麼意思，把想到的全部

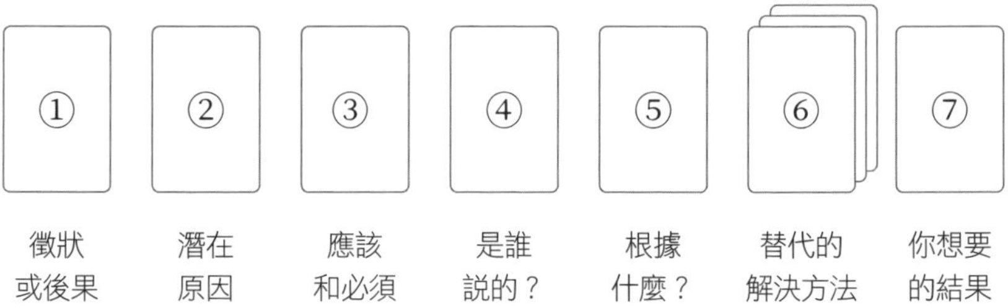

寫下來。事實上，用腦力激盪法來思考一張牌，就可以得到好幾個可能的解決方法。單獨以這個牌陣來說，每當你抽到一張逆位牌，你就試著在這張牌的正位牌義前面加上「不是／沒有」或「不要」，然後問這個問題：「**如果你沒有做那件事，那你會做什麼事？**」舉例來說，如果你抽到**寶劍九逆位**，然後你對這張牌的解釋是：「**沒有躺在床上消沉鬱悶**」，那你會是什麼感覺？你是在做什麼事？

第一步：界定問題

陣位①：顯現於外的徵狀或可見到的後果（影響）。

陣位②：造成這個後果的潛在需求、動機或原因。

第二步：描述問題

陣位③：你似乎「應該」或「必須」做什麼事？

陣位④：是誰說的？這種說法是哪裡來的？

陣位⑤：是根據什麼？「應該」的背後是依據什麼想法或觀念？

第三步：決定替代解決方法

陣位⑥：抽出兩張到四張牌來代表替代的解決方法。

陣位⑦：這個問題最瘋狂的解決法是什麼？

> 備註：陣位⑥和⑦的牌有給出什麼建議嗎？在列出所有的可能解決方法後，你想要先嘗試哪一個方法？請排出先後順序。陣位⑦那張牌儘量愈瘋狂搞笑愈好。

第四步：你想要的結果

陣位⑧：你希望這些替代的解決方法為你帶來什麼結果？什麼事情會激勵你，讓你有動力開始採取行動？

> 注意：你可以選擇陣位⑧這張牌，也可以隨機從整副牌中抽出一張牌，或是將整副牌牌面朝上然後一張一張開始翻牌，直到出現你認為最能激勵你去行動的牌。這張牌最支持哪一個解決方法？

第五步：行動

這個步驟不需要任何一張牌。而是把你要做的事情寫下來，無論那件事有多小，然後儘快去做（最好在四十八小時內行動）。這個行動可以是實際動作、可以是象徵性的，或是儀式性的。反正去做就對了！

✦ 吊人牌陣

這個牌陣很特別，跟其他一般牌陣不一樣，因為每一張牌都會被解讀兩次：第一次是當作問題來解，第二次則是當作內在對大靈的回應來解。這是根據我們在第 1 章提過的一個觀點：每一次的逆境，都是我們收集智慧與領悟的機會。

當內在成長變成意識人格體（conscious personality）的敵人，你的內在成長與你的意識人格體發生衝突，意識人格體的自我意志就必須臣服於內在成長的進程，否則就會死亡。內在心理衝突太過激烈，生命就會被迫停下來，沒辦法繼續往前走。「你的右腳想要往前踏出去，但是左腿卻拒絕，反過來也一樣。」這意味著，生命之流出現了阻塞，生命中有無法忍受的痛苦[3]。吊人要求你要臣服內在的成長與變化過程。這個牌陣能夠幫助你看穿事情的表象。它能夠為你帶來一種逆位觀點，讓你的思維想法和你對自己的詮釋徹底翻轉，尤其是，它能夠讓你看到痛苦的根源，以及為什麼你會經歷這件事的原因。每一張牌都從兩個視角來看，它可以幫助你讓意識人格體（也就是那個陷於迷茫和痛苦中的你）死去，然後在神聖的靈魂層界再次得到重生。我給這個牌陣取了一個別名叫做「**大歡喜牌陣**」（Ecstasy Spread），因為當你在靈魂開出的傷痕花朵當中認出這份禮物或祝福，那個當下，就是一種大歡喜的經驗。

請參閱左列的牌陣圖。

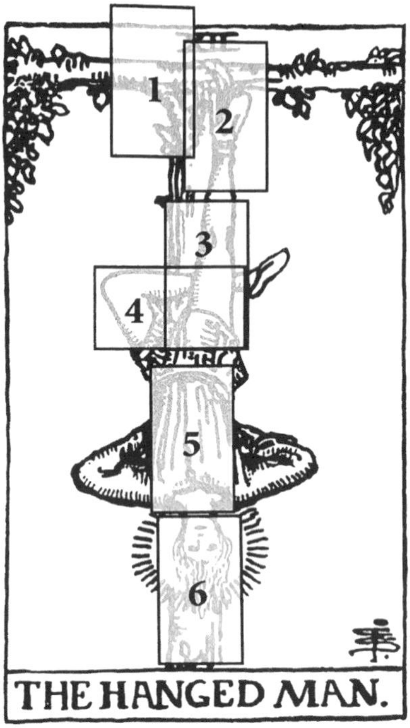

分別從兩個視角對每個陣位的牌做出回應——一個是外部或正位視角，一個是內部或逆位視角。

陣位①：代表他吊掛著的那棵樹

我在外部世界仰賴著什麼（正位）？

我在內部世界仰賴著什麼（逆位）？

> 備註：仰賴的意思是「憑藉、依靠，比如支持或援助；你信任依賴的東西；讓你垂掛在上面的東西。」[4]

陣位②：代表把他綁住的繩子

外部：是什麼東西把我綁住、阻礙我，或讓我掛在上面動彈不得？那個逆境是什麼？

內部：這裡有什麼機會可以讓我收集智慧和領悟？

陣位③和陣位④往往會出現相互唱反調的牌，就像榮格學派治療師法蘭茲（Marie-Louise von Franz）所說：「你的右腳想要往前踏出去，但是左腿卻拒絕，反過來也一樣。」

陣位③：明意識／右腳

外部：我的明意識對這件事的假設是什麼？我對這件事情的觀念是什麼？

內部：我現在是要踏過哪一扇門進入神聖領域？

陣位④：潛意識／左腳

外部：與我的明意識意志相衝突的潛意識信念是什麼？

內部：這個衝突如何成為內在成長的一個過程？

陣位⑤：藏在背後的手

外部：我覺得自己犧牲、放棄或是要放手的是什麼？哪些方面我感覺無能為力？

內部：需要完成的內在功課是什麼？

陣位⑥：發光的頭部

外部：什麼事情逼得我變得有耐心和謙卑？

內部：出現了什麼新想法或完全相反的觀點可以照亮黑暗、完成神聖功課呢？

✦ 潛在影響力牌陣

選一張牌作為你的代表牌（significator）。你認為哪一張牌最能代表目前你的狀態，任何一張牌都可以。如果無法決定，若你是男性，可以用**魔術師**，若你是女性，就用**女祭司**。然後把這張代表牌放回整副牌裡。

洗牌。然後切牌，將整副牌均分成三疊。（小技巧提示：手握在整副牌的側邊，大約估測一下，將牌分成三等分，在三分之一和三分之二處切牌）

快速查看一下這三疊牌，哪一疊裡面有你剛剛指定的那張代表牌。將這疊牌依序疊整齊。另外兩疊牌暫時放到旁邊不管它。

將手上這疊牌牌面朝下，依照下頁的牌陣圖形和放牌順序，將牌依次擺在一張大桌子上。擺牌時，順手將牌由右向左平行翻開，讓牌面圖案朝上。

請注意，你擺出來的牌陣圖案可能會跟書上不太一樣，這跟你切牌時拿到幾張牌有關。你拿到的張數可能會介於二十到三十二張之間（三分之一剛好是二十六張牌）。

找出你的代表牌。這張牌就是你！具體來說，這就是你要察覺的關鍵點。圍繞在你的代表牌四周的那幾張牌（最少三張，最多八張）就是你主要關心的問題。這些牌對你的影響最直接。你這張代表牌的作用，就是周圍任兩張相對位置牌（比如在你上方和下方、以及在你左側和右側的牌）之間的連結牌或調解牌。

橫排：

第一排：創造的渴望、靈感、意圖。火元素。

第二排：情緒、感受、想像。水元素。

第三排：心思、想法、心態。風元素。

第四排：物質顯化、結果、有形色身。土元素。

第五排：潛意識動機、需求、潛在深層原因。

第六牌：與第五排相同，但是更深層。

你的代表牌所在的那一排，就會占有更大的影響力，它的元素也是。舉例來說，代表牌落在第四排，土元素的特性就會被強調，而且錢幣／土元素牌組的影響力也會增強。

直列：

你的代表牌都是指現在。如果它在最左邊那列，那麼它右邊的每一列都是指未來。如果你的代表牌在最靠右邊那列，那麼這整個牌陣就只跟過去和現在的事情有關。

如果代表牌在正中央那列，那就是：

最左：遙遠的過去

中左：最近不久的過去

中央：你的現在

中右：不久的將來

最右：較遠的未來

對角線：

- 從左下角到右上角這條對角線上的任何一張牌，都是代表能量從過去的潛在原因移動到未來的靈感，反之亦然。
- 從左上角到右下角這條對角線上的任何一張牌，都是代表能量從過去的意圖移動到未來的顯化實現（橫排五），或是，移動到未來的需求（橫排六），反之亦然。

代表牌：

某些牌會指向特定類型的事件。舉例來說，**戀人**和**聖杯二**會告訴你，你的感情問題出在哪裡。**戰車**或**寶劍六**代表這次旅行或「向前移動」的地點是哪裡、時間在什麼時候，以及旅行或移動的原因。跟金錢有關的牌會告訴你錢在哪裡。跟天秤、平衡以及選擇有關的牌，比如**正義**、**節制**或**錢幣二**，會告訴你選項在哪裡——只要看它兩邊的牌就知道了。宮廷牌則是代表你的為人風格或處事方式，或是代表你身邊的其他人。

如果你剛好拿到二十六張牌，那麼第六橫排那唯一的一張牌就特別重要了，因為它本身的作用就是代表一個動機因素，會直接指向陣位二十四那張牌的結果，同時策動陣位二十五這張牌所代表的新方向。

✦ 進一步的解牌建議

1. 離代表牌最近的幾張牌，通常就是對你影響最強烈也最即時直接的牌，不過也是你最容易處理和矯正的幾張牌。如果你的代表牌在第三排（代表心智層面），那你應該會用邏輯和理性來釐清問題，但你也必定要去檢視你的情緒感受（第二排）來影響你的意圖（第一排）。

2. 如果你的代表牌是逆位，那你應該會比較清楚那些逆位牌要說的故事。它們都是你可以看到也可以理解的東西，也代表了你是如何在經歷這件事。如果是這個情況，正位牌就代表發生在你身上的事。總之，逆位的代表牌可以意指這整個牌陣就是在講這個人的內在或靈性生活。不妨嘗試用薩滿或神話的修練旅程來解讀它。

3. 如果你的代表牌是正位，表示你在這件事上比較主動積極，而正位牌就是代表你做出的選擇。如果是這個情況，逆位牌很可能就是困難挑戰或障礙。

4. 只解讀逆位牌，將所有正位牌都翻到背面，讓牌面都朝下，這樣你就看不到圖案。試著用這些逆位牌說出一個故事。鄰近牌會相互影響，因此可以將它們的牌義合併起來解釋。

5. 只解讀正位牌，同樣將所有逆位牌牌面朝下，只看正位牌。跟第4步一樣，用所有的正位牌說出一個故事。這些牌通常比較是事件導向，而且會公開、明顯、直接發生。注意那些同類型的牌，可以將它們放在一組，合併起來解釋。

6. 將所有牌面朝上，然後留意正位和逆位這兩組牌會怎樣相互影響。以三張牌為一組來讀牌，中間牌是它兩側鄰近牌的調解牌、連結牌、平衡牌或關聯牌。兩側的牌會支持和修正中間牌。有些三張組合牌會在同一段時間內（直列）、針對不同的功能層次（橫排）產生作用，而另一些三張組合牌則顯示不同的功能層次在不同的時間點會如何運作。

7．如果你使用元素質性組合來解牌，那可以將這些原則應用到三張組合牌上，尤其是那些以代表牌為中間牌，或是有一張牌代表問卜者渴望得到的東西的三張組合牌。

注釋

1 這個牌陣是受到卡爾・西蒙頓（Carl Simonton）醫師啟發，他列出打造個人健康計畫的六大項目，在迪恩・施洛克（Dean Shrock）的著作《醫生的囑咐：來去釣魚》當中也有提及。這本書針對影響人類生活品質和健康的身心作用因素，有非常精彩的研究，也提出了非常實用的技術。施洛克曾任「身心醫學」機構執行長，為四十家癌症中心提供服務，他是最早開始從事「抗壓團體如何支持癌症倖存者」之研究的先鋒之一。

2 這個牌陣的靈感是來自肯・麥考利（Ken McCaulley）的「四D問題解決法」，在施洛克醫師的著作《醫生的囑咐：來去釣魚》中也有提及。

3 這個概念在法蘭茲的著作《童話中的陰影與邪惡》（Shadow and Evil in Fairytales）第46頁有討論到。

第4章

為莎拉解牌

Reading for Sarah

五十二歲的莎拉已經為人祖母，但外表看起來只有四十歲。個性樂觀，生活過得也很有創意、愉快愜意。她經常出差旅行，自己經營多項非傳統的另類事業，對自己從事的工作很有信心。雖然這些事業沒有一項能夠單獨讓她完全生活無虞，但是結合起來卻能讓她過著她想要的多采多姿和自由生活。

問：關於「開啟魔法」，我最需要知道的是什麼？

這次占卜，我們用了偉特牌和**凱爾特十字牌陣**，因為我已經使用它很多年。抽到的十張牌中有六張是逆位，比例略高於我們預期在一個占卜牌陣中「平均」會出現的逆位牌張數。莎拉雖然以前也做過塔羅占卜，但她自己並沒有在使用塔羅牌；比如她會問，**女皇牌**是不是屬於「大牌」。這次解牌用了超過一個半小時的時間，因此，以下文字內容僅是我們整段討論的濃縮摘要而已。

在我給你看我的解讀版本之前，我要先提供一份含義解釋，是來自一般市售塔羅套牌習慣附贈的典型「白色小冊子」。我想讓你看看，我的解牌技巧跟一般初學者會使用的方法當中的對比差異。我建議先把這幾張牌從你的套牌中拿出來，這樣你比較能夠從這些範例得到最大收穫。

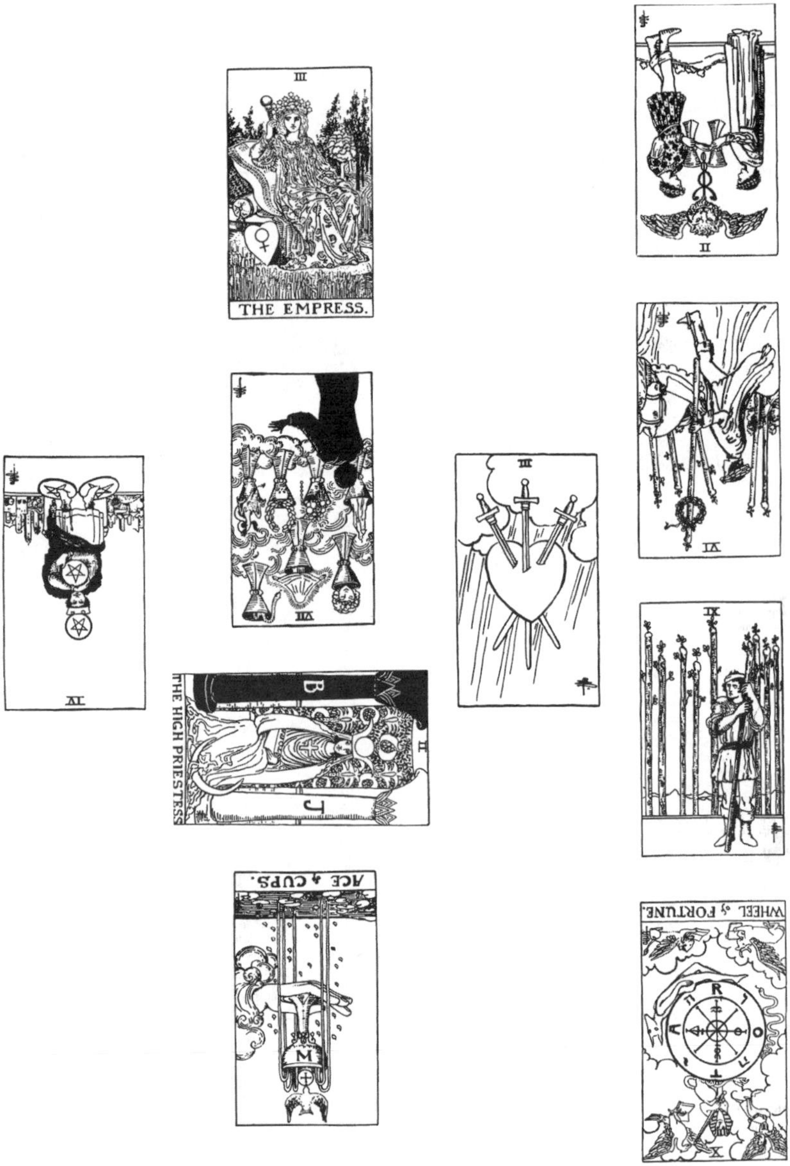
THE EMPRESS.
THE HIGH PRIESTESS
ACE of CUPS.
WHEEL of FORTUNE.

✦「白色小冊子」的解析[1]

1．**核心問題**——**聖杯七逆位**：主題是欲望、決心、一個結果快要達成，以及目標的實現。

2．**橫向**——**女祭司**：橫向牌是隱藏的智慧，包括直覺和潛意識、內在領悟的力量、表象之下有很多事情發生。

3．**下方**——**聖杯一逆位**：外表開心但內心深處憂愁、心情沮喪、空虛、失去信心。

4．**後方**——**錢幣四逆位**：過去在財務上並不順利、遲遲沒有收入、獲利受阻。

5．**上方**——**女皇逆位**：她在思考關於不孕或是某種匱乏。浪費精力（在心思頭腦上）導致沒有實際成就，結果心情更加鬱悶，可能影響到家庭和收入。

6．**前方**——**寶劍三**：不久的將來，她會感到跟人疏遠、迷茫、心煩意亂、傷心、心情雜亂無章，同時她也努力想要釐清一切，希望能得到療癒、重拾信心。

7．**自己**——**命運之輪**：她認為自己也是不斷地改變，人生命運起起伏伏是正常的，堅信「現在的一切也都會過去」。

8．**環境**——**權杖九**：身邊其他人可能會遇到困難，但他們會戰勝對手（是指她嗎？）

或許他們會藉由讓環境維持在一種可控和紀律狀態，並透過建立秩序（對她嗎？）來達到成果。

9. **希望、恐懼、功課——權杖六逆位**：她會擔心遲遲得不到報酬，而且會感到失望，因為她被對手打敗、又失去職位。她需要學習一點人情世故、繁文縟節。

10. **結果——聖杯二逆位**：結果是感情會破裂、有人出軌、發生誤會，或是歧見和爭執。她的愛得不到回報。

簡要結論

莎拉對於如何實現她的目標和願望有她的直覺，雖然過去以來一直心情沮喪，而且經濟狀況不佳。可見的未來是，事業上還是不會成功，事實上情況只會變得更糟。她正在改變，但她身邊的人會因此碰到困難，而且會想要藉由控制她來讓他們自己取得勝利。結果是，她會失去現有的職位。此外，她也會失去一段感情，她的願望會得不到回報。建議是，她需要：信賴生命的安排、要更相信自己，這樣才能得到療癒，繼續秉持這個信念，相信現在遇到的一切也都會過去，同時要學習一點人情世故和禮數。

我的意見

上面那些結論聽起來有點可怕，但這就是一個占卜牌陣裡面出現多張逆位牌時，會得到的典型解讀。這樣的解讀能夠幫助莎拉改善她的現況嗎？因為我認識莎拉這個人，我認為這樣的解讀，對於一個創造力十足，不斷從自身經驗中學習，努力讓自己的生命更有意義，也樂於幫助和照顧別人的人來說，其實是一種相當無情、沒有靈魂的回應。從中我們看不出有任何成長改變的可能，但我清楚看到莎拉一直從經驗中得到成長，那些經歷並沒有像上面說的那麼糟糕。請注意以下的解牌，看我如何將主導權交給莎拉，讓莎拉自己認知到自己擔憂的事情，而不是由占卜師單方面做出「看似客觀」的解讀，因為那些東西通常聽起來會像是在批判、為對方下判斷。你的看法是什麼？你比較喜歡哪一種解牌風格？還是你想要這兩者的折衷？

✦ 為莎拉解牌

陣位一，蓋住你的東西

莎拉的第一張牌，代表她心中最關注的事情同時也是這次占卜的重點，是聖杯七逆位。我先讓她看正位牌，然後請她簡單描述一下這張牌的圖案。她看到的是，這些杯子裝滿了禮物還滿到溢出來——那些都是她想要、而且覺得是她應該得到的東西，比如一個舒適美好的家（城堡）、聲譽（桂冠花環），以及金錢（金銀珠寶）。她很快就說那個被白布蓋住但是閃閃發光的人就是她自己，而且她不喜歡那隻蛇朝著她吐芯子。當我問她，要怎樣才能把那塊布移走，她回答說，她相信時間到了就自然會發生——就像季節到了自然開花。

我要莎拉去觀想圖片前景中那個黑影人物可能是什麼樣的心情或感受。她說她看不見他，因為他很黑、又神神祕祕把自己藏起來，但她覺得他就是她渴望的靈魂伴侶。他也看不到她，因為她也被白布蓋住了。「他一定會完全接受我，而且向我保證我會得到我渴望的一切寶物。」她補充說，當然啦，不包括那隻會讓她想起童年恐懼的蛇和龍。

接下來看逆位牌，從莎拉自己所描述出現的幾個重點，我們可以看出逆位牌的一些特性。我很仔細聽，看看這些主題是不是會重複出現。

1．逆位牌人物角色很特別，她並不認為畫面前景中的那個觀看者是她自己，反而認為自己是那個連她自己都無法看到臉的蒙面人物。

2．她認為杯子裡的東西是代表尚未實現的願望，尤其牌面上那兩個看不到彼此面目的人，更增強了這種無法實現感。

3.那些寶物是代表，如果沒有一個陌生人幫忙她絕對無法擁有的東西。

4.蛇和龍是她討厭的東西，而且具有威脅性。

備註：對我來說，凱爾特十字牌陣的前兩張牌，是代表需要重新表述、或有時候需要重新定義的主題（或課題），以塔羅自己的語言來說就是這樣。而這正是塔羅占卜的真正用意。

陣位二，橫過你的東西

第二張牌（或橫向交叉牌）是**女祭司**。這張跟月亮有關的牌，讓頭兩張牌的水元素得到了增強。在莎拉跟我預約占卜時間時，她就問過我有沒有跟靈性女神有關的閱讀書單，所以，我對這張牌的出現並不驚訝。對莎拉來說，**女祭司**這張牌代表奧祕和記憶，她相信她的前世應該是一位女祭司，而現在她接受呼召要回到這條道路上。她對經卷的含義非常好奇，我認為這是代表她目前對知識的追求，也代表她目前的寫作工作。她補充說，她剛剛將她的第一篇文章賣給了一家全球性大型雜誌社——主題是關於女性在人生過了大半輩子之後才實現自己的夢想。當年她結婚生子時，還是大學三年級學生，因此放棄在海外的求學生活。去年，五十一歲的她在義大利生活了一年，實現了當年自己沒有完成的願望，同時在那過程中，也化解了心裡的許多舊怨和埋藏許久的憤怒。

我們談到，**女祭司**這張牌就是代表她自己的內在智慧，是她「開啟魔法」的嚮導。她發現，「處女」這個詞原本的意思是「完整的、屬於自己而不屬於任何男人」，這很有意義。看來，這次占卜的主題可能會跟完成內在（精神聖殿）的功課來實現未完成的願望有關。

當我們把這張牌跟**聖杯七逆位**連結起來，發現很有趣，月亮或傳達神諭的女祭司經常會跟蛇一起出現在畫裡，而且會從蛇的毒液得到諭示和洞見。在原型心理學中，蛇和龍代表了我們心靈中埋得最深、最隱密，也最神祕的部分。

陣位三，你底下的東西

在牌陣底部或最下方是**聖杯一逆位**，它是第三張跟水有關的畫面。莎拉一眼就看出天主教會的核心符號：鴿子、聖餅，還有聖杯，也就是代表聖靈、基督的聖體，以及寶血。對她來說，這些都是天主教彌撒的變體論奧祕，源自基督（教）以前一段悠長深遠的歷史。「這就是百分之百純魔法，但人們不會這麼稱呼它。」她這樣說。所以，這張牌可以被看做是從過去傳統中誕生、但至今**未被承認**的奧祕與魔法。這也代表了她目前想要從愛情得到自我實現的那份渴望，但至今依然受挫。我們粗略討論了聖杯的奧祕，我提到，聖杯就是代表子宮，而她以前從來沒想過這件事。

在逆位牌圖案中，那隻手變成手掌朝下，她感覺那朵雲將杯子「整個包起來」，就像**聖杯七**當中那位蒙著面紗的隱身人物一樣。她於是想到，她從小就一直覺得自己好像是個隱形人，沒有人看到她、沒有人承認她的存在，就連她自己的母親也不想正眼看她。

陣位四，你後面的東西

在代表「過去」的這個陣位出現了**錢幣四逆位**。到目前為止，四張牌有三張是逆位，這表示這次占卜可能是一次「逆位占卜」，意思就是說，這次的占卜會由代表內心世界、薩滿巫術，以及魔法的牌居主導地位。這對莎拉來說是說得通的，因為她問到關於魔法的問題，這個問題本身全部都跟內在世界有關。她一看到這張牌馬上就說，那是一個帶著滿心期待在等待的孩子：「我覺得我好像一直在等待。」

我要莎拉把自己想成是正位牌裡的那個人，然後告訴我她的感覺。她想像自己的雙腳底下踩著錢幣，頭頂上方放了一個錢幣，然後把第四個錢幣抱在胸前。「感覺很強壯，」她說，「而且很有力量。這些都是我力量的源泉——知識、魔法以及我的整部生命歷史帶給我的深度，但它們全都被隱藏起來了。」我請莎拉用她的內在視覺去觀想那些錢幣，看看它們是代表她過去生命中的哪些經歷。「它們是我以前做過的顧問工作、我推銷過的商業課程，以及我讓我丈夫讀完醫學院。」過去，她總是在為別人解決問題，但現在，她要把機會留給自己。

我確定她已經為自己培養了一技之長，也有足夠的內在自信，然後我問她，過去當她在展現和運用自己的這些優勢時，是不是有遇到什麼困難阻礙。「當然有。」她回答，然後跟我說明，為什麼她不再參與這些業務。還有，她覺得她的男性講師兼合作者最後背叛了她，因為從他們的表現看出，他們並沒有看到她真正的優點或欣賞她的價值。過去她所學到的一切技能還是在她身上，但不幸的是，因為她曾經非常敬佩的男性導師深深傷害了她，以致她把那些創傷跟她學到的技能牽扯在一起。

陣位五，你頭頂上方的東西

第五張牌，代表她腦子裡面的東西和她的想法，她拿到的是**女皇逆位**。莎拉認為牌面上這個人就是她自己，她在她的農場裡，那裡有小溪、三葉草、黑麥、還有野花。身上的珠寶和王冠就是她想要得到的財富，然後她注意到那根代表權力的權杖，是被這位**女皇**用一種平常隨意、又優雅仁慈的權威模樣拿在手上，而這正是莎拉目前還無法達到的境界。

「我腦子和心中想的都是達到成就和『擁有』，因為我覺得我差一點就得到了。我想要現在就『擁有』。這位**女皇**雖然握有權力，但她是用一種帶著女性溫柔、非常溫和柔軟的方式握有權力，一切就是那麼自然。」

她的注意力被那個刻有金星符號的盾牌吸引。「要是我知道我擁有一面盾牌，那該有多好。我覺得那會讓我知道，我可以擁有自己的力量，因為我可以保護自己。」

由於前一張牌正中央的那個錢幣看起來也像一面盾牌，我們談到她確實也幫自己打造了一面盾牌（內部和外部世界都是），而這面盾牌一方面代表她這個人，同時又能保護她。

因為牌陣裡同時出現了**女皇**和**女祭司**這兩張牌，莎拉現在已經有塔羅牌最初的兩位女性原型人物跟她作伴了，一位是希臘神話當中掌管穀物和大地收成的地母神狄米特（Demeter），一位是她的女兒普西芬妮（Persephone）。當普西芬妮被黑帝斯綁架到冥界去時，她的母親非常傷心，於是諭令大地荒蕪、米穀不生。

這張逆位牌的出現，意味著莎拉依然不覺得她的美麗、她的優點以及天賦被人真正看見或是得到認可。連她自己的母親也拒絕正眼看她（**女皇逆位**的另一個含義）。雖然她目前有一個朋友也是她的情人，但兩人都認為他們還在等待自己真正的人生伴侶出現。再加上因為她有自己的女兒要撫養（而且是花了很多年才解決這個家庭問題），莎拉並不想要成為她情人年幼兒子的母親。所以，雖然她清楚表示自己就是那位**女皇**，但她也知道，她並不想承擔這張牌所代表的某些傳統含義。我的建議是，把重點放在自己的內在心靈層面，就像很多逆位牌所顯示的，她的第一件功課，可能應該探索她與自己的內在男性人格之間的關係，然後她才有辦法為自己做好準備，迎接她在尋找的人生伴侶[2]。

位置六，你前面的東西

寶劍三出現在代表「不久的將來」的第六個陣位。這是到目前為止的第一張正位牌（**女祭司**是橫向牌，所以不算正位也不算逆位）。

「雖然我現在認為，年紀輕輕就結婚大概是我命中注定，但是早婚這件事讓我最感到遺憾的是，我沒有選擇一個真正適合我的男人，可以真的陪在我身邊、跟我一起成長的人。我想知道，我還有時間嗎？我覺得我靈魂之旅的那個部分，是要與我自己以及另一個人建立深刻的關係。」

我們兩人都認為，這張牌代表在不久的將來會有痛苦思緒；「若講到那個真正的我，幾乎像是個隱形人，沒有被看見。」也可能會受到更深的傷害，可能跟她以前遭人背叛的事情有關。這張牌的來源可能跟七苦聖母（Maria Dolorosa）的哀傷雕像有關，聖像描繪了耶穌基督的母親在人世間所受的苦難，她的心臟也同樣被利劍刺穿受傷。我提到這個主題，莎拉立刻想起了歐洲各地都看得到的聖母瑪利亞聖像，它們看起來確實非常像**女祭司**和**寶劍三**這兩張牌的結合。

我跟莎拉建議，如果我們假設「開啟魔法」就是意味著要經歷**寶劍三**的傷痛，那麼，「你就要跟隨這張牌給你的指引。下次，當你又感覺自己被當作隱形人、覺得傷心難過，或是有人不肯定你的工作，或你擔心自己可能找不到一個能夠完全接納你的人生伴侶，請好好去感受那個痛苦，然後反過來追蹤它，把它當成是一條帶路的繩索，留意你腦中閃現的回憶，跟著它儘量去追溯最早的記憶畫面，然後看清楚那個回憶的內容。」莎拉之前就這樣做過，也很清楚這件事在這個時候對她的重要性。

陣位七，你自己

第七個陣位有時也被稱為「你自己所看到的自己」，莎拉抽到的是**命運之輪**。這時莎拉提到她今天早上喝了一杯咖啡，但她是從來不喝咖啡的人，對於咖啡帶來的亢奮感，她現在覺得很不舒服。由於我相信同步性，所以我就問她，她的生活是不是處於咖啡帶來的這種亢奮狀態。「我手上同時有很多事情要處理，一不小心，整個人可能就會衝得太快。因為每一件事情都想同時做到。」

我跟她斷言，她現在就正在經歷這個衝太快的變化過程。她表示同意，同時提到這張牌看起來很正面樂觀，好像事情很快就可以好轉。作為一張代表季節變化的牌，它呼應了先前莎拉在**聖杯七**那張牌時提過，待時機一到，那塊面紗自然就會從那個人身上脫落。我們談到女皇牌時，她也說過，她感覺等到春暖花開時，自然有一些事會發生。

命運之輪上面的希伯來字母和煉金術符號，就像我們先前討論過的盾牌上的識別標記。書本出現在這張牌的四個角落，讓她想起**女祭司**手上拿的經卷。知識的研究可以帶來意識的擴展。盤旋在輪子下方的這條蛇，剛好呼應**聖杯七**裡面那隻朝著她吐芯子的蛇。輪子頂端的人面獅身像，手裡握著一把劍，可能就是**寶劍三**那三把劍的其中一把，剛好模擬了先前建議她要跟隨那份痛苦，進入到更深的地方將它釋放的那個過程。

> 備註：如果莎拉要打造一面盾牌的話，那麼看她是否可以把那條蛇也放到她的盾牌上，讓蛇成為她內在療癒功課的一位動物盟友，應該是滿值得的。人面獅身像也可以作為她練習靜心冥想時的力量動物。

陣位八，你的環境

第八個陣位是環境，如果拿來跟陣位七對照，我會把這個陣位稱為「非你」牌（在某些版本的凱爾特十字牌陣中，它是代表「其他人如何看待你」）。在這裡，我們拿到的牌是**權杖九**，雖然也是正位牌，但畫的是一個受傷的人，而且他的眼睛似乎直直盯著**寶劍三**。如果它出現在這個牌陣的其他任何位置，這個人很可能代表莎拉自己，但偏偏莎拉是那個**命運之輪**，一路滾動變化，來到這個男人面前，這個人正在一道圍籬屏障前站哨守衛。於是我問了一個問題：「這個人是誰，那道阻礙又是什麼？」

莎拉的說法是：「他看起來不是很放心。如果有必要，他應該是已經準備好要全力出擊。他內心似乎懷著某種恨意。」

我問她：「如果這道圍籬就在橫在你和魔法大門之間，而他是守門的人呢？是誰讓你過不了那道門？」

莎拉回答：「我想到的是，我在怪罪別人。比如和我共事過的一個人。我責備他沒有做到他自己教別人的東西，然後我怪自己沒有把我們的協議定清楚。我覺得自己沒有受到正視，因為他根本沒有真正看到我的努力。還是一樣——沒受到正視的感覺其實跟我媽媽有關。所以這張牌或許是在告訴我，不要再怪罪別人，全心全力去追求我想要的就好。」

「因此，這張**命運之輪**可能代表有必要去改變自己內心的想法，不要再覺得有人擋在你和你的理想中間。你有機會去善用你在那些處境當中經歷到的痛苦（**寶劍三**），然後一路堅持下去，直到更深的領悟出現。」

莎拉認為，這個人就是她的前夫，還有曾經跟她一起經營事業的兩個男人。「他們從來不想分享權力，但他們真正代表的是我害怕自己擁有權力。」

有沒有可能他們也覺得自己被她傷害了呢？事實上，一個男人背叛了她，是因為那男人的妻子起了嫉妒心。整體來說，這張牌代表了她自己內心尚未化解的舊傷與防衛（呼應**女皇逆位**這張牌），因此她一直將她的不滿投射到這些男人身上，而這些人可能在這過程中也同樣受了傷。正是這個東西在阻礙她。或許，她需要把這個受傷的守衛重新整合到她自己心靈中，因為，講得徹底一點，一個牌陣裡面出現的所有象徵符號，全部都是她自己這個人的一部分。

陣位九，期望與恐懼

「期望與恐懼」，也可以看作是「需要學習的課題」，這第九個陣位填上的是**權杖六逆位**。對莎拉來說，這張牌充滿了希望和勝利感。騎在馬上的這個人，看起來像是剛從義大利回來，而且清清楚楚被身邊周圍的人看見了。他戴著**聖杯七**和**女皇**也出現過的桂冠花環，象徵著莎拉希望她的新事業能夠成功，而且其他人也會看見並推崇她所做的傑出工作。

「你在義大利那段時間，重新找回了另一部分的自己，那就是你尚未實現的願望。」我這樣告訴莎拉。「而現在，你正在一段新的旅程上，你要把那個不被看見的自己重新找回來。」

莎拉想像這個人騎著馬走入他的未來——他真正所屬的那個地方，而且他現在就這樣主張。但因為逆位的關係，他的臉面向**聖杯七**，而聖杯七裡的那些東西，實際上就是她的願望。她擔心自己可能會再跟先前一樣碰到麻煩，因為逆位牌裡的她也望向**寶劍三**。她想要學習如何帶著自信騎著馬到**權杖九**的守衛那裡，這樣他就會在身邊陪著她，讓她輕鬆通過這道關卡。

陣位十，結果

最後一張牌是**聖杯二逆位**。莎拉很快認出那根代表醫療之神的蛇杖，有點生氣地說：「我的兩段感情，對象都是醫生，我還幫忙負擔讓第一個讀完醫學院。」然後她看到女人頭上的綠色花環，說：「這也是我，但為什麼男人的頭髮上戴著粉紅色的花？」我告訴她，這可能代表他情感很細膩、很體貼。我還提到，那頭獅子的動物激烈情慾和本能已經被愛的療癒力量靈性化了（以翅膀為象徵）。它將動物的激烈情慾向上提升到了大靈的境界。

而這張逆位牌指出，療癒首先要從她自己的內在開始，她的內在男人和內在女人需要先得到療癒，然後她才能期待在她自己這個人之外找到具有這些特質的人。**命運之輪**告訴她，時機已經到了，該做這樣的改變了，而逆位牌（十張牌裡面占了六張牌）顯示她已經準備好要進入內在療癒功課。我告訴莎拉，**聖杯七**裡的那條蛇正朝她吐芯子而來，而且，正如她之前提到的，那隻龍是看著那個男人。這些力量都非常強大，最終都需要被化解、被整合。在**聖杯二**，面紗和黑影都不見了，兩個人都可以清清楚楚看見對方。

我問她：「如果**女祭司**代表女神的智慧，如果她就像那些描繪聖母受傷之心的雕像，那麼，**女祭司**會給**聖杯七**裡面被布蓋住的人什麼建議？」

莎拉很快回答：「出來吧。現在很安全，別再等了。」

「如果你問她要怎麼做，她會如何回答？」

「她會說：『你一定知道怎麼做。春天就要來了。』繼續做好準備迎接它吧。」

突破的過程

解牌來到尾聲，我問她，整組牌陣中，哪一張牌是代表她在不久的將來可能會遇到的最大問題、障礙或阻礙。她指著**寶劍三**，「因為它看起來很痛。」我把這張牌從牌陣中拿掉，然後請她舉出一個實際例子來說明，如果是現在這個牌陣，情況可能會變成如何。她花了一點時間才弄清楚這個問題，然後她回答：「我今晚要去參加一個專為商業課程籌辦者舉行的宴會。我已經很久沒有見到這些人，我當時離開之前曾清楚表達過我的失望。我很怕裡面的一個女人，我怕我會被她中傷、捅刀，或是被誤解。」

我請她從牌陣中選出一張牌，代表她克服了這個問題、而且將它處理得很好。她選了**權杖六**說：「他很強大，又戴著花環，而且他就是心無旁騖一路騎著馬往前去。我知道自己的工作品質如何，我理應得到認可。」

「如果你是**權杖六**這個人，而那女人說出尖銳中傷你的話，你會怎麼應付？」

莎拉挺直了背，笑著說：「我根本就沒注意到她。我知道我要去哪裡，我還有其他事要做。」

「如果這個女人說了一些刺傷你的話，**權杖六**會給你什麼建議？」

「我會繼續往前走，我不會回頭。她就是想把我拉回過去。但現在我騎在馬上，一路向前走，我頭上戴著花環，手裡握著權杖，新的成長就在前方。那感覺像是——『不要忘記我自己的力量，不要忘記我是誰。』如果我屈服於她，我就等於放棄了我自己的力量。現在的我，跟去義大利之前的那個我已經不是同一個人了，我不希望別人認為我還是以前那個人。」

最後一個步驟，我請她再選一張牌，代表她在不久的將來最想培養出的心靈品質。她很快選了**聖杯二**。我請她為那些心靈品質命名，然後依據她的陳述，我們以一句正向肯定語來結束這次占卜：

「我的內在男人和內在女人平衡和諧，我知道自己是完整完滿的人。」

✦ 短評

請注意，雖然莎拉最初的問題是跟如何「開啟魔法」這個概念和主題有關，但這次的占卜自己把重點放在人際情感關係上，這原本就是她心中所想的。這意味著她的人際關係狀態是一個重要關卡，在這個關卡上，她要做出決定，是否要讓「魔法」在她的生命中真正發生。

後續追蹤

那天晚上的聚會，莎拉「根本就沒注意到」那個女人有沒有說出什麼中傷她的言論。一開始，我有點失望，她居然沒有給出更多回饋，但後來我發現，她說的這句話，跟她在「突破的過程」中講的那句話一模一樣。

更深入的進階練習

如果你想用這個牌陣來磨練更進階的解牌技巧，以下幾個練習可供你參考：

1. 試著自己解讀這次的占卜，或運用你最喜歡的解牌書籍為莎拉做一份解讀。你會給她什麼建議？
2. 用不同的塔羅套牌來檢視這次的占卜牌陣。有哪裡相同？哪裡不同？你比較喜歡哪一個版本？這個練習也可以幫你找到最適合你的塔羅套牌[3]。
3. 把兩個版本的解讀從頭到尾各做一遍，找出所有共同點。兩個版本都提出的警告和建議是哪些？不同之處又在哪裡？

4. 把我跟莎拉一起解牌的過程從頭到尾做一遍，針對每張逆位牌，從莎拉自己的敘述語句和詞彙中找出代表這些逆位牌的含義。我在陣位一那張牌有做過示範。

5. 做一張表，把出現超過一次的符號或主題全部列出來（包括實際有出現的和暗示性的）。然後根據這些符號的重要性排序，再依據你自己的發現，為莎拉的狀況做個概述和總結。

6. 你有什麼其他建議或練習想要推薦給莎拉，來幫助她從這次的占卜解牌中得到最大收穫？最棒的建議是，莎拉自己已經有所暗示（但她可能沒發現），或是提醒她有哪些符號和主題值得注意。

7. 在這個牌陣中，每一個牌組花色都有出現，但是水元素居主導地位，你會如何看這個情況？還有，這個牌陣一共有：一張**一號牌**、兩張**二號牌**、兩張**三號牌**、一張**四號牌**、一張**六號牌**、一張**七號牌**、一張**九號牌**，以及一張**十號牌**？這又是什麼情況？或者換個角度，這個牌陣沒有**五號牌**或**八號牌**？你又怎麼看？

8. 如果你是占星師，用金色黎明學派的占星對應系統來看這個牌陣，三張大牌剛好對應到三個行星，而沒有對應到任何一個星座：月亮（**女祭司**）、金星（**女皇**）和木星（**命運之輪**），然後，七張小牌的對應是：金星在巨蟹座（**聖杯二**）、土星在天秤座（**寶劍三**）、太陽在摩羯座（**錢幣四**）、木星在獅子座（**權杖六**）、金星在天蠍座（**聖杯七**）、月亮在射手座（**權杖九**），剛好是三個基本星座、兩個固定星座，以及一個變動星座，你會怎麼看待這個情況？如果你使用不同的占星對應系統，對於這個牌陣的整體解釋會有什麼不同？

9. 如果你解牌時會使用元素質性組合（詳見附錄C），你如何根據元素之間的友好度或相剋程度去看以下這些三張組合牌（triads）？這樣的分析是不是能支持以上的解讀？還是有我所抵觸？

- 聖杯七、女祭司、聖杯一（陣位1、2、3）
- 錢幣四、女皇、寶劍三（陣位4、5、6）
- 命運之輪、權杖九、權杖六（陣位7、8、9）
- 聖杯七、聖杯二、女祭司（陣位1、10、2）
- 聖杯一、聖杯七、女皇（直向陣位3、1、5）
- 錢幣四、女祭司、寶劍三（橫向陣位4、2、6）
- 女皇、寶劍三、聖杯二（未來陣位5、6、10）

- 錢幣四、聖杯一、權杖六（過去陣位 4、3、9）
- 命運之輪、權杖九、聖杯二、女祭司（陣位 7、8、10、2）

注釋

1 這些含義解釋是根據梅蘭妮・詹德隆（Melanie Gendron）創作的《詹德隆塔羅牌》（The Gendron Tarot）附贈的小冊子。

2 有些人發現，將自我的內在面向分類為男性和女性，可能會受到局限、形成干擾，產生反效果。大多數塔羅套牌都將男女性別形象做了非常兩極化的區分，這對某些人來說可能不是那麼合適。我之所以強調莎拉的內在男人和內在女人，是因為這樣她比較容易去對照自己過去的經歷。我要感謝雅虎網站「比較塔羅討論群組」的伊娃（Eva Yaa Asantewaa）指出這種方法可能帶來的局限性。

3 感謝雅虎網站「比較塔羅討論群組」的版主瓦萊麗（Valerie Sim-Behi），傳授這種技巧的各種應用變化。

附錄A

逆位關鍵字

有時候，我們會將正位牌的含義加以修改、調整，來得到逆位牌的含義。以下這幾頁列出的關鍵字詞彙，就是這種情形。你可以把這幾頁列印出來，方便隨手查閱使用。

用直覺探測法找出關鍵字

當你想要解釋一張逆位牌，不需要逐一去搜尋所有的關鍵字，只要用這個直覺探測法就可以了。把這些關鍵字放在你面前，閉上眼睛，然後把這本書或是你列印出來的頁面紙張稍微轉個角度。用你的食指在頁面上畫圈圈，同時心裡默想，請它把最合適的關鍵字顯示給你，等到你感覺探測完成，停止畫圈，手指停在一個點上。張開眼睛，看看離你的手指最近的那個關鍵字是什麼，就用它來修改這張牌的正位牌義。

受阻
被困
受妨礙
受挫
掙扎
被否定
被避開
受到違逆
受到抗拒
被壓制
被拒絕
被排斥
被中止

躊躇猶疑
被延遲
被阻擋
被退回
短暫的

無法使用
不能(無能力)
無法取得
無法預期
不可預見

內在的
向內的
無意識
內部的
個人的
私密的
深沉的
祕密的
隱密的
虛幻的
不真實的
未表達的
幽默

狡猾
不嚴肅
玩笑
上下顛倒
看穿
非傳統的
相反
打破舊習的
歪斜的
瘋狂的
感到迷惑的
扭曲的
新的觀點視角

被翻轉
被推翻
克服
突破
不受限

不
不是
否定的
相反的
不足的
缺席的
變少
有問題的
不適當的
窄化的
害怕的
沒有設限的
沒有

不成熟
發展不足的
減量

誤導
誤解
錯置
不信任
閃失
錯誤
錯過
不穩定
不負責任
不可靠
不務實
失控
腐敗的
｜
沒耐性
不平衡
抑制
病態的
不適

被改造
賦予權力
｜
引起
驅動
激起
生成
激勵
促進
做準備
衝動
命定
注定
｜
怨恨
懷疑
無聊的
陰鬱
持懷疑態度

變得困難
崎嶇道路
優柔寡斷
被岔開
被阻塞
被阻撓
被低估
被濫用
不確定
｜
被推翻
遭暗中破壞
｜
內在的
幾乎
被終結
結束
被中斷
不被接受的衝動
被打斷

退縮的
不直接的
呆滯的
｜
下面的
地下的
潛在的
隱藏的
受騙
沒被看見
在～之下
在～以下
被投射的
陰影的
暗面
感到害怕
受傷
被傷害
未解決的
｜

貶低
改變了
調整了
倒塌了
擺脫困境
遠離
消失
被罷免
突破
鬆動
｜
被退回
重新考慮
重做
重審
被撤回
倒轉
反向
反擊

削弱
未實現的
暫時的
被軟化的
使緩和
未成熟的
被動的
變質的
停滯不前的

太多了
太強了
無法承受的
過度
過多的
誇張的
被增強
過度放縱

誤用

苦惱
焦慮
擔心
憂慮
鬱悶
激怒
沮喪的

擺脫
釋放
更新
補救
糾正
鬆一口氣
放鬆
返回
贖回
治癒
更正
修正

有下列字義的字詞：
誤～
非～
不～
沒有～
向內～
反～
往外～
過度～
～不足
在～下方
與～一起
與～相反

附錄B

牌組與數字的關鍵字

大阿爾克那牌

正位

原則、法則和課題。人類的潛能。心靈的需求。集體無意識的原型。

逆位

濫用或缺乏原則和需求。生產力被削弱／能力被貶低。尚未解決的問題。未實現和未被察覺的潛力。恐懼害怕。加深。臣服於更高的目標。另一個實相。看穿表象。突破。

小阿爾克那牌

權杖

自我成長、精神、創造力、熱情、欲望、精力能量、靈感、動力

聖杯

情緒感受、想像力、直覺、夢境、異象、關係、感受性、反射反照

寶劍

思緒、理智、困難掙扎、衝突、決定、智慧、分析、溝通交流

錢幣

有形的、物質的、結果、知覺、安全感、顯化、技術才能、報酬獎賞

一號牌

開始、種子、焦點、禮物、機會

權杖逆位

過多或過少：活力能量、行動；自私或無私；不堪負荷、倦怠

聖杯逆位

過度情緒化、冷漠無感、不切實際、感情脆弱、上癮、逃避現實、脫離塵世、不夠熱情

寶劍逆位

憤怒、內疚、嚴厲批判、懲罰、缺乏同情心、釋放、嫉妒、不妥協讓步

錢幣逆位

物質損失、財務問題、羨慕嫉妒、過度放縱、缺乏運動、剝削、不重視

一號牌逆位

延遲耽擱、無法掌握、陽痿、無能、貧瘠、有形實體、內在專注、渴望、潛意識

二號牌
二元性、選擇、平衡、回應、反照

二號牌逆位
不平衡、不和諧、猶豫不決、對立、口是心非、反映精神、內在平衡、打破平手局面或僵局

三號牌
創造力、行動、合作、生殖力／肥沃、整合

三號牌逆位
無作用、不配合、痛苦、過度耽溺、不作為、不孕、恢復、療癒過去、建立內在支持力

四號牌
堅實鞏固、休息、實現、基礎、秩序

四號牌逆位
對限制不滿、沒有安全感、魯莽、失控、對未來可能性的預示、解除限制、內在根基強健

五號牌
危機、衝突、考驗、改變、適應

五號牌逆位
缺乏活力、教條、鎮壓、受害者意識、揮霍、從眾、放蕩、僵局、期待、重拾興趣、調解、和解、滿意

六號牌
互惠、交換、支持、知識、完美

六號牌逆位
自我中心、虛榮心、疏遠分離、膚淺、挫折、自我實現、自由意志表現為自私、不服從

七號牌

挑戰、測試、誘惑、控制權、權勢力量

八號牌

進步、調整、延伸、重新評估、分配

九號牌

完整、獨自、智慧、正直、保護

十號牌

結局、結果、傳承、收穫、成就

侍者

小孩子、傳訊者、學生、身體、催化劑、開端、不成熟、天真、冒險、感受性強、開放、學習、服務、嘗試、成長發展

七號牌逆位

傲慢、欺騙、偏執、為難、進退兩難、怯懦、焦點、打算、意圖、堅決抵抗誘惑、堅定不移、貫徹執行

八號牌逆位

缺乏毅力、進展受阻、積存、判斷力差、倉促行動、靈性成長、慷慨、理解、包容、寬闊

九號牌逆位

無紀律、沒有自覺、防禦力削弱、依賴、敵意、內在智慧、人道慈悲、釋放毒素、非物質收益

十號牌逆位

影響因素過多、叛逆、損失、貧困、家庭紛爭、成果短暫、內在收穫、釋放、解放、免除、卸下負擔、緩和

侍者逆位

假裝成熟、容易受傷、鬱悶、發怒、發洩、封閉、拒絕學習、脆弱、易受騙、被剝奪、糟糕的開始、壞消息、內在小孩、未開發的潛能

騎士

精力充沛、旅程、任務、行動、移動、冒險、革新、擴張、侵略、任性、任務或目標導向、女人內在的男性能量阿尼姆斯、男人內在的自我

王后

內在掌控力、個人能力、人際關係管理、成年女性、母親、女性首領、權威人士、自我／陰影／阿尼瑪、魅力、吸引力、養育照顧

國王

外在掌控力、公共事務能力、外部管理、成年男性、父親、首領、權威、自我／陰影／阿尼姆斯、盛氣凌人、命令、統治

騎士逆位

各元素力量的動因、狂熱、魯莽、具破壞性、不負責任、誤導、缺乏決心、麻木不仁、一事無成、步伐緩慢、內在追求、牽制的衝動

王后逆位

自私、窒息、不明智地使用權力和控制力、缺乏安全感、無效果、愚蠢、不忠、反覆無常、不忠誠、軟弱、不可靠、恍惚、被侵犯、處女或妓女、壞母親、推翻父母或社會的約束和權威、內在女性能量

國王逆位

自私、專橫、不明智地使用權力和控制力、缺乏安全感、無效果、愚蠢、不忠、反覆無常、不忠誠、軟弱、不可靠、恍惚、欺凌、傲慢、寬大、壞父親、推翻父母或社會的約束和權威、內在男性能量

附錄C

元素質性組合

元素質性組合（Elemental Dignities，簡稱 EDs）根據牌組元素是友好還是敵對（friendly or contrary，譯注：類似「相生或相剋」之意），決定兩張牌或三張牌彼此間是相互增強還是相互削弱。黃金黎明協會的麥克雷戈·馬瑟斯（MacGregor Mathers），是第一位在著作中描述這種根據塔羅牌組合或其相互作用關係來解牌的人，這本論文就是《T之書：塔羅——含手稿N、O、P、Q、R，以及無字母編號之T.A.M.說明》（Book "T" —The Tarot (Comprising Manuscripts N, O, P, Q, R and an Unlettered T. A. M. Instruction）。[1] 大阿爾克那牌的關聯親和性（affinities），則是根據與該牌相關聯的星座或行星之元素對應來決定。以下內容有上下引號的地方，均引自該書原文。

基本概念其實很簡單，但若要了解它實際上如何運作，則必須研究馬瑟斯本人提供的範例，或是查詢一些專門運用此解牌技術的網站。由於愈來愈多人在使用這個系統，也因此讓我們更知道如何將它運用在實務中。

相同牌組／元素的牌，「影響力非常強，是好的影響或壞的影響，則視該牌含義本質而定」。

權杖／權杖（火／火）　**寶劍／寶劍**（風／風）

聖杯／聖杯（水／水）　**錢幣／錢幣**（土／土）

牌組／元素同樣屬於陽剛／積極、或陰柔／消極時，影響力為「中強等級」，因為這些牌「互相友好支持」(friendly)。

權杖／寶劍（火／風）　**聖杯／錢幣**（水／土）

牌組／元素屬於互補屬性，則彼此「稍微友好支持」。

寶劍／聖杯（風／水）　**權杖／錢幣**（火／土）

當出現的牌屬於「敵對／相剋元素」，它們往往會「大大削弱對方的力量，而且會中和（或抵銷）它們的作用力，無論是好或壞」。

權杖／聖杯（火／水）　**寶劍／錢幣**（風／土）

如「金色黎明」手稿中所描述：以三張牌組合的情況來說，「如果敵對（相剋）元素只出現在其中一張相鄰牌，那麼另一張牌就會變成一張連結牌，如此一來，第一張牌的影響力就不會被削弱，而只是被修正，因此力量仍是相當強。如果中間主牌是聖杯牌，兩側相鄰牌是權杖牌，那就是代表這個人可能缺乏那兩張權杖牌代表的特質。如果一張牌夾在兩張相剋牌當中，那這張牌就不會受到任何一張側牌的影響，因為它們會相互削弱。」

大阿爾克那牌對應元素

愚人	天王星	風
魔術師	水星	風（土）[2]
女祭司	月亮	水
女皇	金星	土
皇帝	牡羊	火
教皇	金牛	土
戀人	雙子	風
戰車	巨蟹	水
力量	獅子	火
隱士	處女	土

命運之輪	木星	火（水）
正義	天秤	風
吊人	海王星	水
死神	天蠍	水
節制	射手	火
惡魔	摩羯	土

高塔	火星	火（水）
星星	水瓶	風
月亮	雙魚	水
太陽	太陽	火
審判	冥王星	水（火）
世界	土星	土（風）

注釋

1 此篇論文於羅伯特・王（Robert Wang）的《金色黎明塔羅導論》（An Introduction to the Golden Dawn Tarot），以及伊斯瑞・瑞格德（Israel Regardie）的《金色黎明魔法系統全書》（The Complete Golden Dawn System of Magic）當中皆有轉載。元素質性組合的運用有非常出色的新研究。請查看以下網站：www.supertarot.co.uk（by Paul Hughes-Barlow, see "Lessons"），或搜索關鍵字："elemental dignities" + tarot。

2 有些行星掌管兩個星座，因此有兩個關聯元素。括號中的元素代表，當它與元素質性組合一起作用時，主導性會比較弱一點。

附錄D
女英雄的旅程

塔羅研究者創造過好幾個不同版本的「大阿爾克那愚人旅程」，其中一些是奠基在榮格和坎伯（Joseph Campbell）的「英雄旅程」（Hero's Journey）[1]論述所發展出來的。撰寫這本書時，有好幾張逆位牌都讓我想起神話與童話故事場景中典型的女英雄旅程縮影。這些「女英雄」的故事包括：長髮公主、白雪公主、女神賽姬、希臘神話的安朵美達公主、普西芬妮、埃及女神愛希斯、蘇美女神伊絲塔、伊南娜等等。以下是我的一個小小嘗試，試圖為神話、童話和現代社會中出現的女英雄旅程勾勒出一些細節。用意是為了激發你的想法，而不是一種定論，也不應預設逆位的大阿爾克那牌就單單只代表女性。故事的發展有很多可能性，這僅是其中之一。

0 愚人逆位：女英雄展開一段旅程，或者跟很多故事一樣：逃脫。相對於英雄的啟程通常受到鼓勵、強迫或大肆慶祝，女英雄的啟程大多無聲無息、未被注意。

第一組的七張牌

旅程的這個階段，逆位牌的含義通常和正位牌相反。

1魔術師逆位：她的才智或才能沒有受到讚揚，也沒有受過一些使用工具技術的訓練，讓她能在這個世界隨心所欲、做自己想做的事。就算她接受訓練，也是暗中進行，或使用一些詭計才辦得到，根本不可能得到社會的認可。她的興趣嗜好很特殊，跟她這個人好像不太相稱。她會嘲弄那些來向她求愛的年輕人，說他們的才華和技能都不夠好，藉此展現出她的聰明機智。

2女祭司逆位：家人始終將她與塵世隔絕、令其不諳世事，並非出於對她的尊重或愛護，而是將她當成一種有價的財產（如果她被汙染了，就會喪失價值），或是將她當作一文不值的苦力勞工，她本身的價值或出生時的身分地位都被剝奪。如果別人告訴她，她只能認命當某種角色，她會非常生氣。有一個會魔法的女人，被藏在附近某個地方，或是把自己裝成不會魔法，這個女人可能是女英雄真正的母親，或是某位女巫、神仙教母或是女神。

3女皇逆位：她的母親過世或拋棄她，而且／或是她有一個邪惡（貪婪）的後母。除非她生下兒子，否則無法得到被尊敬的地位。以我們現代社會來說，這名女性的孩子會被送到托嬰中心，而她自己則在公司裡，努力在父權世界中證明自己的能力。

4皇帝逆位：她的目標是去見見世面，並且獲得男性才有的利益和福利，或是透過男人取得這些東西。她自信擁有才幹和技巧能夠統御和治理她身處的環境，因此被認為不像女人。在神話中，她的父親雖然有時受人愛戴，但經常意志軟弱或是缺席。

5教皇逆位：她被規定哪些事情不應該做，而且成為社會規範制度下的一個奴隸。在神話中，她的命運被某場競技或審判決定（比如她會嫁給誰）。

6戀人逆位：在神話中，她必須被動等待，等著自己被選為新娘，或是她會斷然拒絕所有戀人。以現代社會來說，她要不是被當作聖潔處女，就是被看成妓女，因而失去愛情。她在尋找一個不存在的理想靈魂伴侶，可能會墮入縱慾或離婚等等。

7 戰車逆位：她失去了她在父權社會中好不容易建立起來的聲望，從駕駛座上摔下來，失去了掌控方向的韁繩。人們告訴她，她只能待在家裡當賢妻良母，被男人保護或囚禁，不能開車，或甚至在某些國家，她們連出去旅行都不允許。在神話裡，她必須被動等待一個英俊的陌生人來「解救她」，因為她自己沒能力做到。

第二組的七張牌

逆位牌可以視為她將自己的優勢和能力投射在別人身上。

8 力量逆位：她發現自己內在的熱情，但卻被指控說那是被人欺騙。她否認自己的力量。她發現有一些事情她不能被哄騙和被迷惑。她唯一的朋友和幫助者是她起初並不信任的動物。她跟她的動物朋友相依為命。她已經準備要被自己的獸性（女性能量的陰暗面）吞噬，而不認為自己有能力制伏它。

9 隱士逆位：她被放逐，囚禁在一座高塔上或四周滿是荊棘的城堡裡，她進入杳無人煙的荒野或地下冥府。她迷茫不知去向，黑暗中升起一股不可知的力量。她的好奇心帶領她走向光明之處，看見了自己內在某些受禁制的東西，她因此猛然失足墜落，但也同時得到了最終的救贖。

10 命運之輪逆位：她的周遭環境發生激烈變化，她原本的立足之地崩解，她因而失去方向，一切都跟她原來所想的不一樣了。她的命運掌握在別人手中。

11 正義逆位：她因犯錯而受到他人嚴厲批判，而且被定罪。或許她是被設計或遭到陷害，因為男人的法律經常只會責備受害者（比如那些被毆打或被強暴的女性）。她接受了別人對她的一切指責。

12 吊人逆位：她受到處罰和懲罰，被人拋棄，或被捆綁起來，非出於自願而被當成祭品送入妖怪口中。從事的事業可能沒什麼出息、不正當或愚昧無知的。

13死神逆位：她死了，被謀殺，或陷入長時間的睡眠，或是自我放棄，或墜入地下冥府幽暗世界。但也是在這裡，她開始看到真正的自己，因為她探觸到了意想不到的深度。

14節制逆位：在神話中，眾神對她慈悲憐憫，神仙教母也現身在背後偷偷幫助她，但這位女英雄渾然不知自己身處在這樣充滿助力的環境裡。在現實中，她意識到有些東西失去平衡了，並開始運用自己的直覺本能，為自己負起療癒的責任。

第三組的七張牌

逆位不再是一種對立抵抗，而是在內在層面運作，與深層蛻變的呼應交談。

15惡魔逆位：她的對手（負面消極的阿尼姆斯或陰影）指責她是惡人，並設下一連串不可能完成的任務，讓她對自己的不足開始升起恐懼。這就是神話中那隻把少女囚禁起來、而且藏了一堆寶藏的龍。當她成長進化到某種程度，就會認出那隻龍其實就是她自己內在創造力量之門的守護者，並與牠成為朋友。

16 高塔逆位：在神話中，她陷入絕望深淵，認為自己永遠無法完成任務。當她成長進化，會驚訝地發現到自己過去的心態和自我認知是不正確的，必須徹底粉碎。原本認為總有一天英雄會解救她，這樣的想法也必須徹底放下。如此，她和她的阿尼姆斯（以及她投射在其他男人身上的一切），都會從社會期望的錯誤禁制中解脫出來。

17 星星逆位：她必須用篩子把池子裡的水撈光，或是將不同種類的豆子挑出來，或是從冥后那裡拿到裝有美貌祕密的盒子。一位已成長進化的女英雄，甚至在幽暗冥界也會閃閃發光。她給予、同時也接受大地與河海的療癒力量，開始看見自己真正的美，並知道自己是一朵具有神性的火花。

18 月亮逆位：動物（和一座塔樓）在荒野中前來幫助她，引導她、或為她完成任務，他們將各自擁有的本能智慧全部教給她。進化後的女英雄，不再懼怕無意識的力量，她能引領其他人度過靈魂的暗夜，帶給他人重生的希望。

19太陽逆位：她功成名就，並被皇室／神族接納。她生下了能夠善用其本能天性的神聖孩子。

20審判逆位：她與家人重新團聚——自己、戀人、孩子重新合一。她本身也變得神聖，新的時代就此展開。她得到許多人生經驗，視野也更加廣闊，這有助於她未來的抉擇。她的故事將被流傳，如此一來，她的故事和她的任務工作就能繼續為全人類服務。

21世界逆位：她知道自己是個智者、有適當界限的完整圓滿之人。她帶著感謝之心將她的動物幫手留在她身邊，讓自己能夠永遠記得這些動物擁有的智慧。她向上揚升，並在眾神和宇宙中占有一席之地（可能變成一個星座），或是帶著覺醒意識轉世為人，重返塵世人間。

注釋

1 除了榮格和坎伯的著作外，以下書籍也有助於了解什麼是女英雄的旅程：莫琳・默多克《女英雄的旅程》（The Heroine' s Journey by Maureen Murdock, Boston: Shambhala, 1990）。另外也推薦：克里斯多夫・佛格勒《作家之路：說書人和編劇的神話構成》：Christopher Vogler 的故事講述者和編劇的神話結構（The Writer' s Journey: Mythic Structure for Storytellers and Screenwriters by Christopher Vogler, Studio City CA: Michael Wiese Productions, 1992）。在此特別感謝沙琳・麥唐諾與我一起腦力激盪集思廣益。

相關專有名詞

Elemental Dignities 元素質性（元素質性組合）、元素權重、元素比對法、元素牌格

effectiveness 作用、影響力、有效性

affinities 關聯、親和關係、親緣、親近性

inflict 干擾

contrary elements 敵對／相剋元素

bright shadow 明亮陰影

adjacent cards 鄰近牌

intensified 被增強

triads 三張組合牌

friendly（元素）友好度、友善、相親、相互支持

contrary（元素）相剋、對立、敵對、相抵觸

跟著大師學塔羅逆位牌

出　　版／楓樹林出版事業有限公司
地　　址／新北市板橋區信義路163巷3號10樓
郵政劃撥／19907596　楓書坊文化出版社
網　　址／www.maplebook.com.tw
電　　話／02-2957-6096
傳　　真／02-2957-6435
作　　者／瑪莉・K・格瑞爾
譯　　者／黃春華
企劃編輯／陳依萱
校　　對／黃薇霓
港澳經銷／泛華發行代理有限公司
定　　價／520元
初版日期／2022年10月

國家圖書館出版品預行編目資料

跟著大師學塔羅逆位牌 / 瑪莉・K・格瑞爾作；黃春華譯. -- 初版. -- 新北市：楓樹林出版事業有限公司, 2022.10　面；　公分

ISBN 978-626-7108-75-8（平裝）

1. 占卜

292.96　　111012303